U1016889

美国的代价

贪欲、权力和无尽的战争

[美]詹姆斯·赖森 著
张亮 译

PAY ANY PRICE

世界知识出版社

图字：01-2016-6207 号

Pay Any Price
Copyright © 2014 by James Risen
Simplified Chinese translation copyright © 2019 by Beijing Double Spiral Culture & Exchange Company Ltd
All rights reserved

图书在版编目（CIP）数据

美国的代价 / （美）詹姆斯 · 赖森著；张亮译 . — 北京：世界知识出版社，2016.8

ISBN 978-7-5012-5295-4

Ⅰ . ①美… Ⅱ . ①詹… ②张… Ⅲ . ①反恐怖活动—研究—美国 Ⅳ . ① D771.288

中国版本图书馆 CIP 数据核字 (2016) 第 212833 号

书　　名：美国的代价
作　　者：［美］詹姆斯 · 赖森
翻　　译：张亮
策　　划：双螺旋文化
责任编辑：王瑞晴　蔡金娣
出版发行：世界知识出版社
地址邮编：北京市东城区干面胡同 51 号（100010）
电　　话：010-65265923（发行）010-85119023（邮购）
010-85112689（编辑部）
网　　址：www.ishizhi.cn
经　　销：新华书店
印　　刷：海森印刷（天津）印刷有限公司
开本印张：710×1000 毫米　1/16　22.25 印张
版次印次：2019 年 3 月第 1 版　2019 年 3 月第 1 次印刷
标准书号：ISBN 978-7-5012-5295-4
定　　价：48.00 元

版权所有　侵权必究

| 推荐语 |

赖森节奏明快、易懂的叙述和他对细节的详细刻画，让这本书读起来仿佛一部引人入胜的冒险小说。而悲剧在于，书中所言之事看来全都是真实发生的，不论它多么让人难以置信……这是一本重要的、有影响力的书。在“9·11”事件过后13年的今天，任何人只要认为应该进行一次彻底清算，认为应该重估美国所面临威胁的本质所在，认为应该重新审视美国对“9·11”事件所做出的反应，那他就应该读一读这本书。

——《纽约时报》书评

詹姆斯·赖森的第二本书，对所谓的反恐战争中那些不为人知的黑暗角落进行了探索，也使自己成为这一代人中间最出色的国家安全问题报道者。

——《新闻周刊》

一部值得纪念的记事作品，记录了美国高层官员面对“9·11”恐怖袭击事件而做出的惊慌失措的反应所引发的长远后果。在本书中，赖森先生明确表示了自己的观点，那就是，美国在其打击恐怖主义的穷兵黩武之中已经失去了太多，美国国会和美国民众都应该清醒清醒了，都应该更多地质问一下这场运动的政治、财政、道德以及文化代价了。

——《纽约时报》每日评论

本书记录了发生在美国占领伊拉克期间的令人震惊的盗窃事件，是对所谓反恐战争所引发的后果的一次大范围审视。

——《美国新闻与世界报道》

（该书是）针对美国国家安全体系过去十三年历史的一次无拘无束的猛烈批判。赖森的书有时甚至有些骇人听闻，该书强有力地提醒人们：自由的媒体是极其重要的，它可以让强大的政府始终处于监督之下。

——《野兽日报》

詹姆斯·赖森的《美国的代价》，是每个美国国会成员和两党总统候选人都不得不读的一本书。

——《洛厄尔太阳报》

“我回来了，”他重复道，“我是卡菲里斯坦（Kafiristan）之王——我和德拉福特（Dravot）——我们是有冕之王！在这间办公室里我们决定的——你们就在那儿站着，向我们颁发了证书。我是皮奇——皮奇·塔利亚费罗·卡尼汉（Peachey Taliaferro Carnehan），你们从那时候开始就一直在这儿——真主啊！”

我相当震惊，并相应地表露出了我的心情。

“这是真的，”卡尼汉搂着他包着破布的脚，干笑着说，“就像《福音书》一样真实。我们曾经是王，戴着皇冠——我和德拉福特——可怜的丹（Dan）——哦，可怜兮兮的丹，他就是不肯听从我的建议，哪怕我都求他了！”

鲁德亚德·吉卜林（Rudyard Kipling）

《要做国王的人》

目 录 Pay Any Price

一条关于信息提供者的注释

很多人都对使用匿名人士提供的信息持有批评态度。然而所有的记者都很清楚，其实最好的故事——也是最为重要、最为敏感的故事——全都依赖于那些匿名的信息提供者。有很多现任或前任的政府官员以及其他个人信息提供者们，他们只有在匿名的情况下才愿意讨论那些较为敏感的问题；而如果没有这一部分人的帮助，那么这本书也就不可能完成了。

序言

2009年4月9日，就在奥巴马政府即将上台执政的时候，前任国防部副部长保罗·沃尔福威茨（Paul Wolfowitz）在美国阿灵顿国家公墓参加了一场庄重的仪式，因为这一天是美国攻陷巴格达市的六周年纪念日。这一天，有不到五十人聚集到阿灵顿国家公墓的第60号区①。在那里，埋葬着伊拉克战争中的牺牲者。人们来是为了纪念在2003年4月9日这一天，美国的坦克曾经咆哮着开进了巴格达市区，是为了纪念天堂广场（Firdos Square）上萨达姆·侯赛因雕像被摧毁。对于沃尔福威茨以及入侵伊拉克行动的热心的支持者们来讲，4月9日就是伊拉克的解放日。与此同时，他们并不在乎一个事实，那便是到了2009年的时候，大多数美国人早就已经被伊拉克战争搞得精疲力尽了，人们非常急切地想要忘掉这场战争，就好像它从来没有发生过。

沃尔福威茨聆听了美国退伍军人协会一位代表的讲话，一位“金星勋章”士兵母亲的讲话，伊拉克大使的讲话，还有维奥拉·德拉思（Viola Drath）的讲话。维奥拉·德拉思是乔治镇上的一位社会名流，这次纪念活动就是她组织的。请不要在意这场以推翻萨达姆政权为目的、仅仅为期三周的侵略行动最后演变成了一场旷日持久的、残酷的消耗战争，也不要在意当初作为进行入侵行动理由的关于伊拉克拥有大规模杀伤性武器的推断最后被证实为痴人说梦，更不要在意同样是在2009年的纪念日这一天，约有三万名伊拉克平民如潮般涌进

---

① 注：阿灵顿国家公墓第60号区（Section 60），埋葬着历次战争牺牲的军人，被称为“美国最悲伤的土地”。

巴格达的天堂广场，愤怒地抗议美国对伊拉克的继续占领。而与此同时，在美国这边，这个纪念日已经很大程度上被人们忘却，除了少数一帮人聚集在阿灵顿国家公墓的60号区。以上种种，全都无关紧要。沃尔福威茨作为伊拉克战争的主要设计者之一，已经凯歌行进，官运亨通了。在这次纪念仪式之后，他和我一起在陵园里行走并聊起了天，我们一路从60号区走回到了阿灵顿国家公墓的大门入口处，谈的都是一些琐碎的小事，还开了开小玩笑。不过很明显，沃尔福威茨似乎很满意伊拉克现在这么美好的结局，至少在他的眼中看来是这样的。同样令他很满意的是，全球反恐战争在一位新任总统的强力领导下仍然在进行着，这位总统当时也参与到了将布什政府原来最饱受争议的一些政策进行确认以及扩大化的过程当中。

★

在目之所及的范围，人们看不到尽头。沃尔福威茨很久以前就从美国国防部离职了，而在2008年的大选当中，美国人民又将共和党请下了权力的舞台。也许巴拉克·奥巴马所拥有的最大的政治优势，就是他看起来似乎和乔治·沃克·布什有一些不同之处，而这一点，几乎任何一位政治家也都符合要求。在迪克·切尼（Dick Cheney）长达八年时间里对某些特定行为的狂热喜爱过后，奥巴马将这些行为称作“黑暗的一面”，他的行动让人们仿佛看到了光明的希望。

但行政的权力一旦收拢起来，就再也难以放弃了，而奥巴马也很快屈服于权力的诱惑。他宣称，他下定决心要“向前看，不向后看”，还声称自己反对任何形式的针对布什政府任期内的刑讯使用、非常规引渡、国内监听以及其他形式的潜在犯罪的调查。奥巴马在上台的第一天，就发表了一份行政命令，下令关停关塔那摩监狱。然而在那之后，他却仅仅是让这家监狱改变了形式，监狱仍继续存在。奥巴马在身边安排了众多的顾问，而这些顾问都曾深入地参与到布什政府原来的那些最饱受争议的政策制定中。奥巴马又扩大了无人飞机的使用，用以在全世界范围内进行所谓的定点清除行动。奥巴马还继续使用军事手段来审判恐怖主义嫌疑人，允许审讯员们在没有向这些在美国境内关押的嫌疑人们宣读米兰达权利规则（Miranda Rights）的情况下就对他们进行审问。奥巴马更批准了对一些曾经加入基地组织的美国公民们的不公正杀戮行为。在伊拉克、阿富汗以及更大范围的反恐战争战场上，都广泛存在着承包商权力滥用行为，而奥巴马并没有为了阻止这种滥用行为去做任何事情。

奥巴马对美国国家安全局（NSA）坚持要求并最终赢得了权力，使其能够继续进行对美国人民的大规模电子监控行为。他还进一步地让国家安全局接手了网络安全的工作，这就让一个原本负责情报工作的机构拥有了得到大量国内网络数据信息的新的机会。来自他自己党派内的上议院议员们很快就发出警告说，奥巴马事实上正在扩大政府的监控权力，甚至超过了布什政府曾授权的范围。在长达数年的时间里，奥巴马让本来应该负责对反恐战争进行监督工作的公民自由权利陪审团一直保持闲置的状态，并且仅仅只有一部分的工作人员。他的政府对新闻媒体实施了残酷的镇压行动，对新闻工作者们实施监控。而且，对机密泄露者以及真相揭发者的起诉数量多过了以往历届政府的总和。

不过这一切对于奥巴马来说都是值得的。作为回报，奥巴马成功地回击了长期以来共和党人对民主党人的一项指责，那就是民主党人在国家安全问题上一直都太柔和了。奥巴马所走的政治路线非常清晰明了：他接管了整个国家安全体制，这个系统在布什政府的统治期间已经发展到了相当巨大的规模，而现在，他要将其据为己有。在这一过程中，奥巴马将布什政府原来在偶然的场合、在应对紧急突发状况时才采取的一些后“9·11”时代的措施给常规化了。奥巴马的巨大成就——或者说是巨大罪过——就在于让整个国家安全体制变成了永久性的存在。

早在一个世纪以前，德怀特·艾森豪威尔总统就发出过关于一个新的“军事产业集合体”的警告；然而在奥巴马政府执政期间，一个类似的“国土安全产业集合体”却建立了起来。曾经的那个军事产业集合体的崛起，是由美国社会的恐惧所推动着的。而现如今，另一种令人不明所以的恐惧又再次驱使着每年数以千亿美元计的资金流入基础设施的建设中——这些基础设施是进行一场持久的反恐战争所必需的；同时，这恐惧还像疯长的藤蔓一样，围绕着美国中央情报局（CIA）、联邦调查局（FBI）、国土安全部、财政部、国防部以及十几个更小一些的政府办公室及联邦政府机构，不停地蔓延着。“9·11”事件过后的恐慌，导致美国国会向联邦调查局、中央情报局以及其他政府部门砸钱的速度甚至超过了它们花钱的速度。2012年的一份评估报告得出结论称，长达十年的反恐战争已经花费了美国人将近四万亿美元。

★

贪欲和权力，二者一旦结合起来，往往是非常危险的。在战争期间，权力不停地疯长，而贪欲往往很容易如影随形。反恐的基础设施越是发展壮大，它就变得越难以控制。传统意义上的军事产业集合体至少有一部分在外人看来是可见的：它包括一些体量巨大的国防系统的承包商们，他们建造飞机，建造轮船，建造火箭；同时也包括高科技的承包商，他们在计算机领域是先驱者，并不断改进着电子设备。至于投入资金开发巨大的新型武器系统，过去在国会中往往展开一些公开、大胆的论战，而主要的国防承包商们往往会有危机感而不得不在报纸、电视上刊登广告，以博取公众对他们项目的支持。

然而，新的国家本土安全产业集合体却不是这样运行的。这个集合体在很大程度上是由政府情报工作机构及其承包商们组成的一张关系网络，而那些公司大多数也都是提供秘密的服务，而非提供大型的武器系统或者装备。华盛顿之所以雇用这些承包商们，为的是让他们帮忙断定美国所遭受的恐怖主义威胁的规模以及范围。这样一来，如果他们断定恐怖主义的威胁其实是被高估了的，或者说反恐战争已进行到了尾声阶段的话——当然这样做是绝对不行的——那他们就赚不到钱了。

与国家本土安全产业集合体的增长几乎同时发生的一件事，就是“外包”和“私有化”在管理顾问们中间已成了口号标语，这些顾问们一边在美国的企业里面工作，一边还在美国政府内部工作。那些曾经被大家认为本应该纯粹由政府进行的工作，现在都可以由承包商们来做了，尤其是在国防和情报工作领域。最终，在伊拉克和阿富汗战争地区的承包商们的数量，甚至超过了当地美国军人的数量。

如今，美国中央情报局对外部承包商的倚重已经达到了非常严重的地步，以至于很多的案件负责官员都明白，如果他们想要赚更多的钱，最好的办法就是辞职——然后下个星期再回来，以一名承包商的身份回到原来的这个岗位上，赚取双倍的工钱。

官僚主义者们创造出新的反恐项目，为的仅仅是把手中的钱花出去。在这一过程中，他们逐渐把目光投向了一些看起来似乎在神秘莫测地成长着的新的公司。这些公司就位于弗吉尼亚州北部杜勒斯收费公路的办公室园区，以及靠近美国中央情报局和国防部的其他商业中心里面。在2010年，《华盛顿邮报》发现，有超过1200个政府组织部门及将近2000家私营企业在进行着反恐、国土安全及情报项目工作。《华盛顿邮报》还发现，在美国有超过85万人拥有接触绝密文件的权限，每年生产出5万份情报工作报告。仅仅是美国的情报预算一项，自2001年至今就已经至少翻了一倍，而在2013年之前，这个数字保持在每年700亿美元以上，其中包括民事和军事的情报工作花销。

在美国，十个最富有的城镇中，有七个是位于华盛顿特区的大都市区域内的，这一点根本不是偶然。2012年，由英国路透社发表的一份报告表明，华盛顿市的收入不平等，几乎比其他的任何城市都要严重，这也是由于大量的钱都流到了游说者、承包商以及其他直接或间接地帮助联邦政府花钱的人们手中了。

美国已经习惯处于一个永久性的战争状态中了。在美国社会中只有极少数人——其中包括很多贫穷的乡村青少年——愿意斗争并且献身。另一方面，如果你是一位国家安全工作的中坚分子，你可以在政府的高级岗位、承包公司、智库团体以及电视评论节目中自由地来回游走，只是一旦美国突然有一天处于和平状态了，那么这些工作机会就会在一夜之间全都消失。对于大多数美国政府人物来说，战争已不仅是可以忍受的，它早变成有利可图的了。正因为如此，人们也不再有任何强烈的动机想要结束这场战争了。

至此，在无穷无尽战争的时代新建立起来的国家本土安全产业集合体，为我们留下了关于反恐战争的最核心的描述——那就是一个个关于贪欲的现代神话，结合着一个个权力滥用的故事。几乎不证自明的一点是，全世界各地的那些深谙此道的聪明人都会云集到华盛顿来，试图在反恐战争的“黄金热”当中大捞一票——而事实上他们真的这样做了。这本书所讲述的正是这样的故事当中的几个例子。但那些想要利用美国对恐怖主义的过分执迷心态的人，却不仅仅是想要利用“9·11”事件。

机会主义以很多种形式呈现出来，而背后的驱动力量却不只是贪欲。对权力、地位和荣耀的野心及欲望也成了后“9·11”时代机会主义行为的重大驱动力。而这其中更加令人烦恼的故事，还是关于权力滥用的，这种权力滥用现象在十多年的时间里，在两届总统任期内，一直在增加。“9·11”事件发生后，美国解除了对国家安全工作的管制，将自从水门事件之后在20世纪70年代进行的情报工作改革彻底抛弃了——那些情报改革曾经限制了行政部门的权力长达30年的时间。

这样的做法引发了对道德的一些挑战，这些挑战一直持续到今日。

★

2013年5月，差不多在奥萨玛·本·拉登（Osama bin Laden）死亡之后两年的时间，奥巴马总统发表了一次重要的国家安全演说，声称是时候重新评价这场反恐战争了，并且承认这场战争不可能永久进行下去。他宣誓将对无人机袭击行动采取新的限制措施，并再一次努力关闭关塔那摩监狱。但他几乎没有透露什么细节，这样就给自己留下了足够的空间可以继续不变地实行他的反恐政策了。事实上，就在这次演说发表前一个星期，国防部还在美国国会作出证词：反恐战争很可能还会再持续十年到二十年的时间。该份证词还宣称，2001年的《军事力量使用授权案》——这份最初的国会改革案是为了授予广泛的权力，以便在布什政府和奥巴马政府时期支持国家的反恐政策——将会继续为美国政府提供在波士顿到巴基斯坦的任何地方进行反恐战争的权力。

在奥巴马的演说中，到处都充斥着关于无尽的战争的洋洋洒洒的花言巧语，但却几乎没有拿出任何证据表明他将会遵守承诺并采取行动来控制自己现行的政策。这个演讲似乎是专门为了平息他的民主党自由派支持者们心中与日俱增的不安情绪而发表的，然而并没有造成任何重大的变革。这样的演说，也刚好印证了来自国防法律专家们的疑虑。“如果说奥巴马总统的历次讲话存在一个统一的主题的话，”本杰明·威特斯（Benjamin Wittes）在一个有影响力的国家安全博客“法战”（Lawfare）上面写道，“那就是，这些演讲都是为了努力让自己尽可能广泛地团结到那些反对自己政府所持立场的批评者们，而且还不用损害自己政府在任何实际行动上的自由度。说得简单粗暴一点，美国总统试图批评自己政府所持有的立场，但同时又希望确保该政府今后还能够继续这样做。”类似的还有奥巴马在2014年1月的演讲，看起来也是专门为了安抚那些由于国家安全局前任承包商爱德华·斯诺登揭发大规模监听行动的行为而产生了恐慌的美国民众们。在这次演讲中，他说想要对美国国家安全局进行改革，可实际上他对国家安全局的权力并没有采取任何的限制。此外，奥巴马随后的关于在规模上缩减国内电话数据收集行为的提议，也仅仅被人们看作是在美国隐私权利倡导者们的压力之下采取的一项半吊子的措施而已。

★

华盛顿发动的反恐战争已经到了第二个十年，这也得益于在布什政府与奥巴马政府两段时期内形成的两党合作的假象。这场战争并没有表现出任何放缓的迹象；骗子和强盗们继续利用这一机会大行其道，而这场战争的计划之外的结果还在不断累积当中。有太多时候，事情并不像它看起来的那么简单。

就在保罗·沃尔福威茨到美国阿灵顿国家公墓60号区参加“伊拉克解放日”的周年纪念活动两年后，这场活动的组织者维奥拉·德拉思被人发现死在了她在乔治镇的联排房屋当中，享年九十一岁。维奥拉·德拉思的丈夫，比她年轻得多的、出生在德国的阿尔布雷希特·穆斯（Albrecht Muth）因为谋杀了她而遭到了逮捕。此前穆斯曾声称自己是伊拉克军队里的一名将领，并且经常在华盛顿的公开活动中穿着一件伊拉克军装。但在他被捕之后人们发现，他的所谓的来自努里·马利基（Nouri al-Maliki）首相的任命证书是一份伪造品。在这对夫妇位于乔治镇的住所里，人们找到了一张收据，是华盛顿的一家复印店开具的，上面写着印制任命证书一事。

2014年1月，穆斯被认定在维奥拉·德拉思的死亡事件中犯有一级谋杀罪。

Pay Any Price

第一部分 贪欲

Pay Any Price

第一章
现金迷踪

联邦政府有时会给一些非常重要的建筑起很呆板的名字。纽约美联储的“东卢瑟福操作中心”就是这样一个地方。这座不起眼的三层建筑坐落于新泽西联航中心球馆，由13英亩的围墙院落与外界隔绝。将其隐藏在阴影中的还有另一座醒目的地标建筑——巨人体育场。那是纽约巨人队和纽约喷气机足球队的活动场所，也是2014超级碗的场地。附近则是Izod中心，那里会举办从布鲁斯·斯普林斯汀演唱会到终极搏击这些大型直播娱乐活动。如果沿着新泽西付费公路驶过纽约南面这片平坦的灰色湿地，你绝对不会注意到在16W出口处开上公路的那些不起眼的半挂牵引拖车，而它们就来自路边的那座操作中心。

但是，东卢瑟福操作中心里暗藏了超乎想象的财富。建筑群的深处隐藏着一个容量达一百万立方英尺的庞大地下室，里面装满了美国货币，足够放下600亿美元。那些开上公路的半挂车则装载着神秘货物——现金。东卢瑟福操作中心对于纸币的意义，如同诺克斯堡（Fort Knox）[①]之于黄金的意义一样。

纽约美联储长期在联邦储蓄体系中扮演业务枢纽的角色。这是华盛顿与华尔街之间、白宫和金融体系之间固有的联系。东卢瑟福的现金贮藏室确保了全美国的银行有足够的现金来补充自动存款机。但2003年，东卢瑟福的职能被白宫秘密篡改了。它被置于整个伊拉克战争中最离奇的一项行动的中心环节。这项计划如此怪异，以至于当时几乎很难有人相信这是个好主意。这也象征着美国无休止的反恐战争中标志性的放纵行为——浪费接连两届总统任期内的生命和财富。也正是在此时，全球

① 注：诺克斯堡，美国国库黄金存放处。

反恐战争中的盗窃行为达到了产业规模。

★

在2003年4月的几周内，电视上播放着一档由美国领导的军事同盟制作的、标志着废除萨达姆·侯赛因在伊拉克统治的电视节目。画面中，巴格达天堂广场上萨达姆的雕像摇晃着倒下。与此同时，一些无标志的卡车开始前往东卢瑟福操作中心的码头装载货物。在那里，它们依次被装上几十个运货托盘，里面是用收缩塑料薄膜包装的100美元的纸钞。这些卡车随后开出，载着几十亿纸钞，沿着新泽西收费公路行驶。它们载着财富，穿越纽瓦克——那里接近三分之一的人生活在贫困线以下。

这些卡车在华盛顿外面的安德鲁空军基地停下，在那里，这些托盘装着的货物被转移到空军C-17运输机上。这些飞机驶向跑道，飞往伊拉克，它们将在德国和科威特做中间停留。最后，这些飞机降落在巴格达国际机场，现金在那里被卸下，并当着美国和伊拉克人员的面进行清点。

接下来发生的事情，成为伊拉克战争中一个至今未解的重大谜团。

在2003年和2004年两年间，有总共120亿～140亿美元的纸钞在没有监管和防护的情况下，从东卢瑟福空运到伊拉克战区，其中大多数面值为100美元；另有58亿美元通过电子资金调拨系统从纽约美联储发往巴格达。总共大约200亿美元，不经任何明确命令及用途说明，就被送往了伊拉克。资金监管极为松懈，以至于几乎没有可信的记录表明到底有多少钱，以及这些钱抵达巴格达之后去向何处。

几乎可以肯定，一部分资金最后落入了后萨达姆时代一些最有权力的领导者手中。几十亿美元的现金被挥霍，而更多的几十亿直接消失了。

★

现在，有助于破解现金消失之谜的证据终于大量涌现。从美国流向巴格达的资金中，大约有20亿被盗并运出伊拉克，这可能是现代史上最大规模的抢劫事件。

美国调查人员一路追踪失款，已经追到了黎巴嫩。人们相信失款在抵达巴格达之后被盗，然后秘密运往黎巴嫩，自此藏匿在那里。根据美国现任和前任官员的说法，人们相信，有12亿～16亿美元藏在黎巴嫩乡村的一个地堡中。这些官员曾收到报告，称现金被盗并在伊拉克几位最杰出领导人知情的情况下储藏在地堡中。

据美国前任官员称，至少有总共几亿美元的现金被藏在黎巴嫩的另外几处地点。这样，从伊拉克盗取并转移到黎巴嫩的全部资金数目约合20亿美元。从伊拉克盗运出的资金数目尚不明确，但事实是毋庸置疑的。一位美国前任官员甚至声称亲眼见到了储藏在黎巴嫩地堡里的现金。

除现金外，价值数亿的黄金从伊拉克政府被盗并同样藏在黎巴嫩，美国现任和前任官员如是说。

美国中央情报局和联邦调查局，连同国防部、国务院都已被告知这场现金盗窃案，并得到了有关黎巴嫩银行以及其他藏匿现金的地点的证据，但政府部门却并未试图追回失款。在布什政府期间，没有人追踪失款，奥巴马政府也没有试图这样做。相反，美国政府将整个事件都秘而不宣。伊拉克总理努里·马利基的政府也曾被告知关于这些失款的下落的信息，但伊拉克政府也并没有采取任何措施追回失款。相反，伊拉克政府也已将关于黎巴嫩地堡的事情保密。华盛顿和中东的官员们似乎在隐藏真相这一点上达成了一致。

★

正如伊拉克战争中的很多事情一样，从纽约空运钞票这件事也出于很好的本意。但是，意识形态、混乱，以至于到最后连贪欲都掺杂了进来。

格德·史密斯（Ged Smith）是一名资深人士，隶属于财政部的小分支：国际消防员——他们的职业就是重建遭到破坏的经济。20世纪90年代，他工作在巴尔干，紧接着经历了南斯拉夫的解体和波斯尼亚的种族清洗。2003年的前几周，在布什政府积极备战的同时，史密斯作为财政部技术协助办公室的主任，受命策划出在萨达姆·侯赛因下台之后重建伊拉克经济体系的方法。

他很快意识到，自己面对着与在萨拉热窝完全不同的众多难题。他将不得不应对一个由真正的信仰者组成的政府，这些信仰者根本不想听到坏消息。而那个政府正是华盛顿政府。

史密斯的财政部团队隶属于一个更大的战后重建组织，该组织的领导者是退伍军队将领杰伊·加纳（Jay Garner），他受布什总统之命，让伊拉克在遭受侵略之后重新运行起来。杰伊·加纳被任命执行这项任务，是因为他曾在第一次海湾战争中负责给库尔德人提供食物和避难所。并且布什总统认为，伊拉克在重新走上正轨之前，面对的只是短期的问题，比如向难民提供食物。白宫和国防部认为加纳的团队——战后重建与人道主义援助办公室——只需在伊拉克工作几个星期，最多几个月。布什和国防部长拉姆斯菲尔德坚信，再过不久，美军就可以回家了。他们既不希望，也没有料到会有更进一步的占领。正因如此，联邦任何假设长期任务的计划都被取消或无视了。

在2003年入侵行动之前的一次关于战后计划的跨部门会议期间，在华盛顿的麦克奈尔堡①，史密斯关于财政部对巴格达的计划，向听众席上的众多高级官员做了简短介绍。他警示道，由于伊拉克经济在萨达姆·侯赛因的统治下已经高度中央集权，推翻伊拉克政府可能意味着数百家私营和国有企业将被迫关闭。工厂的经理们没有了来自政府的命

① 注：麦克奈尔堡，美国国防大学所在地。

令，将会不知道自己该做什么。那无疑意味着有数万的伊拉克人将在萨达姆倒台后面临失业。

在发布了可怕的预言之后，史密斯抬头看去。人群中没有人说话，甚至一个提问的人都没有。

在麦克奈尔堡的一场后续的会议上，史密斯提到，他在巴尔干学到的一条经验，就是恢复一个政府征税能力和海关职能的重要性，这样政府才能收支平衡。这一次，倒真的有人向史密斯提出了挑战。观众席中一位共和党发言人站起来，强烈辩称布什政府支持自由贸易，还说美国要把保护主义的残余连同萨达姆政权一并扫除。“我们在美国是自由贸易者，到了伊拉克，我们还是自由贸易者！”这位共和党工作人员说，财政部在巴尔干的行为，不应该在伊拉克重演。“那就是说，当这些意识形态的东西冒出来的时候，他们打算再造伊拉克的方式。”史密斯回忆道。

史密斯的团队在入侵行动的最初阶段原地候命，随后作为萨达姆政权倒台后首批民间代表团之一，奔赴巴格达。当史密斯在华盛顿运筹帷幄时，他的团队穿过满目疮痍的巴格达，来到了伊拉克中央银行。

史密斯此前已经要求美国军队保护中央银行的场地。但当他的团队到达那里的时候，目之所及竟没有美国军队的影子。而且掠夺者早已将整座银行洗劫一空，除了地下室以外。掠夺者和犯罪分子原本试图进入储藏着美元和伊拉克第纳尔[①]的主地下室，但他们最后没能破门而入。掠夺者拿走了主地下室外面几个保险箱内的现金袋子，不过他们根本没有触及这座银行的主体储蓄部分。

此外，掠夺者还在建筑内纵火。管道破裂，水倾泻进地下楼层当中。很久以前，地下室就已沉没在五英尺深的积水之中了。经过了好几周的挖掘工作，这座银行才得以重新运行自己的职能。原来的计划已经

① 注：第纳尔，伊拉克及阿尔及利亚等国的货币单位。

无所谓了。

财政小组不得不随机应变。此前他们早已预料到一旦萨达姆被驱逐，其倒台政府发布的伊拉克货币将被认为是毫无价值的。但让史密斯惊讶的是，伊拉克人民仍然还在使用着所谓的萨达姆第纳尔货币。然而财政部官员们找不到萨达姆政权的钞票印版，甚至连印制这些钞票的印刷机藏在哪儿了都不知道。

归根结底，伊拉克还是需要新货币的。但要想在一个重新设计的后萨达姆时代货币体系中开发、印刷并发布数十亿新的第纳尔，要花费数月的时间才能完成。然而与此同时，伊拉克又急需马上有一股钞票注入，好让伊拉克经济能够恢复元气，运行起来。

财政部官员们知道一个可以快速搞到钞票的地方，那就是纽约的联邦储蓄银行。

★

自从第一次海湾战争以来，美国手里掌握着大约17亿美元的伊拉克政府的被冻结资产。财政部国际事务副部长约翰·泰勒（John Taylor）为布什总统安排签署了一份执行命令，授权美国银行向财政部提供这些被冻结的伊拉克资产。这些财产将被转移到财政部在纽约联邦储蓄银行建立的一个账户上，随后从该账户上提取的现金会从东卢瑟福操作中心取出，并用卡车运到华盛顿外面的安德鲁空军基地。然后，这些钱就要被空运到伊拉克了。布什在2003年3月20日的执行文件中声明：这些钱将被用来“协助伊拉克人民，协助伊拉克的重建事业”。

财政小组决定先期运送2.5亿美元。史密斯想让这些钱以小面值的形式发送，以便能使其在运行不畅的伊拉克经济系统中快速流通起来。但当他的团队询问美联储以1美元和5美元的面值来运送2.5亿美元需要多少物流的时候，他们被告知，这将需要6架空军运输机。所以他们决定将大多数钱以100美元的面值运过去，这样就只需要1架运输机。（第一次空运包括了一些小面值的钞票，但伊拉克银行拒绝接受，美国人也无处安放这些钱。在随后的几个月或许几年中，这些盛满了1美元和5美元钞票的托盘据信被放在绿区内一座属于美国所有的建筑物内。）

在入侵行动之后的一个月内，财政小组继第一次空运之后又动用了八次空运来运输全部的17亿美元现金。格德·史密斯相信，一旦财政小组将这些现金移交给了伊拉克中央银行，那么就等于赋予了这个国家用来发动垂死的货币系统所需的全部资金。

但令格德·史密斯惊愕的是，这仅仅是现金空运事件的开始。他没有意识到，伊拉克正在建立起来的后萨达姆时代的统治秩序，已经腐败到了骨子里。更糟糕的是，美利坚合众国有意愿并且也有能力去持续供养这种腐败。

★

在入侵行动的几周内，搜查萨达姆宫殿的美军发现了一些装有现金的铝箱子，每个箱子装着大约400万100美元面值的钞票。这样的箱子有很多。

这些钱箱子被秘密空运到科威特的美国基地，在那里，这些钱由美军人员进行清点。为了防止有人偷偷拿走这些钱，清点室里的士兵们除了体育短裤和T恤衫之外，什么衣服都不允许穿。

很久之后，财政小组从伊拉克中央银行高层官员口中得知，就在巴格达沦陷前，萨达姆·侯赛因签署命令从中央银行提取了10亿美元现金，这些钱被交给萨达姆的一个儿子库赛·侯赛因（Qusay Hussein），他受命将这些钱运走。财政官员很快意识到此前被美军发现并空运到科威特的那些美元，正是库赛·侯赛因从中央银行带走的那些。

财政部副部长约翰·泰勒和他的副手们都说，这些钱属于伊拉克中央银行。他坚持认为美军应该把这些钱物归原主，好让伊拉克中央银行维护起坚实的外汇储备，以便于稳固动荡的伊拉克经济。泰勒甚至跑到白宫的情况室去跟政府顶级官员争辩，称这些钱在法律上归属于中央银行，应该马上运回去。但白宫、国防部以及联盟驻伊拉克临时管理当局（由美国领导的一个刚刚从杰伊·加纳的战后重建与人道主义援助办公室手中接管了伊拉克占领权的组织）全都不同意。美国官员们决定，他们就是要留着这些钱。

“我们提议这些钱应该归还伊拉克中央银行，”泰勒说，“但是这一建议被拒绝了。”

联盟驻伊拉克临时管理当局决定将钱分发给美军指挥官们，由他们随机应变，灵活使用。这些钱构成了美军中著名的指挥官紧急反应计划的原始基础。这些钱由美国官员用来支付当地的重建项目，以及收买当地官员，以免他们支持暴动。

布什政府从未公开承认拿走了一些高层官员坚持认为原本属于伊拉克中央银行的钱。政府也从未披露，关于是否将这些钱还给中央银行这一问题，曾经有一场政府高层的内部争论。相反，美国官员对于这些钱的来路提出了另一种解释，以便将挪用这些钱的行为变得合理化。在由一位军方高级律师、陆军上校马克·马丁斯（Mark Martins）所编的《联合部队季刊》中，有一篇冗长的文章将这些钱描述成“由美军发现的伊拉克复兴党非法所得财产”。他在文章中说：美国没收这些钱的行为符合国际法，因为这个行为可以被定义为“保护伊拉克政府的移动资产”。而这些“政府的移动资产”却不知怎么就成了联盟所有，并被指挥官们灵活使用。

很快，联盟驻伊拉克临时管理当局和美国军方就开始在伊拉克杂乱无章地到处撒钱。在缺少发放记录、票据凭证以及限额的情况下，向军队指挥官发放一叠一叠的百元美钞。指挥官紧急反应计划迅速成为驻伊拉克美国军官中间最广为人知的一个计划，但同时也将难以想象的诱惑摆在前线美军士兵的面前。这些钱迅速消失在了军官们的帆布口袋、手提箱及数不清的能够接触到这些钱的人员手中；一部分钱被寄回老家给了妻子、女友。在伊拉克的盗窃行为，达到了史诗级的规模。

★

马克·理查德·富勒少校——一名海军军人、飞行员和家庭主男——在2005年被派往伊拉克的费卢杰。这名从亚利桑那州来的候补军官没有去抗击暴动者，而是每天忙着数钱。作为驻费卢杰海军的合约军官，富勒负责向美国和伊拉克的承包商发放成堆脆生生的、新印制的美钞，用以在这座满目疮痍的城市中开展重建项目。

钱实在太多太多了，以至于富勒或许意识到没人监管自己，也没人检查这些钱到底去了哪里。事实上，似乎没人关心这一点，反正这些钱都进了无底洞。那些拿了钱的伊拉克人根本就是在中饱私囊，他们根本就没有重建这个国家。

没有令人信服的证据指出，富勒在费卢杰这段充满机会的时间里盗取了他所掌管的钱里的任何一部分。但当回到亚利桑那的时候，他开始在尤马市的各家银行里存钱。美国联邦调查局随后断定他一共存款91次，每次存款都小心地保持在银行现金交易的额度——1万美元以下。有时，他在一天之内就在两到三家银行里进行大额存款。加起来，他一共存了超过44万美元的新鲜百元美钞。

富勒是一个飞行员，但他不是一个洗钱高手。他没有意识到，在1万美元限额以下重复存钱在银行看来是可疑的，尤其这些钱都是没有经过流通的大面额钞票。富勒被逮捕了，但联邦检察人员没有足够证据证明他是在伊拉克利用职务之便非法取得的这些钱。他仅仅同意供认在联邦承保的金融机构故意安排存款数目以躲避1万美元限额。他愿意缴纳30万美元罚款并在监狱里度过一年。

陆军上尉迈克尔·阮在2007年和2008年两年间担任驻伊拉克民政官

员。他负责管理110万美元的现金，这些现金本应支付给安巴尔省的逊尼派民兵。美军愿意给他们钱是因为这些逊尼派分子决定转变立场，不再袭击美军，转而抗击基地组织极端分子。

从西点军校毕业的阮后来承认，每天他都会从交付给重建项目的成堆的美元中私藏一小部分。每次轮岗的最后，他都会把这些钱藏在一个小盒子里；此后，他将这些钱寄往俄勒冈老家。军队中竟然没有人注意到70万美元不翼而飞。

但当阮回到俄勒冈之后，他重复了富勒的错误。他开始在波特兰到处进行1万美元限额以下的分批存款，同时也开始挥霍无度。他欲罢不能，花了20万美元买了一辆宝马、一辆悍马以及其他有趣的玩物，直到他被捕。

从2004年到2008年，在这段伊拉克战争最黑暗的日子里，牵涉到美国重建伊拉克项目的欺诈案中，至少包括了35桩定罪以及超过1700万美元的罚款、没收财产和赔偿支付。但是被捕的在编人员、承包商及其他人所涉及的钱，在伊拉克数十亿失款当中的比例微乎其微。

真正的大盗窃者，远比这些人要难抓得多。

★

2003年的整个夏秋两季，财政小组都在为重振伊拉克经济而奔忙。在华盛顿，雕刻与印刷办公室——事实上负责印刷美元的财政部机构——向英国的一家托马斯德纳罗印钞公司（De La Rue）授予了一份协议，要求其在全球七家印刷厂内印刷全新的伊拉克第纳尔。价值几十亿美元的第纳尔被空运到伊拉克——足够装满20架747运输机——而这种新货币在2003年10月5日被引进流通。财政小组相信，他们终于达到了要让伊拉克经济拥有稳定性所需要的一切条件。他们已经从纽约运来了17亿美元的钱，尽管另有财政官员们认为本该属于伊拉克中央银行的9亿美元被联邦拿走并分发给了美国军队，但数十亿的新第纳尔现在已进入了流通之中。新第纳尔如此流行以至于很快增值到了与美元分庭抗礼的地步。在财政官员们看来，似乎没有理由再把从纽约运来的那些美元进一步注入伊拉克了。

但财政小组却没有意识到，联盟驻伊拉克临时管理当局其实另有打算。临时管理当局即将做出的行动，会让财政小组早先空运过来的那些钱看起来简直就像零花钱一样少。

★

保罗·布雷默（Paul Bremer），联盟驻伊拉克临时管理当局的领导人，也是伊拉克事实上的总督，在从杰伊·加纳手中接过权力之后很快做出了一系列影响广泛的全面决定。布雷默签署命令，有效肃清了伊拉克复兴党分子的政府，随后解散了伊拉克军队，然而这反倒为伊拉克的反美暴动提供了保障。联盟驻伊拉克临时管理当局工作人员提出了一些想法，诸如在伊拉克实行单一税制改革——这是右翼党派几十年来的论调之一。临时管理当局官员们如此忙于制定自己的政治日程表，以至于事实上他们没有花时间去做成任何事情。

格德·史密斯的财政小组看到，在没有任何监管的情况下，钱就会消失得无影无踪，而且没有任何人去做点什么。所以，在八月份，他的财政小组集体辞职了。“突如其来地，所有齿轮都停止了运作。”史密斯事后回忆道，“事情变得急剧失控。我的伙伴们说他们在政府机构里待得太久了，终于意识到不想再待在那里了，并且也不想卷入正在发生的事情当中。”

令人不安的是，似乎并没有人注意到，也没有人关心这件事情。“从我的伙伴们退出之后，我就开始焦虑。华盛顿和巴格达竟然没有人担忧：财政小组的所有人都消失了，联盟驻伊拉克临时管理当局的意识形态主义者们正在大行其道。”史密斯补充道，“事实上根本没有人关心财政小组的消失。”

这也意味着，财政小组不会出现在那里来阻止一场史上最大的盗窃案了。

★

“9·11”事件之后，巴塞尔——弗吉尼亚州费尔法克斯市的一名要求隐藏姓氏的美籍阿拉伯裔金融分析师——决心把他在进攻性武器方面的业余爱好应用到反对恐怖主义的战争中。这需要一些时间，但是在2003年5月之前，他终于带着含糊不清的任命来到了伊拉克，作为军队情报机构的一名承办人。在伊拉克入侵行动遗留下来的混乱局势中，他仍在努力分析自己究竟该做什么，直到他遇到了大卫·纳米——此人是格德·史密斯财政小组中的一名高级成员。一天深夜，纳米穿过绿区一座美军占领的建筑物，大声询问有没有会说阿拉伯语的人来帮他解决一个紧迫的问题。巴塞尔回应说会阿拉伯语，纳米很快带领他穿过街道来到了一个四辆车的车队。车里面装满了纳米刚从巴格达国际机场运来的现钞——这些钞票来自财政小组第一批从纽约联邦储蓄银行空运来的款项。纳米决定不把这些钱送到伊拉克中央银行，因为它的主地下室还浸泡在积水当中。他打算次日早晨将这些钱存在另外两家伊拉克国有银行里面，但需要有个会说阿拉伯语的人来说服他的伊拉克司机们与这些装满现金的车子一起过夜。凭借一点魅力以及狡猾，巴塞尔说服司机们留了下来，并在第二天早晨帮助纳米安全地将这些钱存进两家国有银行。这给纳米留下了深刻印象，他当即雇用巴塞尔服务于财政小组，负责小组的安全和后勤。

财政小组空运现金完毕之后，巴塞尔仍然继续工作，这次是效力于联盟驻伊拉克临时管理当局。当局在财政小组完成先期的现金注入之后，继续从纽约空运钞票到伊拉克中央银行。财政小组没有意识到这一点，但向伊拉克的海外账号注入资金来帮助伊拉克金融系统的这个想法却引起了临时管理当局与白宫布什政府的共鸣。临时管理当局开始不动声色地安排将财政小组原先的计划加倍执行，空运更多的现金从纽约到巴格达，其数量远超过财政小组先前的预料。

很快，联盟驻伊拉克临时管理当局就有了机会，可以得到伊拉克发展基金（The Development Fund of Iraq）里的钱。这是联邦于2003年决议在纽约联邦储蓄银行建立的一个账户，账户中存储着来自伊拉克石油销售税收的数十亿美元。联合国授权联盟驻伊拉克临时管理当局控制伊拉克发展基金里的钱，用于伊拉克的重建工作，但同时也要求成立监督委员会，用以保证临时管理当局合理地使用这些钱来为伊拉克人民谋求福利。

对于美国人来说，伊拉克发展基金账户是一个极具诱惑力的目标，所以联盟驻伊拉克临时管理当局——这个凌驾于伊拉克政府之上的国家最高权力机关——在没有经过论证，没有控制、监管的情况下，直接签署命令，释放账户里的资金。监督委员会已经被大大地无视了。不久之后，更多的空军运输机装载着更多的钱——数十亿美元，开始了飞往巴格达的旅程。

这些新的空运美元的行动是以一种完全将财政部置之事外、蒙在鼓里的方式进行的。负责先期钞票运送的高级财政官员从来没有被告知联盟驻伊拉克临时管理当局到底在做什么。约翰·泰勒和格德·史密斯两人都说他们完全没有参与临时管理当局的钞票运输行动。史密斯说他始终不能明白临时管理当局这么做的目的是什么。他相信一旦有了新的货币，就没有必要再不停地往伊拉克运送更多的美元了。“我们不知道布雷默在把所有的钱都运过去，”史密斯说，“我找不到这么做的理由。为什么在有了新货币之后，联盟驻伊拉克临时管理当局还要运送更多的钱过去呢？”

从2003年5月到2004年6月，联盟驻伊拉克临时管理当局安排从纽约运送了200亿美元到巴格达，这其中有120亿～140亿美元是以现金的形式用空军运输机运过去的。这些钱源源不断地运往伊拉克，甚至直到国会分别投票决定花费数百亿美元的纳税人的钱来帮助伊拉克重建之后，还没有运完。在整个战争期间，美利坚合众国一共自掏腰包花费了630亿美元，用于伊拉克的重建工作。

对联盟驻伊拉克临时管理当局来说，使用伊拉克发展基金的钱比使用国会批准的钱有一个巨大的优势，那就是没有规则来约束其应该怎么使用这些钱，也没有联邦法令或者国会的监管。那是伊拉克的钱，又不是美国纳税人的钱。结果，华盛顿几乎没有人真正在意联盟驻伊拉克临时管理当局到底用这些钱干了些什么。事实上，这是完全无牵无挂的无主钱财。而作为临时管理当局领导者，保罗·布雷默唯一需要对之负责的那位伊拉克领导人，巧得很，也叫做保罗·布雷默。

在一次采访中，保罗·布雷默为他的空运钞票行动进行了辩护，他说当时伊拉克政府急需这些钱来维持政府机关的运转。“伊拉克政府当时正处于崩溃的关头，”布雷默说，“公务员们已经大约三个月没有发工资了。我们必须立刻把钱送到那里。”

“我们也必须为了伊拉克政府的长远需要着想，建立一个长期基金。”布雷默继续说道。他坚称，每次需要从联邦储蓄银行运多少钱，这些都是事先在巴格达有预算的，这些预算则是根据伊拉克各个政府部门的提议而定。

“所有的这些提案都由伊拉克财政部长和计划部长进行审核。这两步完成之后，提案就会被送到联盟驻伊拉克临时管理当局计划审核委员会的面前，如果通过了，他们会把提案交给我，进行最终的签署。接着，首席财政官员会把它呈交联邦。”布雷默进一步解释，临时管理当局计划审核委员会里面也有伊拉克的代表出席，所以他们“从预算流程的一开始就参与其中”。

但事实却是，飞往伊拉克的这些钱，既没有用于伊拉克的各个政府部门，也没有用来支付伊拉克的资金链，更没有用于伊拉克的日常需要。恰恰相反，它们全都一声不响地消失了。

在从财政部到联盟驻伊拉克临时管理当局轮番登场的过程中，有一个人始终在场，那就是巴塞尔。这个男人一直在负责确保从巴格达机场卸下来的钞票能够安全无恙地送达巴格达市中心。自从临时管理当局接管钞票运送业务以来，从纽约飞往巴格达的航班就变成了日常的常规性事务。巴塞尔说，有些飞行员给这些航班本身起了一个绰号，叫做“叮咚航班”①。

巴塞尔成了这条供应链中不可或缺的一位人物。他知道运送钞票的路线，知道怎么把一盘盘的现金从机场沿着巴格达的爱尔兰路送到位于绿区内的联盟驻伊拉克临时管理当局；或者躲过暴动分子的威胁，送到伊拉克中央银行。在这个过程中，巴塞尔积累了各种各样奇奇怪怪的琐碎经验。比如，他知道一辆雪佛兰Suburban型号的车除了承载一个司机和一个装备有霰弹枪的武装人员之外，还可以运送大约9600万到1亿美元现钞——如果把后座放平的话。

巴塞尔从事钞票运输业务，乐此不疲。他用武器式的精确程度来计算从机场到市区的每一条路线。他会在每次“叮咚航班”抵达前至少12小时的时候带领下属赶到机场，为的是确保他们有足够的时间来更改日程及路线，以防备紧急情况的发生。飞机着陆之后，巴塞尔会立刻开车赶到运输机旁，会见护送钞票的美军军官，通常是一个上校或者中校。在伊拉克人员的陪同下，从联盟驻伊拉克临时管理当局审计委员会来的官员会和巴塞尔一起来到飞机前，见证钞票的运送。钞票在卸下运输机之后会被清点，抵达市区后也会再清点一遍。

一离开机场，巴塞尔就开始运用自己灵活的手腕，来让试图伏击他们运输队的暴动分子和犯罪团伙陷入迷惑之中。他会在车流稀少的黎明时分离开机场，途中不断变换运输钞票的路线和车辆型号。他会将车型

① 注：叮咚航班（jingle flight），jingle英语中表示有规律有节奏的“叮咚、叮咚”声，形容现金航班频繁而有规律。

从SUV变换成运送垃圾或者农产品的货车，还会先派出一辆车做诱饵，看看是否被攻击。为了防备队伍内部的卧底，他常常会告诉安保人员和运输员工，车队要在某个特定时间前往特定地点，然后在行动前一分钟临时更改或者取消计划。“我们就是要做到难以捉摸。”巴塞尔说。

每次车队有一个排的美军士兵护送，而巴塞尔会跟一群前伊拉克特种部队同行，这些人是他最信任的狙击手。他们最常去的目的地是不在绿区的伊拉克中央银行，所以巴塞尔会事先在路上安排伊拉克人盯梢，以观察是否有迹象表明有人在银行伏击。

从2003年5月到2004年6月负责运送业务的这段时间里，巴塞尔接应了所有的现金运送航班。他说他从来没有弄丢过一分钱。从巴格达机场来的所有的钱都去了它在市区的目的地。“毫无疑问，我所护送的这些钱全都去了它该去的地方。”巴塞尔十分肯定地说。

但在巴塞尔将钱运到目的地之后又发生了什么，那就是另外一回事了。

如今，在联盟驻伊拉克临时管理当局下令从纽约送到伊拉克的约200亿美元中，有至少117亿美元不是没有明确的用途去向，就是直接人间蒸发了。

★

在后萨达姆时代，关于大规模腐败和洗黑钱的指控将伊拉克中央银行置于困境之中——这座银行正是现金航班的主要目的地。尽管格德·史密斯在2003年已经着实恶心了一回，但他在2007年作为财政专员随美国使团来到巴格达的时候，还是又一次卷入了伊拉克政治之中。

2008年年初，中央银行，这座早在2003年入侵行动之后就经历了洗劫与水淹的建筑，又遭受了火灾的袭击。史密斯冲到中央银行，很快意识到这是内部纵火。整座银行损坏最严重的是电脑和金融记录。尽管电脑烧毁了，银行还是在第二天成功恢复了工作。当火灾发生的时候，银行的安保人员全都在场，但银行的监控录像却根本显示不出是谁放了火。从联盟驻伊拉克临时管理当局开始接管到现在，很多银行记录都消失了。史密斯得出结论，这场火灾在一定程度上是对大规模盗窃行动和洗钱行为的掩饰。

★

2012年10月，希南·沙比比博士，伊拉克中央银行的管理者，到东京去参加世界银行和国际货币基金组织的年会。在回巴格达的路上，沙比比在法兰克福做了短暂停留。他让随行人员查看，在他离开伊拉克这段时间里有没有错过什么重要的事情。很快，他被告知马利基总理正打算等他一到巴格达就逮捕他。所以，沙比比搭上了一架开往日内瓦的飞机，并且从此在瑞士开始了流亡的生活。马利基总理签署的对沙比比的逮捕许可，其实是对中央银行内部腐败行为和洗钱行为的更广泛调查的一部分。在日内瓦进行的一系列流亡者采访当中，沙比比否认了马利基总理对他进行的腐败指控，反声称马利基反对他是因为其想要自己掌控中央银行及中央银行内部的大量外汇储备。

沙比比还说，尽管知道从美国空运来的现金丢失这个问题已经被提了出来，但他不知道这个问题是不是完全地得到了很好的解答。“伊拉克人提出疑问，美国人到底是怎么使用这些钱的呢？而美国人则总是回答说，这些钱被用来为伊拉克人民造福。” 沙比比说。但是他又补充道，在入侵行动之后的一年左右时间内，中央银行的职能其实是很弱的。“在一开始，中央银行的组织并不是很好。”他解释说，“早期的阶段是很艰难的。”

★

斯图亚特·鲍文（Stuart Bowen），一位有着贵族血统并且和乔治·沃克·布什的得克萨斯圈子有深厚渊源的律师，带着最善意的忠诚，来到华盛顿开始工作。布什当得克萨斯州州长的时候，他就为布什工作了。在2000年重计选票事件中，他曾来到佛罗里达帮助布什团队进行法律斗争，随后作为法律顾问助理加入了布什的白宫团队。接下来，他在白宫以副秘书的身份供职，这使得他进入了核心信任团体当中。所以，当白宫既需要选出一个人用来制衡自己，同时还要保护总统免受伊拉克战争余波影响的时候，鲍文似乎成了一个最为安全的人选。

随着战争恶化，白宫不得不一次次伸手向国会要钱来支援战争，沮丧的国会领导者们终于开始要求设立一个监督岗位，用以追踪国会先前盲目地给伊拉克送出的几十亿美元的去向。布什政府勉强同意设置特别监察长一职，该职位对于战区内发生的一切事情拥有广泛的调查权。

但政府最不希望看到的事情，就是有一个独立又凶巴巴的监察长在伊拉克周围虎视眈眈。所以，白宫官员们将目光投向了一些他们已知的站在自己一方的人，一些只会对国会报喜不报忧，但又知道华盛顿一贯以来将问题掩埋在一堆堆的修辞和文章之下的作风的人。

他们大概是这么打算的吧。不过，2004年鲍文刚被任命没多久，白宫就意识到自个犯了错误。

斯图亚特·鲍文虽是布什的律师，但他并非布什的仆人。当被任命特别监察长之后，他做出了令人感到不可思议的事——他竟然严肃认真地做起了自己的工作。他成了唯一一个关心从纽约联邦储蓄银行送到巴格达的款项下落的美国人。他启动了一项调查，想要弄清到底发生了什么。但当开始触及真相的时候，他发现自己面临着来自巴格达和华盛顿的强烈阻挠。

★

斯图亚特·鲍文在被任命为特别监察长一职后的首次巴格达之行期间，已经对他将要面对的东西有了一个早前的理解。当行走在绿区内一座萨达姆以前的宫殿里，穿过联盟驻伊拉克临时管理当局的办公室时，鲍文无意中听到了走在他前面的两位临时管理当局官员的部分对话。“我们不能再继续这么干了，”其中一位官员对另外一个讲，“现在这里已经来了一位特别监察长。”

很快，鲍文和他的调查小组就听说了关于联盟驻伊拉克临时管理当局行事作风的古怪传闻。鲍文的人听说一箱箱的钞票被带出临时管理当局的办公室，但没有任何记录说明它去了哪里。他们听说承包商们因为根本不存在的工程而被支付了几百万美元。到处都有传言讲述着大量的回扣和行贿，讲述着来到伊拉克的工人们的奴隶般的处境，讲述着美国军官们将本应用于重建项目的钱偷偷放进军用小提箱里带回家。随着大量的钞票涌入伊拉克战区，有迹象表明，美国在伊拉克的事业已经被搞成了一个巨大的盗窃政体。

鲍文惊讶地发现，联盟驻伊拉克临时管理当局是一个乌托邦，一个包含了共和党意识形态主义者和寻求暴富的海盗的怪异混合体。随着暴动的加剧，美军被迫撤退到了防爆墙后面的绿区内，而临时管理当局的狂暴浪费行为则变本加厉。2004年6月，在临时管理当局停止行使职能并把这个国家移交给由阿亚德·阿拉维（Ayad Allawi）首相领导的新临时政府之前的两星期时间里，临时管理当局还安排了最后一批的急速“叮咚航班”，从纽约空运40亿～50亿美元现金到巴格达。据《洛杉矶时报》称，在那个月，有一千多名承包商被临时管理当局付了钱。这些钱一飞抵伊拉克，临时管理当局就把钱胡乱扔出去，关于这些钱去向何处，根本没有任何控制。

正当鲍文开始调查欺诈和腐败案件的时候，他在白宫的伙伴们开始生他的气了。对于布什总统来说，伊拉克已经变成了一个政治污水池，而鲍文的调查有将事情变得更糟的危险。

通过国会中的共和党友军的帮忙，白宫试图不动声色地剪除鲍文的团队，并且试图在他一开始问到敏感政治话题时就停止他的调查。但鲍文却被人暗中告知了白宫的举动，还成功向他自己在国会中的同伴发出了警告。其中有一位参议员苏珊·柯林斯，是来自缅因州的温和的共和党人，阻碍了白宫的这一企图。到2004年10月，她已为鲍文的工作提供了更加坚实的基础。

没过多久，鲍文和他的调查小组成员就现金航班及联盟驻伊拉克临时管理当局如何使用伊拉克发展基金的问题展开了质询。鲍文和他的小组成员难以相信居然有如此多的现金飞往巴格达，而且对临时管理当局不能对其中相当大一部分钱进行解释也深感震惊。

布雷默现在声称，他同意特别监察长的说法，认为伊拉克的个别政府部门关于资金的花费问题应该负起更好的责任。“问题在当这些钱通过财政部进行分配之后所发生的事情，”布雷默在一次采访中说道，“我们对于投入伊拉克系统中的每一笔资金都有非常详细的记录。特别监察长认为我们本应该在其他政府部门也同样建立起更好的监控机制，但这需要数百名经过国际训练的审计员。建立起这样的系统，至少要花费我们三年的时间。”

★

在鲍文看来，他对布雷默关于联盟驻伊拉克临时管理当局处境的辩解很不以为然。相反，鲍文说，他发现临时管理当局使用和分配现金的行为既武断又反复无常。一个令人震惊的案例就是，临时管理当局官员曾决定让伊拉克北部的库尔德人也分得一杯羹。

库尔德人当时正试图在伊拉克北部开拓出他们自己的半独立的库尔德斯坦联邦。他们拥有美国人想要取悦的强力领导人。因此，在2004年6月，三架支奴干直升机装上了刚从美国空军运输机上卸下来的16亿美元现钞。它们从巴格达飞到位于库尔德斯坦的埃尔比勒，在那里，这些钱被移交给伊拉克中央银行的一家分行。

这些钱毫无预警地从天而降。埃尔比勒分行的官员中竟没有一个预先知道这笔钱的送达，他们一开始完全不知道该如何处置这些钱。美国人把钱一堆堆地卸下来，然后，这些钱就储存在银行建筑里，直到银行的官员们弄清楚接下来要干什么。

随后，美国高层官员意识到，这些现钞是被放在一群还没准备好接收这些钱的分行官员们的手里。于是他们给埃尔比勒分行打电话，看看这些钱怎么样了。据鲍文的特别监察长办公室工作人员讲，美国官员被告知这些钱经管得很好。

联盟驻伊拉克临时管理当局再也不曾见过这些钱，也不知道这些钱到底去了哪里，花到了哪里。

几乎毫无疑问，这些钱消失在库尔德斯坦的有权政治人物的私人账号里了。

★

2004年6月1日，联盟驻伊拉克临时管理当局的管理宣告结束，因为一个由总理阿亚德·阿拉维领导的过渡政府已经建立了起来。这个临时政府只是暂居其位，直到伊拉克能够举行一场大选为止。然而毫无疑问，彼时在美国人心中，还是最希望阿拉维成为伊拉克长久的领导人。事实上，由于阿拉维和美国中央情报局存在着长久的联系，他在伊拉克是以“间谍头子的最爱”的形象为人所熟知的。

当联盟驻伊拉克临时管理当局在其存在的最后两个星期里加紧从纽约空运钞票的时候，美国就已经知道阿拉维要作为总理接管伊拉克的大权了。他们还知道，阿拉维要想坐稳交椅，还需要面对一场艰难的竞选大战。作为一个成年之后长久在伦敦度日的背井离乡者，阿拉维在美国人和英国人的眼中，远比他在伊拉克人民眼中要受欢迎得多。他是一个什叶派教徒，却同时有着作为伊拉克复兴党成员的过往，因此他缺乏什叶派的坚定支持。这一点在一个以什叶派为主的国家，是很残酷的。

阿拉维在华盛顿眼中的受欢迎程度和在巴格达的政治脆弱性并存，

那么问题来了——联盟驻伊拉克临时管理当局在其最后的日子里加紧从纽约空运钞票的决定，会不会是布什政府做出的一次支持阿拉维的努力，为的是给阿拉维以财政优势，以便巩固他对于伊拉克大权的掌控呢？

类似的问题早在过去就已经被提出了。2005年，《纽约客》杂志的调查记者西摩·赫什写到，布什政府在2004年曾展开一场秘密论证，讨论要不要向阿拉维以及他的政治伙伴们提供财政支持，同时他们还在运用美国的钱压制着那些更加种族化的什叶派政治人物的势力。美国害怕什叶派政党，害怕他们和伊朗的可疑关系。联盟驻伊拉克临时管理当局已经走到了末路，但是白宫希望维持其对于伊拉克政治进程的影响，以配合其在伊拉克的大量军事占领。因此阿拉维似乎成了白宫的最佳选择。赫什报道称，布什秘密授权了一项隐蔽行动，以支持阿拉维和他的竞选活动，但当国会领导人们听取关于此计划的简单介绍的时候，时任众议院少数党领袖的加利福尼亚州民主党人南希·佩洛西表示了反对。赫什报道称，布什政府随后安排了一项“事实上在某种程度上并未记录”的行动来支持阿拉维，就此绕过了国会和佩洛西的反对。赫什称这次行动“使用的资金并不是非得经过国会的允许才能调拨”。根据赫什的说法，如果不是调用了美国的资金，那这次行动想要避开国会就容易得多了。

无论阿拉维拥有了多么强大的资金援助，和美国之间的联系还是损害了他的信誉。在2005年的大选中，他被击败了，输给了什叶派政治领袖努里·马利基。赫什说，有证据表明在那场失败的竞选行动期间，阿拉维有着充足的资金供其调用。

在一次采访中，布雷默否认在最后关头加紧空运钞票是为了支持阿拉维。“一派胡言，”布雷默说，“截至五六月份，我们甚至都不知道阿拉维能否在2005年大选中成为候选人当中的一个。跟空运行动有关的事实是，伊拉克政府需要50亿～60亿美元用来将它与联邦储备局之间的议事程序准备就绪。”布雷默进一步说，加紧空运现金是由于伊拉克财政部长想要得到这些资金。因为他担心新任的伊拉克政府不熟悉现金航班的安排流程，而政府则会因此在没有资金支持的情况下运行。

“我想，财政部长是在五月底或者六月初联系我们的，”布雷默说，“（他担心）资金的运输可能会在伊拉克或者联邦储备局方面有所延迟。”

★

那些运送的现金到底发生了什么？在长达几年的时间里，斯图亚特·鲍文和他的调查小组一直找不到关于这个问题的答案，他们为此感到沮丧。他们可以从东卢瑟福操作中心一路追踪到安德鲁空军基地，然后从安德鲁追踪到巴格达国际机场，再从机场追踪到巴格达城区。但是接下来到底发生了什么，他们就完全不知道了；记录就像大海捞针，杳不可寻。几十亿美元的钱，在联盟驻伊拉克临时管理当局和伊拉克政府的手中，直接人间蒸发了。

但那并不就意味着这些钱全都被盗了，这只是意味着并无任何人能够证明这些钱没有被盗而已。因此鲍文的调查组一遍遍地重复对来自伊拉克发展基金的钱进行审计。每次一有新的报告出来，他们就会抱怨这么多钱流出，却没有足够的记录保存下来，这一点着实可疑。

渐渐地，鲍文的调查组取得了进展。他的调查组得出结论，有来自现金航班多达13亿的美元流入了国防部长海济·沙兰于2004年创立的一个腐败账号里了。鲍文的调查组判断，在心腹助手齐亚德·卡坦的帮助下，这位国防部长创立了一份欺诈性的防卫协议，这样一来，表面上看，资金似乎是被用于购置装备以重建伊拉克军队了。他们逃离了伊拉克，却能够将这些钱同样在不被发觉的情况下运出这个国家。在伊拉克，他们被指控犯有腐败罪，之后被缺席审讯并定罪。

★

鲍文的调查组进行的最具爆炸性的一项调查开始于2010年。当时，一位黎巴嫩裔美国人瓦埃勒·蔡恩正在担任鲍文的特别助手兼翻译。他所传达的一个高度敏感的消息，直接导致了鲍文和他的团队开始了一场秘密行动，以寻找丢失的现金宝藏，并解开伊拉克战争中最大的一个谜团。

瓦埃勒·蔡恩在加入鲍文团队之前，效力于美国军队，他被告知，从“叮咚航班”里来的数十亿美元丢失了，现在正藏在黎巴嫩。基于瓦埃勒·蔡恩的情报，鲍文的调查组展开了在整个伊拉克战争期间最为隐秘的一次调查行动。鲍文的调查组将这次行动命名代号为“砖块追踪者（Brick Tracker）”。这次行动此前从未被公开披露过。

最终，鲍文的调查组从黎巴嫩的线人那里得到了情报。线人锁定了一个装满大量美钞的地堡，从伊拉克运来的大量美钞被妥善保护并被细心隐藏在其中。地堡中存储着12亿～16亿美元的现钞。另外有价值大约2亿美元的黄金，这些黄金属于伊拉克政府。鲍文的调查组还被告知，一些有势力的伊拉克政治人物与这座装着现金的地堡有关联。

终于，这位特别监察长和他的团队开始坚信，他们发现了自从运抵巴格达之后消失的那些美国货币当中大部分货币的秘密储藏点。调查人员断定，现金的数量如此之多，以至于藏匿这些现金的人们是不愿意去挪动它们的。

除了装在地堡里的现金之外，瓦埃勒·蔡恩说他随后发现了几千万美元的美国货币藏匿在黎巴嫩的其他地点。包括这些储藏的钱在内，从美国空运到伊拉克并随后被盗运至黎巴嫩掩藏起来的美国货币的总值，达到了约20亿美元。

关于从美国运往伊拉克的货币，已经有一系列数目被美国政府记录了下来，这让追踪失款成为了可能。但马虎草率的记录保存意味着，在入侵行动之后的早些日子里，并不是在每一笔钱出发之前，其数目都被记录在册。但据调查此事的鲍文调查团前任工作人员称，这些被盗并且如今藏在黎巴嫩地堡里的货币，到底是属于前者还是后者，尚且不得而知。然而，就算拥有了部分现金的一系列数目记录，美国能够追踪并保护这些钱不被挪用的希望，也还是非常渺茫的。

然而，掌控藏匿的钞票的人们似乎不愿意将这些钱以大批量的形式转移到国际银行系统中，所以他们一直以来大都是在黎巴嫩境内花费这些钱的。瓦埃勒·蔡恩说他还得到情报，这些钱已经被用于伊拉克政党的支持者购买武器。人们相信，一些有势力的伊拉克政治人物早已牵涉到盗窃现款的事情中来，而且现在仍掌控着这些钱。还有些黎巴嫩洗钱者给予了支持，他们在早先就提供了这座地堡以及其他的安全藏匿据点。

与此同时，鲍文非常遗憾地发现，在美国政府当中，似乎没有任何人对于发觉事实的真相抱有特别的兴趣。在鲍文及其团队发现黎巴嫩的现金储藏地堡之前，华盛顿的大多数官员们早就已经忘了曾有过空运钞票这件事了。奥巴马政府正在努力将伊拉克战争大事化小，小事化了，白宫也没有兴趣去揭开自己的旧伤疤。既然那些来自伊拉克发展基金里的钞票并不是美国纳税人的钱，政府官员们也就不是特别上心地想要把它拿回来。奥巴马白宫，想要忘掉伊拉克这档子事。

关于华盛顿对此事不感兴趣，还可以有另一种解释。那就是，白宫不希望在一场调查中牵涉到伊拉克几位最有权力的官员。美国可还要与他们继续合作呢。

当鲍文的工作人员跟中央情报局的官员会晤，谈到黎巴嫩那座装满现金的地堡时，中情局官员对此表示没什么兴趣，并且明确表示他们不会在关于此事的任何一次调查当中跟鲍文的工作人员合作。

（早在我听说鲍文的团队也在调查同一件案件之前，一位中情局前任官员就在接受采访的时候告诉我说，他已经知道了位于黎巴嫩的那个装满了美元的地点，这些美元是由有权力的伊拉克领导人从巴格达运到黎巴嫩的。消息的提供者称，他是从叙利亚情报机构中的线人口中得到这个消息的。）

当鲍文的团队试图在黎巴嫩展开一场关于丢失款项的调查时，他们还遭到了来自美国驻黎巴嫩首都贝鲁特大使馆的阻挠。美国大使米歇尔·西松（Michele Sison）不承认鲍文的入境通行证，这意味着他将不能以政府公务之名到黎巴嫩来。而到达黎巴嫩的两位鲍文的调查员也都被禁止从大使馆赶赴那座藏匿着现金的地堡。大使馆工作人员告诉他们，对于美国官员来说，前往那个地区实在太危险了。从这件事里，鲍文看出了另一个信息，那就是美国政府对于进行有关这笔失款的调查是多么不感兴趣。

在贝鲁特，鲍文的工作人员见到了黎巴嫩的总检察长塞得·米尔扎（Said Mirza），他同意就这项调查展开合作。米尔扎说他会对这座地堡展开突击检查，帮助发现藏匿的钱款。到那时候，鲍文就可以将这些钱的源头追溯到伊拉克甚至东卢瑟福操作中心了。

但在最初的承诺之后，这位黎巴嫩检察长开始打起了退堂鼓，他所承诺的调查和突击检查从来没有被付诸实践过。鲍文最终也意识到，这位黎巴嫩检察长不愿意跟这座地堡的主人对着干，他可能也受到了某些压力，这才被迫放弃他的计划。

鲍文的调查人员还跟华盛顿联邦调查局的官员讨论了这个案件，但调查局官员回答说，他们并不认为自己有任何权限追查此事。联邦调查局从来没有调查此事。鲍文和他的团队感到很沮丧，但他们继续秘密地进行着自己的工作，他们从未在公开场合提到他们是在追踪那些消失的美元。

★

在2011年底或2012年初的一次私人聚会上，伊拉克总理努里·马利基随口问美国大使詹姆斯·杰弗里（James Jeffery），有报道称黎巴嫩有一座地堡装满了从伊拉克运过去的美元，美国关于这件事情知道多少。杰弗里告诉他，自己对于这篇报道有所耳闻，但细节方面的东西他一无所知，杰弗里在后来的一次采访中如是说。杰弗里还告诉马利基，关于这件事情，知道最详细的美国官员要数斯图亚特·鲍文了，马利基要想知道这件事，应该去问他才对。

“他说：嘿，我听说了关于这些丢失款项的所有小道消息，你知道什么？”杰弗里回忆道。他从2010年到2012年任美国驻伊拉克大使。“我告诉他应该去找斯图亚特·鲍文谈这件事。”2013年，鲍文在巴格达会见马利基的时候，这位总理谈到了那些丢失的钱。事后鲍文说，马利基向他明确表示，他知道黎巴嫩的地堡。鲍文离开会议时已经坚信，如此多的钱在被美国人富有骑士精神地经管并运送到伊拉克之后竟然被盗，这件事很令这位首相感到愤怒。

尽管马利基总理对于这件事情表示出了个人的兴趣，伊拉克政府却始终没有采取行动去追踪藏匿在黎巴嫩的失款。巴格达政府可能已经麻木不仁了，因为没有人想要追究那些牵涉到此桩盗窃案的政治大佬们。

★

围绕着这些失款以及黎巴嫩地堡的谜团，是有着官僚主义规则和限制的美国政府所不可能解决的一个问题。而伊拉克政府也似乎再不可能试图将这些丢失的钱找回来了。人们相信，最初的、尚未进入流通的20亿美元货币时至今日还安放在黎巴嫩的地堡以及其他据点之中，等待着伊拉克大佬们的享用。

正因如此，现今，这座装满了钞票的伊拉克地堡成了一座合适的纪念碑，记载着美国在反恐战争中的放肆行为。毫无疑问，相比于天堂广场上那座几乎被人们遗忘了的、在2003年4月巴格达陷落后的某一天被推倒的萨达姆·侯赛因雕像，黎巴嫩的地堡似乎更好地象征了美国在中东地区的这场冒险①。

---

① 注：指伊拉克战争。

Pay Any Price

第二章

反恐骗局

贪欲与权力，二者一旦结合起来，其后果是毁灭性的。在巴格达现金失窃案中，贪欲同样诱惑了美国人和伊拉克人，然而联盟驻伊拉克临时管理当局那种几乎不经过预测就雷厉风行地做出快速决策的能力，使得这种贪欲毫无抑制地恣意生长起来。结果，数十亿美元就这样消失了。

在整个反恐战争的过程中，贪欲和权力就像积蓄已久似的，重新在美国扎根并疯长。美国如潮水一般的反恐开销，造就了一场新的国家安全的“黄金热”。“9·11”事件过后的恐慌，导致美国国会向联邦调查局、中央情报局以及国防部砸钱的速度甚至超过了他们花钱的速度。很快，就像一场金融泡沫一样，一场反恐的泡沫在华盛顿兴起。新一代的企业家意识到，一条最保险、最快速的赚钱之道，不在硅谷的电脑制造业，不在纽约的服装设计业，而在弗吉尼亚的泰森角（Tysons Corner）。泰森角生产出新的方法，用以预测、分析并阻止恐怖袭击——或者简而言之，至少要让一部分政府官僚相信你有些神奇的方案可以做到这一点。

让我们来看看丹尼斯·蒙哥马利（Dennis Montgomery）的例子吧。他提供了一个完美的范例，向人们展示了在反恐战争期间，贪欲和野心与滚滚而来的无尽财源相结合，是如何创造出了一种新的风气。在这种风气下，曾经本该被控诉的欺世盗名的大骗子，居然能够建立起一个不受什么正式监督的流氓无赖式的情报组织。疯狂，成了反恐战争的新常态；而在这个过程中，最初的目标已然被人们遗忘了。

★

不管丹尼斯·蒙哥马利是什么身份，反正他是最知道如何利用美国的十年恐慌[①]来获取利益的人。他一眼就看到了后“9·11”时代的本质：一个发财的时代。

蒙哥马利作为幕后的总设计师，导演了美国历史上一场设计最精心而又最危险的恶作剧，熟知此事的现任和前任美国官员都相信这一点。这次诡计相当成功，以至于险些说服布什政府命令战斗机去击落大西洋上空的一架满载乘客的商务航班。而当事情结束，当迷梦惊醒，当美国政府官员终于意识到他们被一个弥天大谎所欺骗的时候，竟然对此没有做出任何反应。中央情报局将这段狂乱的小插曲整个掩盖了起来，仿佛它根本就没有发生过一样。而国防部仍在跟蒙哥马利保持着合作。司法部的律师们还在美国到处奔走，试图防止一切关于蒙哥马利及其阴谋的消息公之于众。在一系列涉及蒙哥马利的民事诉讼案中，甚至启用了国家机密特权。

似乎华盛顿的每一个人都害怕承认：反恐战争的皇帝，并没有穿衣服。[②]

★

作为一位前医疗技师，一个在国家安全事务方面没有一丁点经验的、自封的电脑软件专家，丹尼斯·蒙哥马利差点以一己之力促使布什总统下令击落一系列商务航班，而他所依据的理论根基，如今看来只是一场精心策划的恶作剧。然而即便在蒙哥马利完成了这个惊天大阴谋后，他在政府内部还是拥有一些铁杆支持者。这些支持者斩钉截铁地拒绝相信那些证明蒙哥马利是骗子的证据。他们也拒绝承认蒙哥马利强加

① 注：指“9·11”事件之后的十年中，美国人对于恐怖主义的恐慌。

② 注：指当权者极不愿承认的丑事。

给国防部和中情局的所谓超级机密计算机软件，无论如何都不可能是美国的救星。

蒙哥马利的故事向人们展示了投入到反恐战争中的数以千亿计的美元是如何被白白浪费掉的。当所有的规则都被抛之脑后，没有人坚守底线，任何一个承包商只要宣称能够在面对新的敌人的时候助美国一臂之力，政府就直接朝他们扔钱了。政府官员们甚至不曾回过头来检验一下，他们从承包商手里买过来的东西，到底是不是真的起到过什么作用——或者说这些承包商们本身是不是骗子。2011年五角大楼进行的一项调查表明，在“9·11”事件之后的10年时间里，国防部一共向那些之前在涉案金额达100万美元及以上的诈骗案中受过制裁的承包商们提供了超过4000亿美元的资金。

蒙哥马利的这段小插曲还告诉了人们另一个教训：如果对高级机密信息的接触或控制需要经过更强大的官僚主义权力者，那将意味着，在加官晋爵的机会面前，政府官员是根本没有动机去质询这个机密信息本身的真实性的。成为迷人的内部权力圈子的一员，这件事对人们有着难以抵挡的诱惑力。

蒙哥马利强烈否认自己曾经到处兜售具有欺诈性的技术。他坚称对他的指控是被那些磨刀霍霍的批评家们——包括他的前任律师和前任员工们——给添油加醋地升级了。他声称，自己得到由美国国家安全局和中央情报局直接发出的命令，还说中情局、国安局及美国军方对自己的技术特别重视，以至于将其应用于捕食者（Predator）无人机袭击与其他突击行动的目标定位工作中。蒙哥马利还补充说，在不经过司法部允许的情况下，他只有有限的权力去谈论他的软件以及他和中情局、国防部有关的业务来往。他还补充说，美国政府试图阻止公开披露他和政府的关系细节这件事，本身就说明了他的工作被认为是严肃而重要的。“你真的以为，政府启用国家机密特权，仅仅是为了不被为难或者不被欺骗么？”他问道。

★

正所谓无巧不成书，丹尼斯·蒙哥马利的传奇故事和他自吹自擂的反恐战争制胜策略，开始于雷诺市中心区的黄金国赌场（El Dorado）里，这真是一个十分恰当的开场。

蒙哥马利是一个肥胖超重、无可救药的中年赌徒，这个男人喜欢玩小概率事件，因为他老觉得自己比在场所有人都要聪明。他曾经向一位生意伙伴吹嘘自己拥有一套计算机系统，可以用来计算一盒八副牌的二十一点游戏[①]。这即便对于最出色的纸牌高手来讲，也是相当难的一件事情。他还时常在雷诺市的黄金国赌场和胡椒磨赌场（Peppermill）里检验自己的理论。他经常在赌场栽跟头，但这并不能阻止他在深夜赌局当中继续玩二十一点。结果债台高筑，这最终导致他于2010年在拉斯维加斯的凯撒皇宫饭店被捕，罪名是拒绝支付一百万美元的空头支票。

正是通过赌博这种方式，蒙哥马利遇到了他的第一位赞助者，沃伦·特里普（Warren Trepp）。特里普是在世界上最大的赌场——华尔街——发家致富的。他在20世纪80年代是迈克尔·米尔肯（Michael Milken）的左膀右臂，那时候正值"贪婪无罪"的内幕交易时期，米尔肯著名的比弗利山庄交易专柜正如日中天。曾经有一位如狼似虎的检察官鲁道夫·朱里亚尼（Rudolph Giuliani）追查米尔肯的内幕交易一事，他试图让特里普出卖自己的老板。但特里普拒绝了，即便他当时受到威胁说：如果不合作的话，他自己将要受到指控。米尔肯还是入狱了，不过朱里亚尼却无法将特里普绳之以法。特里普没有面临牢狱之灾，但是他成了美国证券交易委员会一项长期调查的对象。美国证券交易委员会试图向特里普施加民事处罚，理由就是所谓的"参与米尔肯内部交易的

---

① 注：二十一点，一种起源于法国的纸牌赌博游戏，可以使用一副牌，也可以同时用多副牌放在一个盒中进行。

巨额敛财活动”。调查持续了将近十年，然而特里普最后免于处罚。在1997年，美国证券交易委员会对特里普的调查终于取消了。他带着大笔财富，全身而退。

特里普或许有能力击败朱里亚尼及一整批的联邦调查人员，但他却没能逃过丹尼斯·蒙哥马利的计谋。

20世纪90年代末，特里普当时正居住在内华达州塔霍湖边上的一块富人区——因克莱恩村。在那里，特里普试图甩掉自己的过去，将自己改头换面，变成一位受人尊敬的慈善家、戏剧界的天使和精明的私人投资商。而接下来，他就遇到了蒙哥马利。

特里普是在1997年由黄金国赌场的一位赌场接待人员向蒙哥马利引见的。蒙哥马利彼时正在寻找一位赞助自己的人，并且向他在赌场的所有朋友们放出了他最经常重复的那些豪言壮语。一年后，特里普和蒙哥马利就开始搭伙做生意了。蒙哥马利声称：他已经在计算机技术领域取得了历史性的突破。特里普是第一个被这种说法欺骗的，但他不是最后一个。两人合伙创立了一家公司，并为蒙哥马利这款所谓的神奇软件寻找买家。

蒙哥马利说服特里普：他在计算机软件领域取得了一系列的重大进展，这些进步成果价值数百万美元。其中一个重大进展就是开发了一款软件，蒙哥马利称这款软件提供了视频压制的全新模式，相比以往的软件，可以节省更多的存储空间并完成更多的转化。另一项发明创新则是令人惊叹的视频人脸识别技术。但蒙哥马利声称，已经开发的软件当中最为令人心醉神迷的，则是能够以史无前例的精细性去识别视频中包含的物体和异物。他声称，他的技术甚至可以在视频中找出并识别一个肉眼看不到的物体。

至于这种技术到底是怎么工作的，这是个秘密。蒙哥马利的软件代码，成了他与特里普合伙创立的艾瑞匹德（eTreppid）技术公司所珍藏的重要宝贝。后来，蒙哥马利身边的很多人开始怀疑：蒙哥马利到底为什么如此小心翼翼地守护着他的技术创新？他们认定，蒙哥马利的技术当中至少有一部分是根本不存在的。

★

为了将自己的技术商业化，蒙哥马利先是试图令好莱坞的人们相信他开发了一款全新高效软件，可以给老电影上色。他声称，自己的物体识别软件可以更加快速地确定每一帧胶片应该在哪里上色，如何上色。沃伦·特里普后来告诉一家法庭说，蒙哥马利曾经给他做过一次演示，表明其软件有能力识别一部1939年的经典黑白电影《古庙战笳声》（*Gunga Din*）里面的图案以及人物形象。

但是在好莱坞大赚一笔的企图失败了。之后，蒙哥马利和特里普开始将焦点转向雷诺市和拉斯维加斯的赌场。蒙哥马利随后吹嘘说，自己专门为赌场设计了一款图形识别软件，可以帮助识别赌博作弊者。他甚至还声称，自己的软件能在赌桌上的一堆筹码中识别出高价值的筹码，这样就可以侦探出庄家在什么时候试图通过把高价筹码传给自己的同伙的方式进行作弊了。蒙哥马利还说，他已经开发出了一款视频压制软件，可以帮助赌场轻松地存储几千个小时的监控视频，这样他们就不用老是把旧的录像带抹掉重新用了。

不过，他的技术也没有在赌博界一炮走红。所以蒙哥马利转向了华盛顿。在那里，通过一系列的机缘巧合，还有帮助铺平道路的强韧政治经济纽带，蒙哥马利终于成功完成了自己这趟寻找新客户的旅程。而这一切的成功，就像他人生中很多其他事情一样，也是在赌场开始的。

2002年，特里普安排MGM大赌场来展示蒙哥马利的技术产品。一位听说过蒙哥马利作品的空军上校也决定前来参观。显然这次参观给上校留下了深刻印象，于是他帮助蒙哥马利和艾瑞匹德公司联系到了美国空军。

蒙哥马利的前任律师迈克尔·弗林——后来这位律师宣称蒙哥马利

是个诈骗犯——回忆说，蒙哥马利曾告诉他，自己成功赢得了这位来访的美国空军军官的支持，他已经相信蒙哥马利的物体识别技术和视频压缩技术可以帮助美国空军的捕食者无人机项目。在那段时间里，中情局和美国空军一直在阿富汗上空施放捕食者无人机，这些无人机已经传回了数千小时的录像等待分析和储存。正如拉斯维加斯的赌场一样，美国空军也需要一种方法来处理那些由他们特有的空中之眼所生产出的成堆的录像视频。蒙哥马利的物体识别技术能为美国空军提供一种全新的方法，以便利用捕食者无人机去追踪可疑的恐怖分子。蒙哥马利声称，自己的人脸识别软件如此厉害，即便在阿富汗南部山区的高空，也可以通过安装在捕食者无人机上的摄像机来识别人脸。

在2003年春夏之前，艾瑞匹德公司被美国空军特种作战司令部授予了合同承包项目。蒙哥马利之所以能够得到政府的支持，一部分原因是他为自己这项技术提供了实地实验。而根据公司的前员工透露，为了给来访的官员留下深刻的印象，这些试验都被做了手脚。根据一份包含了沃伦·特里普对美国联邦调查局的供词的法庭公文记载，特里普后来告诉联邦调查局，他最终得知了蒙哥马利根本没有什么计算机软件技术。特里普还向联邦调查者们描述了艾瑞匹德公司的前任员工们向他透露蒙哥马利在物体识别软件测试中弄虚作假的情形。当国防部官员来访的时候，蒙哥马利叫他们帮忙篡改实验。特里普说，在一次实验中，蒙哥马利叫两名艾瑞匹德公司员工进入一个空的办公室，并在听到手机发出“哔”的一声响时按下电脑上的一个按钮。与此同时，蒙哥马利带着一个玩具火箭炮来到了艾瑞匹德公司外面的一片田野中。他将要向来访的美国军队官员演示，他的技术可以从非常远的距离识别出这个火箭炮。

根据法庭公文记载，当蒙哥马利在田野中就位之后，他用一部隐藏的手机拨通了一位艾瑞匹德公司员工的手机，这个员工于是按下了电脑上的按钮，而这台电脑则将一个火箭炮的影像传到了另一个房间里站着的军方官员们面前一块巨大显眼的屏幕上。军方官员因此深信，蒙哥马利的计算机软件已经惊人地侦探并识别出了蒙哥马利手中的火箭炮。（当艾瑞匹德公司员工们声明蒙哥马利曾叫他们帮忙篡改实验时，蒙哥马利坚称他们在说谎。他还说，空军曾发布一篇报告，表明他们后来又确认过这次实验。）

说到跟政府打交道，蒙哥马利可是拥有着坚强的后盾。通过沃伦·特里普，蒙哥马利与政府建立了相当不错的关系，而这一点可以让他在华盛顿一路顺风顺水。

为了帮助艾瑞匹德公司拿到更多的政府生意项目，特里普请来了利蒂希娅·怀特（Letitia White），一位跟共和党国会议员们有联系的华盛顿说客。她和她的前任老板、加利福尼亚议员杰瑞·刘易斯（Jerry Lewis），走得非常近。而这个男人，则是手握重权的众议院国防拨款小组委员会的主席（后来成了整个拨款委员会的主席），所以有能力操纵几十亿美元的资金花费在他所支持的任何国防部项目上。利蒂希娅·怀特，这位杰瑞·刘易斯曾经最亲近的副手，已经转而为科普兰·洛厄里在华盛顿开办的一家游说公司工作。在那里，她专门负责为客户安排定制的防卫和情报拨款预算。

杰瑞·刘易斯、利蒂希娅·怀特和科普兰·洛厄里公司之间的关系，日后成为了美国司法部一项长期犯罪调查的主题。洛杉矶市的联邦代理律师在调查刘易斯是否曾操纵大量资金流向科普兰·洛厄里公司的客户们，以换取来自游说公司及其国防承包商客户们的巨额竞选捐款。在2007年，针对刘易斯的调查刚刚启动，这时负责此案的联邦代理律师卡罗尔·拉姆却被布什政府炒了鱿鱼，这使她成为在这场著名的、颇受争议的、也许是政治性的决策中被布什白宫排挤到一边的第八位联邦代理律师。关于刘易斯以及他和科普兰·洛厄里公司的关系的调查终于被压了下来，但这家游说公司却迫于压力解散了，而利蒂希娅·怀特也去了一家新公司。2009年，华盛顿责任与道德公民组织将刘易斯称作十五位最腐败的国会成员之一。

特里普在雇用利蒂希娅·怀特之后并没有停手，他又成功说服了另外一位重量级的内华达州投资商韦恩·普利姆向艾瑞匹德公司投资。2003年9月，普利姆举办了一次晚宴，这次晚宴齐聚了特里普、蒙哥马利以及来自内华达的众议院议员吉姆·吉本斯，此人是一位前美国空军飞行员，也是国会共和党议员中的一位新星人物。在帮助蒙哥马利取得与中央情报局的联系的过程中，作为众议院情报委员会中一位有影响力的成员，吉本斯几乎毫无疑问地扮演了一个至关重要的角色。

没有经过对方太多的游说，吉本斯就爽快地答应帮助艾瑞匹德公司了。不仅因为这家公司成立于自己老家所在的州，同时也因为普利姆和特里普两个人都是他长期以来的竞选支持者。在普利姆家里的晚宴结束后，吉本斯就立即开始着手在华盛顿为艾瑞匹德公司打开大门。弗林律师说，蒙哥马利后来告诉他，吉本斯很快安排了与当时担任众议院情报委员会主席的波特·高斯（Porter Goss）的会见，讨论艾瑞匹德公司和蒙哥马利的技术。

在2003年秋季之前，丹尼斯·蒙哥马利做出了一系列令人印象深刻的举动，这使他得以有机会接触到政府里面国家安全机构的黑色预算。他拥有两位富有的投资商，拥有一位这个国家最具影响力的说客，可以将联邦拨款的预算向着有利于他的方向操纵。他还拥有一位中央情报局监督委员会核心成员的支持。在先后接到美国空军和美国特种作战司令部的一系列小单承包项目之后，蒙哥马利已经准备好要干一票大的了。

在2003年的最后几个月中，来自蒙哥马利和艾瑞匹德公司的技术令某几位政府官员如此欣喜若狂，以至于这项技术被认为是一项最为重要且最为敏感的反恐情报，必须上报给布什总统才行。美国中央情报局科学与技术董事会的高级官员开始接纳蒙哥马利，并在政府最高级别官员们的面前为蒙哥马利担保。蒙哥马利对自己技术的宣传变得更加大胆，这使他在国家安全事务圈子里的地位更加稳固。想要怀疑他的技术，已经变得越来越不可能了。

蒙哥马利走向巅峰的时刻是在2003年的圣诞节，那对于美国国家安全机构来说，是一个充满焦虑的奇怪时刻。当时是“9·11”事件两年之后，而伊拉克战场上的情况正在不断恶化。伊拉克已经变成了一片新的恐怖主义发源地。而本·拉登仍然没有抓到，他还时不时地发布恐怖威胁录像带，声称要进行进一步的恐怖袭击活动——用这种方式表达对美国的蔑视姿态。而此时的美国中央情报局，正失意于自己历史上最大的两次情报失误的余波当中：一次是没能得到“9·11”事件的情报，另一次则是在假设伊拉克拥有大规模杀伤性武器上犯了错误。因此，中央情报局迫不及待地需要一次成功，一场快速的胜利，用来回应那些针对自己的批评和指责。

在反恐战争进程中已经很大程度上陷入了边缘化境地的中央情报局科学与技术董事会，如今在蒙哥马利身上看到了一个可以让其重新在游戏中扮演角色的好机会。中央情报局科学与技术董事会在冷战期间曾扮演重要角色，但在反恐战争开始的最初几年里，该董事会却一直苦于找不到一种方法进行技术调整，以对付那些试图打游击战的小股恐怖分子。

而蒙哥马利则异常出色地利用了中央情报局的这种不安全感，以及情报局面对基地恐怖组织和伊斯兰恐怖组织时，那令人悲哀的无知。他成功地劝说中央情报局相信他开发出了一项秘密的新技术，使他能够破译出基地组织的密码。那些密码是被植入到阿拉伯半岛电视台——一个建立在卡塔尔的新闻网络——的广播电视节目中所展示出的网络标题里的。蒙哥马利向中央情报局兜售这样一种幻想：基地恐怖组织是利用广播、以数字化的方式来传递关于下一步的恐怖袭击计划的，而只有他自己有这个技术来破译出那些信息，进而拯救美国免受另一场灾难性的恐怖袭击。这一次，美国中央情报局竟然比好莱坞和拉斯维加斯还容易受骗，一下子就被蒙哥马利的声明吸引了。简而言之，他让中央情报局的官员们相信他可以通过看电视的方式侦察到恐怖主义的威胁。

到了2003年年末，中央情报局的官员们开始成群结队地涌入艾瑞匹德公司在雷诺市的办公室，想要一睹蒙哥马利令人惊叹的软件的风采。蒙哥马利的前任律师迈克尔·弗林说，蒙哥马利至少与十六位中央情报局官员有所往来，或者知道他们的信息。一些军方高级官员自从去年春天——这家公司开始进行捕食者无人机项目相关工作的时候，就经常光顾。而如今，这些中央情报局官员也加入了他们的行列。

蒙哥马利向情报局游说道：他的特殊计算机技术能够侦察到阿拉伯半岛电视台广播当中隐藏的条形码，这些密码被植入到基地恐怖组织提供的录像当中。据说，基地组织就是用这种秘密方法，向它在全世界各地的工作人员传递关于新的恐怖袭击的信息。蒙哥马利说服中央情报局相信，他的技术已经发现了一系列隐藏的字母和数字，这些数字看起来是关于被恐怖分子锁定为目标的一些特定飞机航班的加密信息。

蒙哥马利坚称，分析阿拉伯半岛电视台的录像带这一想法不是他自己提出来的，而是中央情报局的官员在2003年年底找到他并且叫他这么做的。蒙哥马利声称，中央情报局的官员给他带来了两份不同的基地组织录像带。他们给了他由中央情报局独立获得的原始的录像带，然后又给了他同样一份录像带——在阿拉伯半岛电视台播放时的录像。他声称，中央情报局想让他把这两份录像进行比对。

就算这个主意不是由蒙哥马利提出来的，他也在尽自己最快的速度进行着这项工作。他告诉中央情报局说，自己发现了来自阿拉伯半岛电视台的那个版本的录像中存在着植入的隐秘的字母和数字。他还说，阿拉伯半岛电视台播送的每一份本·拉登的录像里面都含有植入的图形和内容，藏在电视网络本身的标题当中，随着录像视频一起展示出来。

蒙哥马利让中央情报局在他给出的数据信息的基础上得出他们自己的结论。在向中央情报局报告称发现了一系列隐藏的字母和数字之后，他将一切交给中央情报局去自由发挥，让他们得出结论：那些数字和字母指向的是特定的飞机航班。他坚称，关于这些数字和字母到底意味着什么，他并没有给出自己的结论。

2003年12月中旬，蒙哥马利向中央情报局报告称自己发现了特定的字母和数字之间的组合。例如，包括字母“AF”及后面跟着一串数字的加密信息，或者字母“AA”、“UA”和两三个数字，这些东西是重复出现的。在其他案例中，他向情报局报道说自己发现了一系列数字，看起来像是某些特定地点的经度和纬度的组合。

于是中央情报局不可避免地得出结论。“他们总是急于接受结论，”蒙哥马利说，“可能会出现类似于‘C4、C4’这样的东西，他们就会说那是爆炸物。他们太过急于作出结论了。”他又补充说，自己“从未暗示过那是航班或者一次威胁”。

蒙哥马利的数据引起了美国中央情报局和白宫的恐慌——他们还要求蒙哥马利拿出更多这样的数据来。蒙哥马利回忆说，在圣诞节前夜，中央情报局官员们出现在他位于雷诺市的家里，并告诉他说，整个圣诞假期期间他都必须回到办公室去，继续从新到手的录像带和阿拉伯半岛电视台广播当中挖掘数据。

蒙哥马利告诉中央情报局的东西，正是他们想要听到的。那个时候，布什政府正一门心思研究阿拉伯半岛电视台，不仅仅是因为这家网站坚持不懈地批评美国对伊拉克的入侵行动，同时也因为它已经成为本·拉登向全世界传播他的录像信息时最喜欢用的一个窗口。每次本·拉登放出一份录像带信息，美国媒体就迅速将目光转向中央情报局，以期得到快速的答复与分析：这份录像带是否真实？是在何时何地录制的？每一次阿拉伯半岛电视台发布的新消息都迫使中央情报局不得不努力让自己比那些嚷嚷着要答案的西方媒体抢先一步，并且始终保持这样的差距。一开始，当本·拉登放出一段似乎是在巴基斯坦南部山区地带的室外录制的视频时，中央情报局甚至试图对视频背景中出现的裸露岩石进行一次地理分析，想要以此来确定本·拉登身在何处。他的广播声明促使美国中央情报局寻找新的方法以分析其新闻网络，也使得一些美国官员开始怀疑阿拉伯半岛电视台和基地组织之间存在着隐秘的联系。

据美国中央情报局前任高级官员们说，来自中央情报局科学与技术董事会的官员们，包括董事会主席唐纳德·科尔（Donald Kerr）在内，都相信了蒙哥马利关于基地组织密码的说法。他们还说服中央情报局局长乔治·特内特（George Tenet）认真对待从蒙哥马利那里送过来的技术和情报。结果，在2003年12月，当蒙哥马利和他的软件所提供的信息中有倾向表明圣诞节期间从法国、英国、墨西哥飞往美国的一系列航班已经被基地组织设定为目标的时候，特内特直接冲到了布什总统面前。这些数据强烈暗示着，恐怖组织正在计划以一种特殊的协同行动的方式将这些飞机撞毁。

基于蒙哥马利的信息，布什总统于是下令叫停一系列原定飞往美国的国际航班。这一举动将数以千计的旅客们阻隔在了大西洋的两岸，同时也更增加了公众的恐慌：在针对华盛顿和纽约的“9·11”恐怖袭击事件两年之后，另一场大规模的恐怖袭击可能会来临。

★

若干年后，一些中央情报局的前任官员们开始梳理在那些狂乱的日子里所发生的一切，他们对于特内特以及其他中央情报局高级官员操作蒙哥马利的数据的做法表示了极度的批评。批评者们认为，中央情报局科学与技术董事会的高级官员们之所以极力拥护蒙哥马利的情报，是因为他们太急于在布什政府的反恐战争中扮演一个重要的角色了。科学家们已经受够了“靠边站”的日子，而蒙哥马利恰好给了他们一样最需要的东西，那就是一项可以证明他们价值的技术。“他们想要参与其中，”一位中央情报局的前任高级官员说，“他们想要成为这游戏中的一部分。”

但中央情报局的前任官员们却更加谴责特内特——是这位情报局局长为那些急功近利的科学家们推波助澜。他允许他们绕过中央情报局正常的报告和数据审查渠道，而把蒙哥马利提供给情报局的原始数据直接忙不迭地送到总统面前。布什本人是不可能有办法去审查这些由中央情报局呈递上来的数据的。“特内特把布什变成了这件事情的承办人，”一位中央情报局的前任高级官员说，“现在是总统来决定该如何处理这件事了。”

一位中央情报局的前任高级官员说，在2003年末到2004年初的两三个月里，从蒙哥马利那里得来的数据被视若珍宝，仿佛这是中央情报局关于反恐工作最为宝贵的材料。关于这些情报的简报几乎每天都会发表，但只有一小撮中央情报局官员被告知这些情报到底来自何处。“他们把这当做他们手中最重要、最敏感的特别材料一样对待。”一位中央情报局的前任官员如是说。

官方层面上，美国中央情报局拒绝讨论关于这段历史的任何细节。一位中央情报局官员对于特内特处理蒙哥马利的数据的做法给出了不错的辩护，他说向布什总统分享危险情报的决定经过了论证，并被政府中所谓的首长委员会所认可。这个委员会有副总统迪克·切尼、国防部和国务院的秘书们以及内阁的其他成员。只有在经过了首长们的同意之后，特内特才把情报送到布什总统面前。换句话说，特内特并不是唯一上当受骗的人。丹尼斯·蒙哥马利的情报得到了所有布什政府高层官员的一致认可。

★

蒙哥马利到底如何让所有人相信他开发出了一款秘密软件，能够破译那些看不见的基地组织信息，这仍然是一个谜。在骗过了前来观看试验的那些容易上当的军方官员的时候，他似乎就已经发现，想要说服中央情报局也是件同样容易的事。

一位中央情报局官员辩解性地指出，在蒙哥马利提供来自阿拉伯半岛电视台录像带的数据时，情报局和艾瑞匹德公司之间并没有订立任何契约。这位官员还说，在他们密切合作的2003年最后几个月里，中央情报局还没有向蒙哥马利付过钱。根据这位官员的说法，情报局事实上从来没有跟蒙哥马利落实过承包项目，因为情报局人员最终发现他们被骗了。但这并不能抹杀一个事实，那就是在那几个残酷的月份里，中央情报局曾经非常严肃认真地对待蒙哥马利以及他的技术。

蒙哥马利之所以能够在中央情报局取得成功，一定程度上是因为情报局的高级官员如此重视这项技术，以至于把知道它的存在都看做一项高度的机密。

除了极少数中央情报局官员之外，大多数人只知道，有一个新的情报来源提供着关于基地组织未来恐怖袭击的高度敏感信息。换句话说，和蒙哥马利打交道的那些中央情报局官员——这些人完全上了蒙哥马利的当——控制着其余一部分听说过蒙哥马利其人及其技术的官员们。通过控制接触信息的渠道，他们巩固了自己在中央情报局中的地位。在中央情报局这个最大的秘密中，他们才是高级的领导者。没有人敢对此再提出任何质疑。

而蒙哥马利和艾瑞匹德公司在华盛顿有如此强大的人脉这一事实，也削弱了中央情报局里的任何人想要站出来说话的动因。提出关于蒙哥马利的问题很可能会导致一场面对众议院情报委员会和吉姆·吉本斯的拷问。这也将有可能招致杰瑞·刘易斯以及国防拨款委员会的愤怒，而国防拨款委员会和众议院情报专家组一起控制着情报预算。

★

对于那些获准进入令人迷醉的中央情报局秘密知情圈子的人来说，丹尼斯·蒙哥马利似乎提供着威力巨大而又令人畏惧的信息。

从蒙哥马利的电脑中不可阻挡地流出来的一串串数字，催促着布什总统的行动。布什总统下令停飞的一些航班是法国航空公司从巴黎飞往洛杉矶的。法国安全部门在戴高乐机场扣留了七个人进行盘问，但随后又把他们放了，因为并没有发现任何进一步的有关即将到来的恐怖袭击的证据。2003年的圣诞节来了，没有任何恐怖袭击发生。但是这并没有让白宫对蒙哥马利产生任何怀疑。

一位中央情报局的前任高级官员回忆起曾在2003年圣诞节后的一周内参加了白宫的会议，以讨论接下来如何处理从蒙哥马利那里送来的情报。这位官员声称，当时有一场简短但严肃的讨论，主题是要不要根据这些情报去击落大西洋上空的几架商务航班。这位前任高级官员说，在会议期间，当时的一位国家安全委员会官员弗朗西斯·汤森德（Frances Townsend）和国家安全委员会的一位律师讨论到了一个事实：美国总统有法定权力，可以下令击落被确定为恐怖主义威胁的飞机航班，而现在可能到了行使这个权力的时候了。“我真不敢相信他们竟然在讨论这个，”这位前任高级官员说，“我觉得这太疯狂了。”

汤森德否认曾经进行过这样的讨论。在被告知了汤森德对此事的否认之后，这位中央情报局的前任官员重复了自己对这一事件的目击。

★

最终，还是法国人出面了结了这件事情。法国航空公司的航班也在被停飞的航班之列，但法国官员们对这整个事件的面貌并不清楚，他们开始向美国要求答案。法国人向华盛顿施加了如此大的压力，以致美国中央情报局终于被迫向法国情报部门公开了这些威胁信息的来源。

法国官员一听说关于蒙哥马利和艾瑞匹德公司的事情，马上就安排了高科技公司对蒙哥马利所谓的技术进行反向研究。法国人想要亲眼看看关于阿拉伯半岛电视台广播中存在隐藏信息的说法到底是不是真的。

没过多久，法国公司就得出结论：这一切都是一场闹剧。法国公司称，录像当中的像素值根本不足以包含什么隐藏的条形码或者看不见的数字。公司向法国政府报告说：这项假设的技术是一个捏造的产物。

一开始，中央情报局的官员们对法国公司的发现大吃一惊，而且不愿相信自己被骗了。蒙哥马利说，在2003年圣诞节过后，中央情报局的官员们继续跟他合作了几个月。他还说，中央情报局的工作人员仍然会出现在他在内华达州的办公室里，直到2004年末。

然而，一旦中央情报局官员们接受事实并认同法国公司的发现，乔治·特内特和其他支持过蒙哥马利的官员们开始试图忘掉关于他的一切。他们再也没有讨论过这次行动。在中央情报局里，就好像丹尼斯·蒙哥马利这个人从来没有出现过一样。

中央情报局从来没有调查过这次显而易见的恶作剧，也没有核查这场恶作剧是如何在情报局内部进行操作的。那些参与提拔蒙哥马利的人，那些向总统担保他的情报的人，以及那些提议根据他的声明去击落飞机的人，并没有承担任何后果。唐纳德·科尔，时任中央情报局科学与技术董事会主席，也从没有被要求关于情报局技术专家们在支持蒙哥马利这件事中扮演的角色做出任何解释。相反，科尔继续受到提拔。他接到了情报委员会内的几个高级层的委任，并且最终被任命为国家情报代理主任。科尔拒绝对此事做出任何评价。

在2003年的恐慌期，约翰·布伦南（John Brennan）是新成立的反恐怖主义威胁协调中心（Terrorist Threat Integration Center）的领导人，负责在整个政府机构内部发布关于恐怖主义的情报。这意味着，关于蒙哥马利的虚假情报在政府官员中间散布传播以至于被布什政府最高层所知晓这件事，布伦南的办公室是负有责任的。但布伦南却从未因为自己在此次事件中所承担的角色而受到问责。在奥巴马成为新任总统之后，布伦南被任命为他的白宫首席反恐顾问。随后，他又当上了中央情报局的局长。

在2013年，当参议院还在考虑到底要不要确定让布伦南来主持中央情报局的时候，时任参议院情报委员会副主席的萨克斯比·钱布利斯（Saxby Chambliss）——一位来自佐治亚州的共和党人——向布伦南提交了一份书面质询，是关于他在情报委员会对待蒙哥马利情报一事中所扮演的角色。作为回应，布伦南否认自己曾经是蒙哥马利及其技术的一位支持者，并且坚称，反恐怖主义威胁协调中心仅仅是蒙哥马利的新情报信息与数据的一个接受者，负责把数据传递给中央情报局而已。他说，反恐怖主义威胁协调中心将蒙哥马利的信息数据“酌情归纳进分析产品之中”。他声称，自己对于中央情报局和蒙哥马利之间的项目情况一无所知，“除了一件事：这个项目并没有被确定为准确的信息来源。”

关于此事，再也没有任何来自国会的进一步质询了。“没有任何人受到责备，”一位中央情报局前任官员抱怨说，“恰恰相反，他们全都升官了。”

更加令人震惊的是，在伪造的2003年圣诞节恐怖袭击威胁谣言不攻自破之后，蒙哥马利居然照样一直通过不同的公司实体得到正式的政府合同项目。蒙哥马利与中央情报局之间的问题并没有妨碍他一如既往地向一家又一家政府机构兜售自己各种各样的技术。围绕着蒙哥马利的保密工作，又一次朝着对他有利的方向起了作用。中央情报局的官员们不愿意把自己和蒙哥马利之间的这段经历告诉他们在国防部的合作伙伴们，所以国防部的官员们似乎不知道蒙哥马利的技术在中央情报局的高层看来是值得怀疑的。

2004年2月，仅仅在2003年圣诞节飞机恐慌事件三个月之后，艾瑞匹德公司就拿到了一份新的与美国特种作战司令部之间的合同项目。合同的内容是关于数据压缩和“自动目标识别软件”的。这正是蒙哥马利之前所声称的能从捕食者无人机上拍摄的录像中识别出地上的人脸的软件。美国特种作战司令部准许蒙哥马利接触由内华达州内利斯空军基地掌管的由捕食者无人机拍摄的视频材料。那里的官员到底是用了多长时间来测试蒙哥马利的脸部识别技术，才发现艾瑞匹德公司根本就没有能从捕食者无人机视频材料中识别出恐怖分子的秘密技术的呢？我们不得而知。但最终，美国特种作战司令部还是看穿了蒙哥马利的真面目。

“这项技术没有达到我们的要求。”美国特种作战司令部的一位发言人一本正经地说。迄今为止，仍然没有任何证据表明，美国特种作战司令部在授予蒙哥马利合同项目之前，曾经和中央情报局的合作伙伴们进行过谈话，以验证蒙哥马利的可信度。在这次和艾瑞匹德公司的合同项目下，美国特种作战司令部向这家公司一共支付了960万美元。

★

到了2005年末的时候，丹尼斯·蒙哥马利有了麻烦了。艾瑞匹德公司的员工们越来越明目张胆地表现出对蒙哥马利的怀疑，并且试图接近他的秘密技术，想看看它到底是不是真的存在。数年以来，不管怎么说，蒙哥马利还是成功地跟他所雇用的少量员工们隐瞒了他为政府所做的秘密工作的真相。他成功地在自己周围营造了一种神秘感，就像一位奥兹魔法师。但现在，人们开始想试一试这个帘幕背后的男人了。

曾被蒙哥马利雇为艾瑞匹德公司研发主任的斯隆·维纳布尔斯（Sloan Venables），后来告诉联邦调查局说，公司的另一位员工帕蒂·格雷（Patty Gray）怀疑蒙哥马利“实际上并没有做他告诉人们正在做的事情，而是在干别的”。维纳布尔斯在自己向联邦调查局的陈词中还补充说，他知道“蒙哥马利向客户们承诺的产品没有完成，甚至都还没有指派给程序员们。”

与此同时，蒙哥马利正在为了钱的事跟沃伦·特里普吵架。蒙哥马利需要现金，并且声称特里普克扣了自己从艾瑞匹德公司合同项目中应得的提成。

根据法庭公文记载，在2005年12月，蒙哥马利向特里普要求27.5万美元的私人借贷。而在此之前，自1999年以来，特里普已经累计借给他137.5万美元了。这个数字对于特里普来说太多了，他终于受够了蒙哥马利。

但蒙哥马利却抢先一步行动了。根据法庭公文记载，在圣诞假期期间，蒙哥马利来到了艾瑞匹德公司的办公室，并且删除了电脑中所有包含他的源代码以及软件开发数据的文件。他跟特里普翻脸了，离开了艾瑞匹德公司，并开始寻找新的拥趸。特里普很快发现，蒙哥马利找到了另一位黄金国赌场的赌场接待人，问他认不认识哪些有钱的赌徒，愿意投资五百到一千万美元支持他即将要着手进行的一项业务。事后，特里普告诉联邦调查局说，蒙哥马利在走出艾瑞匹德公司大门的时候冲一位员工叫嚷道："你个人渣，咱们走着瞧！"

特里普满腔怒火。根据法庭公文记载，特里普告诉联邦调查局，蒙哥马利盗走了艾瑞匹德公司之前用于捕食者无人机项目的软件。当联邦调查人员开始介入调查这件所谓的技术盗窃案时，他们从特里普和其他人口中得知，蒙哥马利所谓的技术是假的。然而他们还是固执地询问蒙哥马利对机密技术的盗窃行为，甚至突袭了蒙哥马利的住所，以图搜寻计算机代码。在整个过程中，他们自始至终都对那些说明了蒙哥马利编造骗局的证据视而不见。

在两人的合作关系破裂之后，蒙哥马利和特里普仍然在一系列恶劣、旷日持久的官司中纠缠不休。其中最恶劣的一场官司，是关于蒙哥马利指控吉姆·吉本斯——这位他在韦恩·普利姆的住所见到的内华达州共和党议员——曾经收取特里普的贿赂，作为帮助艾瑞匹德公司拿到国防承包项目合同的回报。蒙哥马利的这项指控引起了极大反响，因为这件事情公之于众时，正是吉本斯即将当选为内华达州州长的时候。他们引发了一次联邦腐败调查，但事实上，这项调查却被其他的问题掩盖了：蒙哥马利声称一些电子邮件能够证明吉本斯接受了金钱以及加勒比海的旅游，作为帮助艾瑞匹德公司拿到合作项目的交换条件。这些邮件进而被认为是提供了一场受贿案的证据。可这些邮件到底是不是伪造的呢？人们普遍怀疑，丹尼斯·蒙哥马利伪造了电子邮件，以试图让特里普和吉本斯二人名誉扫地。

2008年，代理吉本斯案件的华盛顿律师阿贝·洛厄尔（Abbe Lowell）声称，吉本斯是清白的，并没有参与犯罪行为；而且起诉人也说，吉本斯不会在腐败调查中受到指控。根据洛厄尔在美国联合通讯社的一份声明报告记载：“现在事情一清二楚，真正应该受到调查和指控的，只是那些做出了关于犯罪的虚假指控，并且出于他们自己的私人目的挑起这场调查的人。”吉本斯补充说：“今天，我异常欣慰地看到，联邦调查局和司法部已经将我从蒙哥马利先生的指控和声明中澄清了出来。”

★

蒙哥马利最终还是从与特里普之间的争斗中恢复了元气，因为他遇到了另一位有钱的赞助商，艾德拉·布里塞克斯（Edra Blixseth），她是亿万富翁提姆·布里塞克斯（Tim Blixseth）的妻子。提姆·布里塞克斯从美国西北部的材用林地交易中发家致富，之后转而专注于在蒙大拿州开发一个面向上流富人的山区度假村——黄石俱乐部。这座俱乐部位于落基山脉中，在黄石国家公园北面不远处，占地13600英亩，据说是全世界唯一的私人滑雪度假村。它吸引了很多经常乘飞机旅行的富豪们，这些富豪宁愿花高价，也不愿意在公共滑雪度假村里跟下层民众混在一起。

对黄石俱乐部的开发，为提姆·布里塞克斯赢得了一个极高的身份象征——他已跻身于福布斯富豪排行榜前400名之列。提姆和艾德拉夫妇享受着巨富之家的种种快乐，他们拥有私人飞机，拥有一艘游艇，还有一座位于加利福尼亚州兰乔米拉市的叫做豪猪小湾（Porcupine Creek）的巨大庄园，这座庄园附带一片私人高尔夫球场。他们的财富以及对于黄石俱乐部的所有权还意味着，布里塞克斯夫妇的人脉网络遍及全世界最有名、最有影响力的一些人，从比尔·盖茨到美国共和党大佬杰克·肯普（Jack Kemp），再到以色列总理本杰明·内塔尼亚胡（Benjamin Netanyahu）。

艾德拉·布里塞克斯成了蒙哥马利的最新战果。在被一位微软前任执行官引见给蒙哥马利，并听了其介绍自己的软件之后，她在2006年同意资助蒙哥马利建立一个新的公司——毕赖旺（Blxware）。蒙哥马利需要为毕赖旺公司赢得新的政府关系，而艾德拉·布里塞克斯则刚好拥有他所需的钱和政府关系，并利用这些为毕赖旺公司铺平道路。杰克·肯普是位前任议员，一度作为共和党副总统候选人，并且也是黄石俱乐部的成员。在2006年，他为蒙哥马利安排了一场白宫会议，以推广他的技术。承蒙杰克·肯普的帮助，蒙哥马利遇到了肯普的一位老朋友、副总统迪克·切尼的一位国家安全助理萨曼塔·拉维奇（Samantha Ravich）。蒙哥马利向拉维奇解释了自己的技术，然后努力说服她相信：切尼副总统应该用更多的政府财政来支持他的项目。但是，与以往大多数跟蒙哥马利打过交道的政府官员们不同，拉维奇要求拿出证据来。她告诉蒙哥马利，除非政府中的一些技术专家为他的技术担保，否则她不能做出任何帮助他的事情。蒙哥马利到最后也没能让国防部的任何一个人说服拉维奇站到自己一边，正因如此，拉维奇回绝了这件事。在一次采访中，她说自己从来没有帮助过蒙哥马利取得任何新的政府项目。

蒙哥马利还曾试图说服以色列官员们采用自己的技术，但是，和萨曼塔·拉维奇一样，以色列人对他的技术并没有太深的印象，回绝了他的建议。尽管如此，蒙哥马利还是继续寻找办法，想拿到国防部的合作项目。他说他的技术在伊拉克和阿富汗战场经常被用来做提供目标信息的协助工作，还说他曾经获准进入内利斯空军基地的捕食者无人机操作中心——以此证明他参与到了捕食者无人机袭击行动中。蒙哥马利坚称，“在内利斯空军基地”以及其他基地进行的“长达数月的测试以及校验，确认了这项技术的价值”。

艾德拉·布里塞克斯拒绝了我们的采访请求。

★

即便到了奥巴马政府执政期间，蒙哥马利依然还在继续获得着国防承包项目。在2009年，蒙哥马利又得到了另一项空军项目合同，并且随后宣称，自己为政府提供了关于索马里针对奥巴马总统就职典礼进行恐怖袭击的警告。一位自认为是蒙哥马利及其技术“信徒”的空军官员约瑟夫·利博拉托里（Joseph Liberatore），曾经给蒙哥马利写电子邮件说，由于蒙哥马利和他的公司在奥巴马总统就职典礼期间给予的各种支持，他听到了“众多联邦政府机关对我们的感谢”。然而，这次恐怖袭击警告，随后就被证实又是一场恶作剧。

蒙哥马利最终还是不可避免地与艾德拉·布里塞克斯一拍两散了。他接着又去找提姆·布里塞克斯，请他投资并支持自己的事业。在那段时间，布里塞克斯夫妇正在经历一场异常痛苦的离婚，而蒙哥马利则正好卷入了他们的法庭官司之中。吊诡的是，政府的律师们有时会试图介入他们的官司之中。他们含糊其辞地声称，这么做的目的是要将蒙哥马利和政府之间情报合作工作的相关保密信息隔绝于公共记录之外。

当蒙哥马利找到提姆·布里塞克斯的时候，他一点也没有兴趣向前妻曾经的合作伙伴投一分钱。不过，他倒是很想弄明白蒙哥马利到底在做什么，所以，当蒙哥马利急切地跟他要钱时，他还是将计就计地合作了。有一次，蒙哥马利因为使用空头支票而在拉斯维加斯的凯撒皇宫被捕后，其妻子给布里塞克斯打电话，请求他帮忙保释。（事实上，那时候蒙哥马利已经被强制进入了破产程序。）布里塞克斯拒绝了，但却仍然跟蒙哥马利保持着联系。

2010年，布里塞克斯终于到棕榈泉市附近一个毫不起眼的电脑机房里，来观看蒙哥马利最后的一次计算机软件操作。布里塞克斯说，在那间昏暗的办公室里，蒙哥马利安装了至少八台大电视机，把它们全都调到了阿拉伯半岛电视台频道，并且都连接到了房间中央的一台电脑上。

丹尼斯·蒙哥马利又在施展他的顶级机密的破译技术，来从阿拉伯半岛电视台广播当中寻找线索了。蒙哥马利从没有放弃自己的秘密项目，尽管这个项目被中央情报局抛弃了。等到布里塞克斯理解了这一离奇的行为之后，蒙哥马利骄傲地告诉他，自己的阿拉伯半岛电视台数据已经被“直接传送到国防部去了”。

事实上，蒙哥马利说，其对阿拉伯半岛电视台的关注是从未动摇过的。他声称，自己从2004年2月开始，一直到2012年夏天伦敦奥运会期间，不间断地录制下了阿拉伯半岛电视台每一分钟的网络广播，“这些录像超过了80亿帧”。

★

时至今日，丹尼斯·蒙哥马利还继续坚称自己不是一个骗子，坚称自己的技术是真实存在的，坚称自己为中央情报局和国防部做出了高度敏感而有价值的工作。在2013年美国国家安全局前承包商爱德华·斯诺登泄露了关于国家安全局在国内实施监控的信息之后，蒙哥马利向我暗示，他可以向我提供文件，不仅能证明他所说的都是事实，还能证明他在最有疑问的情报工作当中，为美国顶级情报官员们效力过。

但蒙哥马利从来都没有提供过那些文件以支持自己的说法。

Pay Any Price

第三章

新的战争赢家

丹尼斯·蒙哥马利当然是在“9·11”事件的阴影下发家致富的新一类企业家中最极端的个案，但他却绝不是唯一意识到反恐战争所提供的巨大商机的人。事实上，随着数以万亿计的美元被投入到这个国家新的国土安全产业体系中，那些冲在这个产业最前面的公司领导者们，可以当之无愧地被认为是反恐战争中真正的赢家。

★

从高空中俯瞰，尼尔·布鲁（Neal Blue）所拥有的位于加利福尼亚州拉由拉市的海景建筑，其轮廓无疑是蔚为壮观。他的房子坐落在距离太平洋海岸仅仅数码的地方。这座位于拉由拉市农场路上的房子在2012年被圣地亚哥县估价为840万美元，并由于拥有1万平方英尺的面积（这还不包括它的一座从高空都可以看见的巨大矩形游泳池）而被列入该县的财产纪录。

然而，从离地几千英尺的高空所拍摄到的这座建筑的影像并不可能真正准确地反映建筑的全貌。这些影像只能展现建筑的房顶，却几乎不能反映这座建筑本身。事实上，如果我们把镜头拉远，布鲁的房子混杂在加利福尼亚州南部海岸众多同样壮观的住宅之中，很难分辨出来。从空中看去，美国通用原子公司主席的住宅可能会跟沿着海滩散布的任何一座房子弄混。比如相隔两家的另一座房子，它的主人是罗恩·伯克尔（Ron Burkle），一位富有的投资商，同时也是前总统比尔·克林顿的多年老友。不过，与众不同的是，美国通用原子公司却生产着捕食者无人飞机这种全球反恐战争的标志性武器。

把住宅弄混这样的事情，在拉由拉市并不打紧，毕竟这是整个美国最为安全和富有的住宅区。来自美国反战组织“粉红代码（Code Pink）”的反战抗议者们曾经出现在布鲁的住所前，不过尽管如此，布鲁的个人生命和财产安全却仍旧岿然不动。

但把目标弄混这种事情，在达塔海勒（Datta Khel）——巴基斯坦西北部边界北瓦济里斯坦的一个小村庄——就很严重了。在那里，由尼尔·布鲁的公司所生产的捕食者无人机，以及更新一代的“死神”无人机，执行着它们的任务。在达塔海勒上空，把目标弄混，就意味着死亡。

2011年3月17日，美国无人机向达塔海勒的一个居民区发射了至少两枚导弹，导致至少四十人丧生。美国政府坚持称，无人机杀死了一名塔利班指挥官，但村民事后告诉调查员说，无人机所攻击的，实际上是当地谈判决定如何处置一座铬铁矿的集会现场。袭击中丧生的很多人，既是当地的长者，也是大家族的长老。他们的死，激起了巴基斯坦境内新一轮反美的抗议浪潮。关于这次袭击的疑惑与愤怒的指责，在美国和巴基斯坦持续了数日，但终究归于沉寂。与此同时，无人机袭击却仍在进行，毫不收敛，一视同仁地屠杀着疑似的恐怖分子和当地平民。国防部和中央情报局还在不停地购买更多无人机，通用原子公司继续不停地制造它们，而尼尔·布鲁继续不停地赚着钱。

事实上，在达塔海勒事件之后，美国的无人机行动在整个2012年到2013年间，甚至变本加厉了。而美国的反恐战争话语中，又增添了一个术语——“标志性打击”。这是指针对恰巧在可疑地区出现的、疑似军队的人群的那些无人机袭击，即便在他们还没有被特别确定为恐怖威胁的情况下。据报道，这一类袭击还包括对袭击过后、赶来的救援人员的攻击，也包括针对先前袭击死难者送葬队伍的攻袭。

全球的反恐战争，对于尼尔·布鲁来说，真是一件非常非常好的事情。他和他的弟弟——公司的副总林登·布鲁（Linden Blue）——是美国通用原子公司这家私有企业的主人。在国防工业这个小圈子外面的人几乎从未听说过布鲁兄弟，但他们却无疑是从美国的无人机战争中大捞特捞的人。从捕食者无人飞机到死神无人飞机，这些没有灵魂的杀人机器盘旋在巴基斯坦、也门以及其他混乱动荡地区的上空。事实上，布鲁兄弟从美国持续十年的放纵无度的国土安全防御行为中获得的利益，几乎要多过任何其他的美国人。在2012年，美国通用原子公司航空系统拿到了18亿美元的政府订单，而在2001年，这个数字仅为1亿1000万美元。

“9・11”寡头们从美国最具争议的反恐政策与项目的相关业务中赚取了巨额的财富，而布鲁兄弟也跻身“9・11”寡头之列。那些靠帮助美国政府转向黑暗面而发家致富的公司老板、集团总裁以及投资商们，构成了整整一个阶层。他们做事情不露声色，那些吸引了太多注意力的后“9・11”投机者们，例如黑水公司（Blackwater）[①]的创始人埃里克・普林斯（Erik Prince），最终被审查监督和骂名拖垮了，但这些寡头们却很大程度上避开了这样的审查监督和骂名。这些安静的新兴寡头们，只顾着不停地闷声发大财。

这些人是美国历史上公共财富向私人手中最大的一次转移运动的受益者。最有权势的人们发现，如今最热门的赚钱办法，就是加入到华盛顿的国家安全组织中来。随着新规则的制定，华尔街已经远不再像金融危机之前那样吸引人了。所以这个国家最有脑子的人们都把目标锁定在了持续流向反恐项目的数十亿资金上。尽管华盛顿的党派预算之争很激烈，但打击恐怖主义的花销却没有受到很大程度上的影响。

一项调查表明，政府在国土安全防卫上的花销如此过度，以至于唯一能够衡量这个花销是否值得的办法，就是这些花销所支持的项目是否在每年成功阻止了1667次像2010年时代广场汽车炸弹事件那样的恐怖袭击。这也就意味着，在美国每天要阻止4次恐怖袭击。

---

① 注：黑水公司，美国著名私人军事、安全顾问公司，涉及的丑闻有虐囚门事件等。

★

尼尔·布鲁和林登·布鲁兄弟二人在整个人生旅程中都是密不可分的。他们的母亲在科罗拉多州担任财务主管，两人在科罗拉多州长大，一起进入耶鲁大学读书，一起爱上了飞机飞行。20世纪50年代，当这对兄弟还在上大学的时候，他们就驾驶着一架小型飞机，用数月的时间在拉丁美洲上空画了一个十字。这引起了公众的注意，因此1957年美国《生活》杂志将二人登上了封面。

他们后来为空军效力，退役后在尼加拉瓜建立了一个植物园，种植香蕉和可可豆，并且进军科罗拉多州的不动产、建筑、石油以及天然气行业。数年之后，林登·布鲁成了李尔喷气机公司（Lear Jet）和比奇飞机公司（Beech Aircraft）的一位高级经理。到了1986年的时候，兄弟俩终于有机会得到了美国通用原子公司。这家公司创始之时是作为大国防承包商、美国通用动力公司的核技术附属公司存在的，但最后成为了弃儿。美国通用原子公司被一个又一个石油公司卖掉、转卖，就像击鼓传花一样，直到雪佛龙石油公司同意以5000万美元的价格将其卖给布鲁兄弟。后来的事实证明，这真是一笔相当合算的买卖。

与此同时，布鲁兄弟成为了铀矿开采和不动产行业的重量级玩家。兄弟两人喜欢硬碰硬的性格在这两个领域都得到了体现。20世纪80年代，尼尔·布鲁买下了美国科罗拉多州特柳赖德镇（Telluride）滑雪度假村外面的一片谷底地带。他决心要开发这片地，尽管遭到了特柳赖德镇政府以及镇上很多有钱有名的原住居民的强烈反对。长达几年的时间里，尼尔·布鲁深陷在了与这个小镇的代价高昂的法庭官司当中，这场漫长的官司最终在科罗拉多州高级法院画上了句号。布鲁败诉了，但他还是迫使对手集资5000万美元将这块土地赎回。

与此同时，林登·布鲁的公司也正在面临调查，原因是其位于俄克拉荷马州印第安保留地的一处铀矿造成了放射性污染。同时，他也因为科罗拉多州戈尔登市的一处封闭铀矿泄漏而面临投诉。而另一处位于科罗拉多州的铀矿设施又被“超级基金”（有毒废物堆场污染清除基金）盯上了。在澳大利亚，布鲁兄弟的铀矿帝国遭到起诉，理由是他们为了让自己从不喜欢的项目中脱身，竟然误导消费者。即便是在美国通用原子公司这里，布鲁兄弟也在“9·11”事件前夕遇到了麻烦。据报道称，这家公司因为通过操纵合同，使尼尔·布鲁之子拥有的另一家公司获益而被起诉。这次事件见于2001年《圣地亚哥读者》刊载的一篇文章，在相关案件的法庭公文中也有记载。

但“9·11”事件改变了布鲁兄弟的一切，将他们的一系列公司直接变成了一个商业帝国——这都拜联邦政府所赐。围绕着他们公司商业行为的一切争议都被无视了，因为美国顶级的国防和情报官员们正急着以最快的速度朝着这对兄弟砸钱。

★

尼尔·布鲁说，他最早先想到无人机项目，是因为尼加拉瓜。他从种植园时代就了解这个国家。在20世纪80年代，他沉迷于想出法子来驱逐当时的掌政者们。后来，尼尔·布鲁告诉一位记者，他想到了发射装载有爆炸武器的无人飞行器以摧毁尼加拉瓜的燃料库以及其他目标的想法。而战斗无人机的概念深深吸引了他。

1990年，美国通用原子公司收购了一家小型无人机生产企业——领航系统公司（Leading Systems）。华盛顿那个时候对无人机还没有什么兴趣，领航系统公司则因为领先了自己的时代，而在财政上苦苦挣扎。20世纪90年代，事情很快开始有了好转。那时候，无人机在巴尔干半岛扮演了监控的角色。美国不愿意在巴尔干半岛投入所需要的全部地面兵力和侦察力量，而无人机则充当了很好的替代品。

过了世纪之交，美国空军和中央情报局开始认真地推进无人机装备导弹的事情了，这样无人机就可以去攻击它们所看到的任何东西。而“9·11”事件则一下子催化了这件事情的进展。没过多长时间，一架装载着“地狱火”导弹的捕食者无人飞机就在阿富汗的上空首次亮相了。

继捕食者无人机之后，美国通用原子公司又推出了更大、更有威力的死神无人飞机。美国空军向来专注于飞行员的培养，长期以来对无人空中飞行器并不用心，但这次也看到了事情的发展方向，开始将一批批的战斗机飞行员改编成无人机操控员。现如今，美国空军所训练的无人机操作人员，其数量实际上已经超过了驾驶载人战斗机的人员数量。美国空军还跟中央情报局展开了长期的地盘争夺战，为的是掌控政府手中的无人飞机队。实际上，这场争斗的目的就是决定到底谁能够有权力付给布鲁兄弟更多的钱。在2013年，奥巴马总统似乎站在了国防部这边。据报道，他决定将大多数无人机操作权从中央情报局手中转移到美国空军手里。但中央情报局直接进行了反击，并且拒绝让出无人机袭击事项的中心地位。与此同时，国土安全部为了进行更广泛的监控，也在购置自己的捕食者无人飞机。美国通用原子公司还获准将没有装备武器的捕食者无人飞机卖给其他国家，甚至包括中东国家。

★

当然，布鲁兄弟和美国通用原子公司一直以来也在尽最大努力博得华盛顿的欢心。比如在2006年，美国公共廉洁中心发现，美国通用原子公司为美国国会工作人员所支付的交通费用，比其他任何一家美国公司都要多。

不过布鲁兄弟并不认为自己是在接受着政府的救济。2011年，林登·布鲁参与合著了一篇针对奥巴马总统的批判文章，指责他挥霍无度的行事作风，尽管那个时候政府与美国通用原子公司之间的合作正猛增到了一个新高度。在一个由保守派组织休斯顿研究所出版的专栏中，布鲁批评道：“很多人，太多太多的人，相信政府的职能是保护他们。”[①]

由于美国通用原子公司是一家私有公司，所以公司所赚取的利润，以及布鲁兄弟所聚敛的财富的确切数字，都不为公众所知。但美国因为过于倚重通用原子公司所付出的代价，却不是用美元就能计算得清的。奥巴马政府对于无人机战争的迷恋，已经严重损害了美国在世界上的形象。

事实上，相比于乔治·沃克·布什，奥巴马简直可以说是有着“无人机情结”。截至2012年，在奥巴马政府执政三年期间，美国中央情报局在巴基斯坦进行的无人机袭击行动次数，比之前布什执政的整整八年中进行的行动次数的总和还多六倍。这个数据的来源是英国新闻调查局，该机构大量报道了美国在巴基斯坦及其他国家进行的无人机行动相关新闻。根据这家新闻机构的数据，从2004年开始到2013年5月，美国在巴基斯坦进行了总共368次无人机袭击行动，共杀死2541人～3533人。这些死亡数字包括411名～884名平民，其中又有168名～197名儿童。这些无人机袭击中，绝大多数——316次——是在奥巴马政府执政期间被执行的。

2013年，奥巴马政府终于承认，在美国的海外无人机袭击中，有四位美国公民也遇害了，其中的一些人并不在计划的目标之列。这揭示了一个事实，那就是美国政府选取无人机轰炸目标的时候所依据的标准，是不为人知的。对于那些预定目标，即便其中包含了美国公民，也没有任何法律规定的审核程序。

在奥巴马上台之后，无人机袭击行动逐渐加剧，而国际上的舆论也开始倾向于反对这些行动了。例如在2012年底，一位隶属于联合国的调查者针对美国无人机所造成的平民伤亡发起了一项调查。联合国人权问题及反恐问题特派调查员本·埃默森（Ben Emmerson）说：“无人机技

① 注：言外之意是政府并没有很好地履行这一职能。

术在各种军事和非军事情况下的运用数量的增加，代表着对已经建立的国际法框架的严峻挑战。”

在2013年10月，埃默森发表了一篇报告，对发生在阿富汗、也门、巴基斯坦以及其他无人机袭击行动造成平民伤亡的国家内的33起事件进行了鉴定。联合国对无人机的重新审视，可以看作是首次释放了一个信号：终有一天，国际上会对无人飞机用作战斗用途加以管制；这在很大程度上就像人们曾经对于化学武器的限制，或是曾经对集束炸弹所采取的行动一样。

★

更加棘手的问题，则是美国在伊斯兰世界所进行的无人机轰炸行为引起的愤怒情绪。很多专家发出警告：这种愤怒将意味着，伊斯兰极端分子数量增长的速度，要远远快于无人机能够杀死他们的速度。

这一点是毫无疑问的，一直以来，奥巴马政府采用无人机去攻击的疑似武装人员的范围，已远远超过了这个项目一开始的目标——基地组织领导者。2013年，麦克莱齐报业集团报道说，美国情报机构的报告显示，在巴基斯坦进行的无人机袭击已经被用来对付从阿富汗到巴基斯坦的大量武装分子了，而他们所隶属的一些组织，在“9·11”事件的时候甚至还尚未存在。其中还有一部分，是不隶属任何组织的低级别武装人员。麦克莱齐报业集团还断定说，其所报道的美国情报报告反映出一个问题：那些无人机操作员们有的时候甚至不知道自己正在屠杀的都是些什么人。

一家独立的非营利组织国际危机组织警告说，无人机袭击行动只是饮鸩止渴，并不能解决造成巴基斯坦西北部边界地区战争状态的根本问题。巴基斯坦需要做的是结束部落地区的二流社会地位，但其不愿意，也没有能力这样做。该组织说，美国的所作所为，并不是在推进政治改革。国际危机组织在2013年的一份报告中称：“仅仅靠无人机轰炸并不能消除巴基斯坦联邦政府控制的部落地区内的圣战分子，巴基斯坦法律的扩展和部落地区宪法权利的充分实现，才是唯一的长久解决之道。”

无人机行动对巴基斯坦造成了深远的政治影响，已成为一个国家主权问题。但这个问题还是越来越多地被人们看作人权问题。2012年底，巴基斯坦一位著名的社会名流、板球明星转业的政治人物伊姆兰·汗（Imran Khan），带领数千人举行了一场反对无人机的示威游行。示威游行的队伍如此之大，以至于巴基斯坦不得不出动军队来阻止他们进入瓦济里斯坦地区。“无人机袭击是惨无人道的。”伊姆兰·汗说，“那些（被杀的）人就不是人吗？那些可都是有名有姓的活生生的人啊。”

在2013年5月的一次国家安全重要讲话上，奥巴马总统终于认可了国内国际对于其无人机政策的批评指责，并且宣誓将对无人机袭击行动施加新的限制。除了承诺将无人机操作从中央情报局转移到美国军方之外，他还讨论了一些新的办法，目的是使攻击目标选择的相关决策制定变得更加公开和透明。但奥巴马对于细节问题几乎没有提及，而他含糊其辞的保证则为自己留出了足够的自由空间，可以在他认为合适的任何时间、任何地点继续他的无人机轰炸。

事实上，事情几乎没有任何改变，以至于在2013年10月，国际特赦组织和人权观察组织都发表报告声称，美国无人机袭击行动所杀死的平民数量，远远超过了奥巴马政府所愿意承认的数量。报告还称，美国的无人机行动已经践踏了国际法。

★

对于一个公司来说，如果他的老总被迫需要写一本书来维护公司的形象，更糟糕的是，这本书还必须驳斥对于公司员工牵涉到虐待事件的指控，那么这绝不是一个好兆头。但对CACI国际公司的执行主席菲利普·伦敦（Phillip London）来说，反对恐怖主义的战争，已成了一场极端的斗争。CACI国际公司是一家建立在弗吉尼亚州北部的国防和情报承包公司。数年以来，菲利普一直在为将自己公司的声誉从伊拉克阿布格莱布（Abu Ghraib）监狱事件的污点中洗脱出来而奋战着。而与此同时，CACI国际公司和菲利普·伦敦还在继续大把大把赚着钱。

CACI国际公司是一家拥有数十亿美元资产的国防承包公司，被《财富》列为世界五百强企业之一。而这家公司最广为人知的，则是它在伊拉克阿布格莱布监狱事件中所扮演的重要角色，至少在互联网上如此。在美国入侵伊拉克之后，CACI国际公司曾向阿布格莱布监狱派遣承包商充当审讯者。2004年，随着美国看守士兵拍摄的虐待伊拉克囚徒的现场照片泄漏出来，阿布格莱布监狱事件丑闻就被披露了，而CACI国际公司的一名审讯人也牵涉其中。尽管参与阿布格莱布监狱事件的低等级的士兵面临着军事司法体系的惩处，但负责监管监狱的等级较高的军方和情报官员则从丑闻当中洗脱得一干二净，丝毫没有受到影响。当然，同样从丑闻中全身而退的，还有那些与军方和情报官员们在监狱中共事过的外面的承包商们。

但是大量的负面公众影响以及旷日持久的诉讼，仍旧困扰着这些公司。

一项军方调查得出结论：一位在监狱中充当审讯人的CACI国际公司签约人员史蒂文·史蒂芬诺维茨（Steven Stefanowicz）参与了对未判决人员的虐待。自此，CACI国际公司就深陷在伊拉克阿布格莱布监狱事件的泥潭之中。在这份军方报告中，少校安东尼奥·塔古巴（Antonio Taguba）将军断定，史蒂芬诺维茨曾经“允许并且/或者命令没有经过审讯技术训练的宪兵们，以‘设定环境’的方式进行审讯，这种方式既没有经过授权，也不合乎适当的法规政策。他（史蒂芬诺维茨）显然知道，自己的命令其实等同于身体虐待。”塔古巴还发现，史蒂芬诺维茨在谈到他的审讯及对虐待事件的坦白时，对调查员做出了虚假的陈述。

CACI国际公司以及另外一家承包商泰坦公司（Titan）卷入阿布格

莱布监狱丑闻，这加重了人们对于反恐战争中的业务外包行为的质疑。这次事件也第一次向世人们展示了美国情报部门在执行一些最为敏感的分内任务时到底在多大程度上由外部承包商代劳。

实际上，相比于联邦政府，那些承包商们受到阿布格莱布监狱事件的影响更大，毕竟联邦政府还可以启用最高豁免权来避免阿布格莱布监狱的受害者们提出的法律诉讼。于是，受害者的代理律师们绕过了最高豁免权的障碍，把矛头对准了CACI国际公司和泰坦公司，把它们当成了美国政府的替罪羊。

菲利普·伦敦决定，用进攻代替防守，以回应阿布格莱布监狱事件的相关指控。CACI国际公司这一次没有道歉，也没有解释自己在美国情报共同体中的真正地位，而是富有侵略性地直接收买了报道这家公司以及阿布格莱布监狱相关新闻的新闻机构；并发表声明称，媒体关于CACI国际公司在此事件中作用的描述是不真实、有偏见的。

在2008年，菲利普·伦敦甚至写了一本书，这本书由一家保守党派的出版社出版。他声称，这本书的写作就是为了修正关于CACI国际公司的报道。这本书叫做《我们的好名声》（*Our Good Name*）。

CACI国际公司的这种反击，并没有阻止政府续写关于该公司的报道。当然，也并没有阻止人们提出针对CACI国际公司的各种法律诉讼。经过一场在美国法庭进行的持久的诉讼之后，泰坦公司的继承者恩济里提（Engility）在2012年同意向阿布格莱布监狱以前的被关押人员支付500万美元以上的费用，就此摆平了他们的诉讼。但CACI国际公司却没有息事宁人的意思，并且继续斗争着。他们不妥协的斗争终于得到了回报，2013年，虐囚门事件爆出整整九年之后，一家联邦法院驳回了阿布格莱布监狱事件的诉讼。

CACI国际公司试图篡改公众对这家公司的叙述的此种富有进攻性的策略，的确帮助了美国政府，因为在阿布格莱布监狱事件之后，CACI国际公司为美国国防和情报共同体所做的工作依然继续着，几乎没有受什么影响。事实上，自那以后，公司的业务还有显著的增长。在虐囚门事件刚开始爆出的时候，《洛杉矶时报》报道说，美国政府可能会禁止CACI国际公司继续参与国防承包项目。但到了2004年8月，阿布格莱布监狱事件发生仅仅几个月之后，CACI国际公司的利润居然开始激增。一家企业总经理告诉《华盛顿邮报》说，阿布格莱布监狱事件只是产生了“很多的噪声”，但它并没有对CACI国际公司的底线造成重大的触动。

阿布格莱布监狱事件之后，负面的新闻头条开始逐渐销声匿迹，而CACI国际公司自那以后则开始了腾飞。到2012年，公司的财政收入从2008年的24亿美元激增到了37亿美元。毫无疑问，菲利普·伦敦不如布鲁兄弟有钱，但根据这家公司在美国证监会的档案，截至2012年，他已经拥有了CACI国际公司超过192000支的股份。他就这样从CACI国际公司在阿布格莱布监狱事件之后的重新繁荣中赚到了大把的利益。

★

罗伯特·麦基翁（Robert Mckeon）是一个在华尔街工作的人，他不属于国防部，也不属于中央情报局。他是一个纽约人，毕业于福特汉姆大学，随后进入哈佛商学院，在私募股权方面大有作为，成立了自己的维尔资本公司（Veritas）。尽管罗伯特·麦基翁不是一个华盛顿生物[①]，他的聪明才智也足以使他意识到，反恐战争就是在大张旗鼓地到处撒钱。他必须要介入这场游戏。正因如此，维尔资本，这家20世纪90年代成立的投资给国防承包商的公司，试图买下德阳国际公司（Dyncorp International）。

德阳国际并不是一家多么引人注目的公司，但它从美国政府在阿富汗的警察训练以及其他常规任务的大宗政府订单中获取了稳定的收

① 注：指美国的从政人员。

入。德阳国际最大的价值之一，就是它的名字不叫“黑水公司”，所以，当黑水公司在华盛顿变得人见人怕的时候，德阳国际还在继续赚着钱。

毫无疑问，德阳国际也曾经进行过自己的论战。事实上，在黑水公司因为承包商丑闻而登上报纸头条之前，德阳国际也还是有麻烦的。在20世纪90年代末，当德阳国际作为承包商，负责为美国国务院在波斯尼亚的警察训练业务的时候，该公司的工作人员就被指控参与了非法性交易——这项丑闻是如此有料，以至于它竟然成为了日后由瑞切尔·薇兹领衔主演的一部电影的现实原型。但是，尽管走过弯路，德阳国际还是接到了美国政府在阿富汗和伊拉克的警察训练项目合同。在阿富汗，德阳国际又卷入了另外一场丑闻，据报道，当时该公司的签约人员曾经花钱请年轻舞男以供阿富汗警察取乐。一份美国国务院电报将这件事描述成是被维基解密（Wikileaks）公开出来的。

对德阳国际来说，非常幸运的是，那些关于公司员工不法行为的控告，与黑水公司比起来，就是小巫见大巫了。在2007年，黑水公司的士兵卷入了巴格达纳苏尔广场枪杀事件，在此事件中至少有17名伊拉克平民被杀。在巨大的压力面前，华盛顿最后被迫抛弃了黑水公司，并把业务交给了其他公司。德阳国际正好充当了接盘手的角色。

★

维尔资本公司——麦基翁的私募股权投资公司，在2005年的一次融资买入中拿下了德阳国际公司。《福布斯》杂志对维尔资本公司和德阳国际公司进行了长篇的报道，并且后来将这次交易称为“伊拉克与阿富汗战争期间最合算的一笔交易”（但正因为买下德阳国际公司是一桩合算的买卖，这在后来引起了麦基翁和他一位最亲近的商业伙伴兼好友的分歧，后者指控麦基翁为了拿到更多的利益，排挤商业伙伴，从而导致了一系列口水战以及官司）。

麦基翁成功地利用了美国国务院与国防部在伊拉克和阿富汗大量撒钱的机会，随后又于2010年美国在伊拉克实行战略撤出时，敏捷地卖掉了公司，换得又一笔巨大的收益。当麦基翁将公司卖给另一位华尔街玩家、赛博斯资本公司的史蒂芬·费恩伯格（Stephen Feinburg）的时候，《福布斯》杂志又一次称赞了麦基翁的举措："相比于所有对黑水公司的讨论，相比于所有对副总统迪克·切尼与休斯顿石油公司之间关系的讨论，麦基翁的这次交易才算是真正让所有华尔街玩家们学会了如何玩战争游戏。"《福布斯》杂志估测，麦基翁收获了一大笔意外之财，这使得他的4800万美元的原始投资直接增值到了3.2亿美元。

遗憾的是，不知出于什么原因，这一切并没有使麦基翁感到满足。2012年，在从反恐战争中赚到了最大一笔收益仅两年后，麦基翁在他位于康涅狄格州的价值数百万美元的住所里自杀了。对此事，没有任何公开的解释。2013年，麦基翁的遗产开始脱离其所有权而被售卖，人们也得以借此机会一窥反恐战争寡头们那金光闪闪的世界。麦基翁遗产当中，出售的有位于达里恩和康涅狄格州的两处住所，总价格达到1300万美元；遗产还包括一座位于纽约市曼哈顿区第五大道的合作公寓，标价超过1150万美元；另有一座位于汉普顿市的面积1000平方英尺的海景房出售，标价6000万美元。

★

在"9·11"事件过后十多年的时间里，华盛顿的战争规则、战争经济以及战争游说团，各自都长谈不衰。从一个政党到另一个政党的政治权力更迭，似乎并没有影响到什么。但国土安全防卫的肥缺还是终有一天会走到尽头的。面对着每年数以万亿计的联邦财政赤字和堆积如山的国家债务，美国不可能继续维持这样的反恐开销了，而华盛顿的政策制定者们最终将会不得不说一句："够了。"

杰·查尔斯·约翰逊（Jeh Charles Johnson）于2012年底辞去美国

国防部总顾问职务之前，在牛津大学发表了一次演讲。这是美国高层政治人物试图推动反恐战争走向终结所做出的第一次努力。约翰逊的演讲预示了奥巴马总统在2013年5月的国家安全演说上所使用的主题。约翰逊说，基地组织的领导者已经大量被消灭，美国应该开始考虑何时叫停反恐战争了，已经可以宣布胜利了。至于基地组织的残余部分，可以看作执法问题来处理。这也就意味着，回到“9·11”事件之前的正常状态。

“我坚信，在当前的进程中，会出现一个转折点：大量的基地组织领导者及其附庸们被消灭或被捕，其组织再也没有能力针对美国发起具有战略意义的恐怖袭击了。我们所知道的那个基地组织，那个自从2001年我们国会就授权军队进行追捕的组织，已经被有效地消灭了。”约翰逊说，“在那个转折点来临之际，我们必须要说服我们自己：接下来要做的事情，不应该是针对基地组织及其相关势力的‘武装冲突’了。恰恰相反，我们要做的是一场针对基地组织零星残余或者其附属组织成员的反恐行动。原则上，我们的情报部门和政府负责应对这些以个人为单位的恐怖分子，我们将与国际社会一同合作，利用我们可用的留守军事力量，去锁定继续发生和即将发生的恐怖主义威胁。”

“‘战争’必须被看成是一种有限的、超常的、非正常的事态。”约翰逊补充说，“战争允许一个人根据战争法律——如果他是‘享有特权的参战者’——去杀死另一个人。战争违反了事物的自然秩序；在自然秩序中是由孩子埋葬父母，而在战争中则是白发人送黑发人。在反恐进行到第十二年之际，我们不能再继续将这场冲突以及相关的一切都看成是‘新常态’了。和平，仍然应当被视为全人类为之努力奋斗的准则。”

★

五个月之后，奥巴马总统的国家安全演说切中了很多完全相同的主题。他称“美国走到了反恐战争的十字路口”，并且警告说：“我们必须强调，自然才是常态；我们要掌控这场斗争的方向，否则就会被这场斗争所掌控。我们必须牢记麦迪逊的警告：任何国家都不可能在持续的战争中保有自由。”

奥巴马和约翰逊的演说引出了一个有趣的问题，那就是，从反恐战争中捞钱已经再也不可能了，不是么?

不过，那些因为奥巴马的花言巧语而被晾在一边的、紧张的国防和情报承包商们，还是大可高枕无忧的。2013年10月，在奥巴马演说过去仅仅五个月后，美国通用原子公司就又得到了一单价值高达3.77亿美元的政府订单，令其为美国空军再生产24架死神无人飞机。同样在这个月，奥巴马任命杰·查尔斯·约翰逊为国土安全部的部长——距离约翰逊发表演说表明他对于战争结束的构想，仅仅过去还不到一年的时间。

Pay Any Price

第二部分
权力

Pay Any Price

第四章

被搅乱的“9·11”诉讼案

六月的纽约，阴天多云，空气潮湿。下曼哈顿区的狭窄街道上几乎空无一人。在珍珠街500号，丹尼尔·帕特里克·莫伊尼汉联邦大厦——这座由尊敬的乔治·B. 丹尼尔斯（George B. Daniels）主管的建筑——纽约南区地区法院的21D号庭审室里，一场专利案件正在拖拖拉拉地审理着。

不寻常的是，这个枯燥的案件竟然有大批受人尊敬的律师们坐在听众席上旁听。不过，他们耐心地坐在庭审室的后排长椅上，只是因为他们在等待丹尼尔斯法官诉讼日程表上所列的下一个案子——MDL 1570号，“关于2001年9月11日恐怖袭击的诉讼案”。

丹尼尔斯法官，一个戴眼镜的秃顶男子，嘴上留着小胡子，声音粗哑，操着纽约口音。他和专利律师们争论着，随后，在已经穷尽了专利案的所有细枝末节之后，宣布休庭。当回到庭审室的时候，他说他要审理关于“9·11”事件的案子了，坐在庭审室后排长椅上的律师们重新焕发了生机。好几打材料被笨拙地堆放在了他们熟悉的桌子前。长期的实践让他们很清楚自己的座位，他们之前已经坐过那里很多次了。

在2001年“9·11”恐怖袭击事件之后漫长的数年时间里，美国一直在消耗着它的士兵和财力，在伊拉克、阿富汗乃至全球进行着反恐战争。但在这21D号庭审室里，时间似乎停滞了。在广受热议的“9·11”事件余波中，一场诉讼在美国法律界艰难地进行着（这场诉讼现在已经被纳入另一场规模浩大的法律行动中）。该诉讼将矛头指向沙特阿拉伯的上层金融人物，指控他们资助基地组织进行针对纽约和华盛顿的恐怖袭击，并且索要一万亿的损失赔偿。人们几乎看不到案件的任何进展和进一步行动。

这场诉讼最初的被告名单中，有许多被告者已经在几年前被除名了。就连阿尔·巴拉卡投资与发展公司也在2005年从此案的被告名单中移除了。这是一家有着沙特阿拉伯背景的金融服务公司，“9·11”诉讼大案“伯内特等诉阿尔·巴拉卡公司等案”就是以它命名的（现在这个案子同其他几个“9·11”诉讼一起合并到了“关于2001年9月11日恐怖袭击的诉讼案”中）。

但这个案子还在艰难进行着，就在距离世贸中心旧址数个街区的地方；而且，此案的初审，如果可能做出的话，也还要再过数年才行。很有可能，此案将永远悬而未决。这一天，案件的双方都在就程序性问题进行着痛苦而漫长的争论，包括新的发现和一些程序，用来断定原告方律师是否能从被告方得到他们声称查案需要的文献以及其他信息（在“伯内特等诉阿尔·巴拉卡公司等案”中，共有4733名原告，代表2762名受害人）。

乔治·丹尼尔斯向世人们一次又一次展示了他被冠以全美国最慢法官之名的理由。在2010年，代表“9·11”事件受害者的律师做出了惊人之举，他们申请上诉法院将丹尼尔斯法官从此案中换掉，因为他断案实在是太慢了。然而他并没有调离此案，一切都没有改变。

几乎所有的人——毫无疑问也包括很多在这个死气沉沉的夏天艰难跋涉来到下曼哈顿区出席丹尼尔斯庭审的律师们——对这个案件能够达到为“9·11”受害者们讨回公道的最初目的，已经很大程度上丧失了信心。

对于像“9·11恐怖袭击诉讼案”这样一个长期盘踞在联邦诉讼表单上的案子来说，实际上真正付诸实践的法律行动是相当少的。2011年6月的这一天中，在距离“9·11”事件十周年纪念日还有两个月的时候，丹尼尔斯取得了一个“伟大成就”：就一个叫做“第54（b）条款提议”的东西签署了一份命令，这份命令将一个长久以来公认的事实给正式化了，那就是某一特定的被告人又要被排除了。这条命令让这群律师们稍稍兴奋了一下，现在，看起来他们好像可以用某种不同的方式来重新玩味这个案子了。

法官正要敲响木槌宣布审问结束时，一位身材笨重、笑容可掬的纽约律师站了起来。这位就是吉姆·克雷恩德勒（Jim Kreindler），“9·11”恐怖袭击诉讼案中一位代表受害者的律师。“法官大人，我想我可以告诉您本案的根本性问题。”克雷恩德勒解释道，“我们追踪这个案子长达十年了，没有任何报酬，这是很艰难的。十年真是很长的一段时间。但我想告诉您，此案的终结已指日可待。”克雷恩德勒的大胆陈述换来的只是安静，以及律师们桌子上揉纸的声音。

“如您所知，南苏丹已经宣布独立，我认为现在美国很可能将南苏丹从支持恐怖主义的国家名单中移除。”克雷恩德勒说，“那么我认为，美国和苏丹双方将会想要就所有未完成的民事诉讼达成一项解决方案。如果苏丹出面解决，并且支付一大笔费用的话，这对于本案将会造成重大的影响。”

克雷恩德勒说话的时候，语气中已经明显流露出了沮丧。这个男人现在不顾一切地想要寻找一个方法来解决那个使“9·11”恐怖袭击诉讼案陷入僵局的戈耳狄俄斯之结（Gordian knot）①。苏丹的独立运动可能会为盘根错节的诉讼案找到一个出口，这个想法吸引了他。就像一个在沙漠中发现一块近在咫尺的绿洲的口渴的人那样，他正在召唤自己的同伴们和他一道痛饮这甘泉。

但别的律师们根本就不搭理克雷恩德勒，他们表现得好像早就听说过这话。这不过是一个美好的梦想，他们想要结束这个已经耗费了很多律师大好时光的案子。他们以另一种眼光看着，就像一个庞大家族中的成员们，在假日晚宴上旁观着某位神经病的大叔一如既往地撒着酒疯。

① 注：戈耳狄俄斯之结是一个传说典故，比喻使用常规方法不可解决的问题。

只有一位律师听了这话后稍稍打起了点精神，以此来表达他很遗憾在以前并没有听说过这样“富有策略性的想法”，直到克雷恩德勒决定将它与整个法庭分享。

克雷恩德勒坐下了。

丹尼尔斯法官说话的语气就像克雷恩德勒从没有说过话一样。“好，我们继续进行此案，我们1月13日再会。”

法官大人只是宣布，接下来的六个月之内不会进行下一场庭审了。

在庭审结束的时候，在律师们收拾材料的时候，一位孤独的“9·11”遗孀正安静地坐在庭审室后排的长椅上记着笔记。

★

在法律业界内，“伯内特诉阿尔·巴拉卡公司案”的命运成为了一段悲伤的故事，但这个故事却有着一段离奇的背景。反恐战争的显著标志，就是预期之外的后果以及对金钱和权力的寻求；而本案就是一个很好的案例，用以研究这些显著标志是如何形成的。

这段故事的开始，是由一位出色的美国南方律师发起的、控告“9·11”事件幕后赞助者的法律诉讼案。而故事的结束，则是伴随着争议、指责、未解决的疑问。这其中还有证据表明，此次诉讼所雇佣的调查人员，和国防部、联邦调查局以及美国禁毒署之间存在着奇怪而秘密的情报联系。

这个故事向人们具体展示了：在反恐战争的过程中，贪婪和野心裹挟着不可限量的财富洪流，加之美国国家安全部门突然性的违规行为，导致了一种风气。在这种风气中，聪明的人似乎可以在不受什么像样的监督或根本不受监督的情况下进行自己的流氓情报行动。这个故事也讲述了潜在的权力滥用问题：包括国防部和联邦调查局在内的联邦政府机关，是如何扭曲美国的法律体系的。那些打着“9·11”事件受害者的旗号继续进行全球反恐战争的美国官员们，可能合谋操纵利用着受害者们试图讨回公道的努力。

疯狂，成为了反恐战争的新常态，而这场战争最初的目标，依然在过程当中被遗忘了。战争的一个预期之外的后果，就是对那些“9·11”袭击事件受害者家属们在法庭上所花费的时间视而不见。他们的案子已经在法庭上虚度了一年又一年。事实上，直到十几年后，“9·11”受害者家属们在他们的数万亿美元的诉讼中，仅能拿出很少的几件证据，其中还包括美国监狱中关押着的一个阿富汗毒品贩子。将这毒贩子引诱到美国的，是一些为“9·11”诉讼案充当调查者的人，他们为政府进行了这次情报行动。

总而言之，这是一个关于谜团的故事，一个反映了美国国家安全产业中最普遍的疑惑的故事。从2001年起，美国已经往一个又一个无底洞中投进了数十亿美元，为的是寻求打击恐怖主义的神奇武器。在“9·11”袭击过后的这些年里，人们已很难断定哪些东西是真的，哪些是鱼目混珠了。

★

2001年9月11日早晨，蒂娜·伯内特（Deena Burnett）和她的三个女儿早早起了床，这时她的丈夫汤姆——一家医用器材公司的老板——从美国联合航空公司第93航班的座位上打来了电话。在匆匆的几句话中，他告诉她自己的飞机被劫持了，并叫她给当局打电话。在一系列惊恐的对话之后，蒂娜告诉汤姆，已经有被劫持的飞机撞向了世贸中心和国防部五角大楼；而汤姆告诉她，他正打算与其他一些乘客一道抗击劫机者。在他们上午的第四通电话中，汤姆·伯内特告诉他的妻子：“我们要做点什么了。”然后就再也没有打电话回来。

★

在“9·11”袭击事件的当天下午，大多数美国人并没有寻求正义。他们都淹没在惩罚和复仇的情绪中。1998年，针对美国驻东非大使馆两名工作人员的自杀式炸弹袭击，是“9·11”事件之前最大的一次基地组织恐怖袭击的犯罪事件；在“9·11”事件几个月前，跟此案有关的四名基地组织人员在纽约联邦法院被成功地控告，并判处无期徒刑。尽管有先例摆在那里，布什政府还是很快就将使用美国法律系统逮捕并控告恐怖袭击责任者的想法抛到九霄云外了。

美国法律系统对战恐怖主义，已经创造了一个相当成功的记录——尤其是对付关于基地组织的案件的时候。“9·11”袭击事件之前，联邦调查局的纽约办公室，以及纽约南区美国检察官办公室已成为美国政府对付基地组织的头号专家团。他们准备好了起诉本·拉登的诉状，就等着他被抓获并引渡到美国收监的时候使用。

但对于布什政府来说，动用法庭从来就不在其选项之列。动用法庭就有点像20世纪90年代，像克林顿政府，像一个新词（前“9·11”思维）了。布什把联邦调查局和司法部推到了一边，转而求助于国防部和中央情报局，想要以公开和秘密的形式，发动一场全球的反恐战争。这次对待恐怖主义，布什要的是一个国家安全问题的答案，而不是一个法律强制的解决办法。事实证明，正是这个残酷的决定，改变了接下来十年的历史。

蒂娜·伯内特是最早一批受到震惊而加入反恐战争的美国人之一。当从失去丈夫的一时创伤中恢复过来后，她鼓起勇气，发出了自己的声音，并且成为著名的“9·11”受害者家属群体的一位首席女发言人。尽管布什政府已经宣战，很多“9·11”受害者家属还是更想通过比较传统的途径来讨回公道。尤其是汤姆·伯内特的父亲，他已经下定决心控告任何一个资助了那些害他儿子的恐怖分子的投资人了。因此，在2001年11月，蒂娜·伯内特找到了罗纳德·马特里

（Ronald Motley），一位南卡罗来纳州的律师，他因曾经承办了美国历史上最大的一次集体诉讼并取得了对烟草工业的胜利而闻名。

当此之时，罗纳德·马特里就像一条出海蛟龙。在20世纪90年代末，美国没有哪位律师比他更负有盛名、更春风得意的了。他赢得了美国历史上迄今最大的法庭胜利，迫使美国大烟草公司屈膝认错，并向几个州的起诉人支付总共2460亿美元。但自从那次载入史册的胜利后的数年之中，他却感到焦躁不安。在2001年9月11日来临的时候，他正在寻找着下一桩大买卖。

★

马特里接受了蒂娜·伯内特的邀请，同意打一场针对恐怖分子的官司。这却让他的合伙人约瑟夫·赖斯（Joseph Rice）感到非常懊恼。赖斯一直在关注着他们的马特里-赖斯公司的底线。赖斯清楚，想要重现当年那场对烟草公司的胜利，是多么困难。

但马特里已经下定决心，不可动摇。他将目标锁定在了沙特阿拉伯，这个世界上最大的石油帝国，在华盛顿的政治影响比大多数外国的影响都要大。而“9·11”袭击事件的19名劫机者中，有15人都是沙特阿拉伯人。在美国，人们广泛相信，沙特阿拉伯多年来一直在资助着恐怖分子。马特里说，沙特阿拉伯就是“9·11”的幕后黑手，他要让他们为此负责。

在2002年8月15日的华盛顿新闻发布会上，马特里和蒂娜·伯内特以及其他“9·11”受害者家属们站在一起，他宣布自己已经提起了一桩万亿美元的诉讼——伯内特等人起诉阿尔·巴拉卡投资与发展公司及其他相关人和机构案。该案以资助本·拉登的恐怖行动为由，起诉沙特阿拉伯银行、慈善机构甚至沙特阿拉伯皇室家族成员。

现在，马特里唯一要做的就是拿出证据来了。

★

马特里意识到，要突然发动这场针对沙特阿拉伯上层集团的法律攻击，他必须拿出证据证明被告人事实上真的资助了恐怖分子。那他就必须要论证自己的观点：沙特阿拉伯上层财政人物与基地组织之间有着重要的联系。

为了帮助自己完成这次任务，马特里决定雇用自己的调查员，他要从零开始，成立自己的调查机构，来揭开“9·11”的谜团。他决定要在中央情报局之外，网罗起一批最出色的反恐专家。这些专家必须有意用布什政府所不愿采取的方式来击败盛产石油的沙特阿拉伯。但马特里绝不会想到自己所做的事情会以什么样的结局收场。

★

在着手成立自己的调查团队之初，马特里先是把目光投向了一位自称与法国情报部门有联系的法国作家兼分析家。

“9·11”恐怖袭击事件给让·查尔斯·布利萨德（Jean-Charles Brisard）招致了突如其来的滚滚骂名。仅仅在恐怖袭击过去两个月之后，他就出版了一本关于“9·11”的书，该书对沙特阿拉伯做出了指控，引起了轰动。在2001年11月出版的《禁忌的真相》（*Forbidden Truth*）一书中，布利萨德列出了沙特阿拉伯的银行、慈善机构和个人名单，他宣称他们负有资助基地组织的责任。他尤其将矛头指向了沙特阿拉伯最富有的一个人——哈立德·本·马赫福兹（Khalid bin Mahfouz）。

布利萨德在自己的书中用了整整一章来写本·马赫福兹，他称之为“恐怖主义银行家”。布利萨德写道：“本·马赫福兹的金融和慈善机构网络在资助本·拉登的行动中是最为积极的一方。”在2002年单独发表的一篇文章中，布利萨德将本·马赫福兹列为沙特阿拉伯七位“恐怖主义的主要个人资助者”之一。他宣称这篇文章是提交给联合国安全理事会主席的。

对于罗纳德·马特里来说，他实际上对沙特阿拉伯一无所知；而《禁忌的真相》这本书则在他2002年准备诉讼案的时候提供了一张可以依据的地图。马特里找出了布利萨德在书里面所列举的沙特阿拉伯组织和个人的名单——包括本·马赫福兹——并将他们列在了伯内特案的被告人中。《禁忌的真相》，成了马特里的圣经。

布利萨德称，自己在2002年6月第一次见到马特里–赖斯公司的律师们，那是在“9·11”诉讼案提起之前，他前往华盛顿国会进行证实的旅途中。朱迪·弗劳尔斯（Jodi Flowers），一位马特里–赖斯公司律师兼马特里的机要助理，联系到了布利萨德并安排他在华盛顿的旅馆中会见了马特里和一些律师。在那里，他们关于恐怖主义资助问题讨论了三个小时。在会谈结束的时候，马特里邀请布利萨德为他们工作。布利萨德回忆说，在马特里–赖斯公司准备诉讼的时候，布利萨德帮助律师们确定潜在的被告人。

“他们当时是根据我的作品来确定被告人名单的。”布利萨德说，“我参与到筛选被告人的程序中。”很快，布利萨德在巴黎成立了一个五人小组，在全世界搜寻文档资料，以期在富有的沙特阿拉伯组织和基地组织之间建立起经济关联。他开始向他在全欧洲各国政府中的关系人员寻求帮助，试图得到那些有关基地组织的文件。布利萨德最大的收获就是后来广为人知的“黄金链条”，这份文件后来成为马特里案件的一个核心部分，同时也是关于沙特阿拉伯牵连资助恐怖主义最受争议的证据之一。

在2002年，波斯尼亚警方和美国中央情报局协作，突击检查了国际慈善基金会位于萨拉热窝的办公室。在那里，他们在一台电脑上找到了一份文件，这意味着能够确定本·拉登以及基地组织的早期资助者。美国司法部在芝加哥一次针对国际慈善基金会的刑事案件中以此作为证据。而一位基地组织叛逃者、告密者贾马尔·阿尔·法德尔（Jamal al-

Fadl）也证实了该文件真实可靠，并且称之为“黄金链条”。

2003年布利萨德来到波斯尼亚，试图从波斯尼亚政府手中得到“黄金链条”以及其他国际慈善基金会文件。他还带上了美国地方法官詹姆斯·罗伯森的正式法律请求函。詹姆斯是华盛顿联邦法官，当时正在负责马特里起诉沙特阿拉伯的案子。波斯尼亚政府倒是愿意分享，但美国司法部想要拥有这份文档的独家使用权，用于芝加哥的刑事案件中。最终，在波斯尼亚最高法院主席签署命令，要求美国人向马特里-赖斯公司团队分享文件之后，美国司法部才同意了。

然而，最大的问题在于，想要判断“黄金链条”到底是真是假，那是根本不可能的。没有人能够说明这是谁写的、具体什么时候写的，或者其中所列举的名单到底意味着什么。据推测，这份名单写的可能是20世纪80年代末本·拉登试图支持阿富汗的阿拉伯战士的行动中捐赠者的名字。但在那个时候，支持阿富汗境内反苏联的穆斯林游击队员正是美国和沙特阿拉伯的官方政策。所以，很难说这份文件是不是一个确凿的证据，能够显示基地组织创始时的资助者。

★

与此同时，布利萨德的工作开始被沙特阿拉伯的人盯上了。本·马赫福兹看了《禁忌的真相》并不是很开心；而这本书现在正为一桩指责他资助“9·11”事件的庞大的美国诉讼案提供蓝图，他对这件事同样不是很开心。这位拥有着一大批律师的亿万富翁愤怒了，到了2003年，他决定控告布利萨德诽谤。在他的带领下，伯内特案的其他被告人也开始提起对布利萨德的诽谤诉讼。很快，法国的调查者们就在比利时、瑞士、法国以及不列颠开始应对各种官司了。

对于布利萨德和马特里来说，针对布利萨德的书的诽谤指控似乎是沙特阿拉伯对“9·11”诉讼的反击。“在我开始为马特里-赖斯公司工作之前，根本没人指控我。”布利萨德说，“很显然，他们把我当成了马特里-赖斯公司的一位首席调查员，将矛头指向我。”

基本上，布利萨德得以成功应对在每一个国家的诉讼——但是英国除外。在那里，他没有做抵抗，没有辩称：他并未授权在英国公开自己的书。众所周知，那时候不列颠的诽谤法对书籍作者们是出了名的不利，所以他败诉了。作为对本·马赫福兹赔偿的一部分，布利萨德发表了一份公开道歉，并且推翻了自己在书中以及上交联合国安理会主席的报告中曾经做出的许多论断。

布利萨德又不得不承认，自己参与了“黄金链条”的部分编辑工作。在文档列出的基地组织资助人名单中，有一个叫“本·马赫福德（bin Mahfoodh）”的。布利萨德在法庭判决他做出的道歉中被迫承认，在这份文档的英译版本中，他曾经将名字做了改动，使之读作哈立德·本·马赫福兹。他说，自己改动名字是因为他相信这会使文档更加准确。“在修改过的译本中，我在本·马赫福兹前面插入了哈立德的前名，但我承认，事实是，哈立德在原本的阿拉伯语文档中并未包含。”布利萨德道。

事实上，布利萨德不得不对一系列错误做出承认，包括当他写道哈立德·本·马赫福兹是本·拉登的连襟时，他把事情完全搞错了。这无论对于布利萨德，还是罗纳德·马特里，都是一个极为残忍的退步。

但马特里并不想就这么放弃。他雇了迈克尔·阿西莫斯（Michael Asimos），一位留胡子及长发的前任美国军官和股票经纪人。这个人一开始似乎极其适合漫游世界，去寻找马特里迫切想要的确凿证据，用来扳倒那些沙特阿拉伯人。

★

数年之后，马特里-赖斯公司的律师们已经很难解释清楚阿西莫斯到底是怎么来到他们门前的了。他们也很难说清楚，这人到底是为谁服务的，以及他为什么来到这里。直到今天，他们仍旧不能确认他到底是谁的人。就像电影《马丁·盖尔归来》（*The Return of Martin Guerre*）当中的流动士兵一样，阿西莫斯想成为什么人，他就是什么人。

在这一点上，阿西莫斯在后“9·11”世界中并不是唯一一个这样的人。他只是活跃在华盛顿的全球反恐战争中众多梦想编织者里的一员，在打击恐怖主义的黄金热潮中大把捞着钱而已。在20世纪90年代，兴起的是股票市场和信息产业泡沫，而在新千禧年的最初几年里，反恐泡沫又兴起了，总有那么一批人愿意并且有能力利用这些泡沫。

阿西莫斯高个子，宽肩膀，机灵善谈，一见面就表现出友好，又稍微带一点点小阴谋的样子，仿佛单是跟他在一起，这件事本身也会让你成为秘密的一部分。当见到罗纳德·马特里以及其他有关“9·11”案件的律师们时，他就像一个从中央核心圈子里直接出来的秘密特工一样，镇住了他们。对于这些打侵权官司的律师们来讲，他们关于战斗的概念就是在一间庭审室里度过一整天的时间。这些律师们得到的大多数关于战争的知识都是来自战争影片，而阿西莫斯看起来简直就像是《第一滴血》里面的兰博来到了现实中一样。他是所有男人在高中时代都梦想成为的那种人。对于马特里-赖斯公司来说，这个人似乎在恰当的时候突然一下子就蹦出来了。

阿西莫斯生于1961年，他的父亲是希腊人，在宾夕法尼亚和纽约开餐馆。阿西莫斯求学于西点军校，在那里加入了阿拉伯语俱乐部，并且由于他对中东颇感兴趣，在西点军校年鉴上被开玩笑地起了个诨名“外交官”。根据军校年鉴显示，在大学期间，阿西莫斯就已经因为有一点点小神秘而小有名气了。“无论是军事训练、校内运动还是体育课，‘阿西’都不在场。”军校年鉴的作者题词中说，“年鉴记载了整整一年间发生的事情，但其中需要一章的篇幅来解释‘外交官’是如何因为又去中东度假而错过了期中考试。他要么在飞机上帮助美国解决中东危机，要么开着车在路上闲逛，享受美好时光——如果车没有租出去的话！一直都是这样！”

根据军方记录记载，阿西莫斯1984年从西点军校毕业，到1987年的时候，他被指派作为布拉格堡的约翰·F.肯尼迪特种作战中心（John F. Kennedy Special Warfare Center）的工作人员，布拉格堡是一个军队特种作战的训练中心。在1989年，他因在特种作战训练项目中的工作而获得功勋奖章。1989年6月，他带着上尉军衔退居二线。直到1998年，他都一直作为替补人员。

在军队服役的时候，阿西莫斯有次与美军内部基地组织间谍面对面的神奇经历。在布拉格堡，阿西莫斯遇到了阿里·穆罕默德中士，一位与美国中央情报局有短暂联系的前任埃及军官。中央情报局当时对他感兴趣，认为他是一个有价值的人，打算招至麾下。随后穆罕默德就移民到了美国，并名列美国军队之中。在1998年东非发生的针对两名美国的使馆人员的炸弹袭击事件之后，穆罕默德被捕了，并被指控阴谋协助恐怖分子。后来事实证明，他暗地里是本·拉登的安全主席，来美国就是为了渗透进美国军队，打探美国的安全战略与手段。

《纽约时报》在其一篇揭露政府对付穆罕默德的事件的报道中，引用了阿西莫斯的话。在1998年本·韦泽（Ben Weiser）与我合著的一篇文章中，阿西莫斯回忆道：在1988年肯尼迪特种作战中心的日子里，他曾经送给穆罕默德中士一些没有校正过的阿富汗地图，因为他当时说自己正计划要独自旅行到阿富汗去，帮助当地的圣战游击队抗击苏联。“我记得阿里在1988年的某个时间回来了，并告诉我艾哈迈德·沙赫·马苏德（Ahmad Shah Massoud）很高兴我送给他们这些地图，”阿西莫斯在《纽约时报》报道中如是说。阿西莫斯还告诉《纽约时报》，1988年他一直在布拉格堡负责主管一次正规的军事演习，并警告同事们注意在穆罕默德面前谈话的内容，这个人并不是十分的清白。

在阿西莫斯退居二线之后，他求学于美国马萨诸塞州梅德福德市塔夫茨大学的弗莱彻法律与外交学院，并在1991年拿到了硕士学位。在20世纪90年代初，阿西莫斯当起了股票经纪人，但是当1994年美国证券交易委员会公布了一批混乱的追踪文件之后，他选择了离开。根据美国证券交易委员会的报告，该部门发现，1992年到1993年，阿西莫斯说服其朋友和家庭成员们投入大量金钱，以便他可以代表他们进行投资。他声称已经拿到了特殊项目，可以让小投资者们能够将钱投入到高回报的投资项目中，这些投资项目原本正常情况下是专门为机构投资者和富有的个人投资者预留的。他告诉自己的客户们，这些钱将以自己的名义进行投资，但他说这是利用这个特别项目的唯一途径。

最重要的问题在于，这个所谓的特别项目根本不存在。根据美国证券交易委员会的报告，阿西莫斯伪造了文件，营造出他把客户的钱投资到特殊项目中的假象。事实上，他仅仅把这些钱存进自己的银行账户，然后用其中的一部分去偿还他的私人债务了。但阿西莫斯做起事来实在是粗枝大叶，以至于最终被捕，不得不将钱返还给客户，以避免更大的麻烦。他承认了自己的阴谋，与美国证券交易委员会达成法律协议，并被禁止从事股票经纪人职业至少三年的时间。

尽管在美国证券交易委员会这里遇到了麻烦，阿西莫斯还是得以在查尔斯顿重返了金融行业。在那里，他开办了自己的公司，亚特兰大金融公司（Atlantic Financial）。该公司专门负责为小公司提供企业兼并以及提高信用贷款限额方面的建议。1999年，他的公司被当地一家证券公司——海岸公司（Seaboard & Company）——收购了；根据当时参与海岸公司的一位总经理的说法，该公司因此得以首先雇佣到阿西莫斯。

但据这位公司总经理说，海岸公司的同事们很快就开始担心阿西莫斯了，因为他老是含糊其辞地说自己掌握着什么机密，并且和美国军方特种作战部门保持着联系。

这位公司总经理又说，阿西莫斯总是向同事们暗示他自己在金融世界之外还拥有另外一层不为人知的身份。海岸公司的保守派证券交易员们一点也不希望跟这种事沾上边，最后他们同阿西莫斯断绝了来往。

当“9·11”袭击事件发生的时候，阿西莫斯从前在金融行业的一些同事们纷纷表示，阿西莫斯似乎洋洋得意于那个不为人知的世界，而他们很高兴自己与那个世界没有一丁点关系。不过与此相反，阿西莫斯却因为“9·11”事件而迎来了第二春。在后“9·11”时代的整个过程中，他成了最为耐人寻味的一个人物。

★

阿西莫斯在后“9·11”时代的人生经历，被一层神秘的面纱与一个个未解的谜团所笼罩。在“9·11”事件发生后，阿西莫斯就曾经说，他开始寻找一个途径，可以使自己参与到全球反恐战争中。尽管对重新参军并不很感兴趣，但是他想要参与到行动当中；而后来他告诉我和其他人，他在“9·11”袭击事件之后去过阿富汗一趟。不过，到底是谁派他去的，他到底为谁做事，以及他去阿富汗都做了些什么事，这些至今都还不得而知。

阿西莫斯回美国之后，就开始效力于罗纳德·马特里及马特里–赖斯律师事务所，担任“9·11”诉讼案件的调查员。然而他到底为什么到这家公司来，怎么来的，都成了众说纷纭的话题，这也充分反映了全球反恐战争的奇怪本质。

★

在长达数年的时间里，阿西莫斯多次告诉我和其他一些人，说自己受国防部高层官员们委派潜入马特里–赖斯律师事务所，并利用其作为调查员的职务作为掩护，执行国防部的秘密调查。这是一项未被记录在册的隐蔽行动项目。在一些采访中，阿西莫斯说自己是被当时的国防部副秘书长保罗·沃尔福威茨派到马特里–赖斯律师事务所的；而在另一些采访中，他又说自己是受到沃尔福威茨身边的国防部高级官员的委派。阿西莫斯说，沃尔福威茨想让他把“9·11”诉讼案变成一次情报收集行动，通过这个案子，律师事务所搜集的所有信息都将会被上交给国防部。另外，他还说，自己在为马特里-赖斯律师事务所工作期间也曾奉命为美国政府执行一些秘密行动。

阿西莫斯告诉我，他会见过沃尔福威茨，沃尔福威茨想让他为自己安排一次与马特里之间的会谈。阿西莫斯说，沃尔福威茨希望能够秘密地将马特里和马特里-赖斯律师事务所招至麾下，让他们为布什政府的反恐战争出一份力。根据阿西莫斯所说，国防部官员们希望得到马特里-赖斯律师事务所在追查沙特阿拉伯过程中所能收集到的一切情报；他们希望利用阿西莫斯作为马特里-赖斯律师事务所调查员的身份作为掩护，从根本上将这场“9·11”家庭的诉讼案件变成国防部的一个情报收集项目。这样做将会使得沃尔福威茨在美国政府正常的情报收集渠道之外，大大拓展其各种操作的执行。

在阿西莫斯向我讲述这个故事后，数年之间，我曾经很多次听到他又把这个故事告诉给了其他很多人，每次的讲述只有些许细微的不同，但根本上讲都是一样的。而在我告诉他关于此事即将出版这一本书的时候，他又给我来信，否认自己在马特里-赖斯律师事务所的工作是作为国防部秘密行动的掩护；还说任何告诉我这件事的人，都搞错了。在随后的一段陈述中，他写道：“有一小撮反对‘9·11’诉讼的人不断地制造虚假消息，来抹黑这次案件调查行动——包括这次行动的起源、预期目标等。我相信，只要对现在的局势加以仔细分析，赖森先生就会从很多传播消息的人身上大致得出上述结论。”阿西莫斯拒绝了关于这本书的后续采访，并且警告说，如果书中写到此事，则会将他本人及其家人置于危险的境地。他的来自纽约的私人律师凯莉·穆尔也并未回应笔者的提问。

★

在一次采访中，当罗纳德·马特里被问及是否相信阿西莫斯曾经在他的律师事务所和国防部之间建立秘密的联系时，他表示从来没有听说过这件事（随后马特里于2013年去世）。但不管马特里怎么说，马特里–赖斯律师事务所的几位参与‘9·11’诉讼案件工作的其他几位律师都声称，他们怀疑阿西莫斯在为事务所工作期间，是为政府执行秘密任务。伯内特诉阿尔·巴拉卡公司案的一位合伙律师哈利·休奇（Harry Huge）说，他认为阿西莫斯在为事务所工作期间和国防部之间存在着某种秘密的联系。“我怀疑他是在为政府工作，”哈利·休奇回忆说，“我开始相信，事情并不像看上去那么简单。”

曾经在马特里–赖斯律师事务所和阿西莫斯共同担任调查员的帕特里克·约斯特（Patrick Jost）说，阿西莫斯在一些场合明确向他表示，自己与国防部之间有着秘密联系。作为美国财政部的“金融犯罪执法网络”的一位前任分析师，约斯特被认为是政府在哈瓦拉——伊拉克货币转移系统——的首要智囊之一。帕特里克·约斯特身材不高，体格结实，意志坚强。他对阿西莫斯的厌恶简直到了无以复加的程度。他们两个人到后来开始互相憎恶了。

约斯特说，有一天他接到了一个来自国防部的奇怪的电话，从那以后，他对阿西莫斯的怀疑就与日俱增。一个自称是军官的男人开始提出一些问题，是关于约斯特刚刚写过的一份备忘录的。这份备忘录其实是为伯内特诉阿尔·巴拉卡公司案所做的一份机密的分析文件。约斯特非常震惊，这位军方官员手里居然会有这份备忘录！他马上挂了电话。约斯特随后打电话给迈克·埃尔斯纳——一位负责伯内特诉讼案的马特里–赖斯公司律师——警告他说，国防部已经拿到了专为此案用途的高级文件。约斯特事后回忆，埃尔斯纳回答他：可以肯定是阿西莫斯将这些文件直接转交给国防部的。埃尔斯纳告诉约斯特，他今后应该在文档共享方面多加小心了。

★

在马特里–赖斯律师事务所的一份关于阿西莫斯和“9·11”诉讼

案件的文件中，该公司声称在2003年10月发现阿西莫斯在把约斯特的战略和分析文件分享给国防部的官员们。“我想我知道他当时在工作自由的基础上，为国防部做着事情。”埃尔斯纳回忆说，“国防部有特定的项目。我不知道他是不是国防部派到我们这边来的。我有一种感觉，他可能与私人的情报活动有所牵连。”

马特里–赖斯律师事务所专为伯内特诉阿尔·巴拉卡公司案雇佣的一位阿富汗律师安萨·拉埃尔（Ansar Rahel）说，在阿西莫斯一开始被雇佣做调查员的时候跟他共事过。拉埃尔说，阿西莫斯告诉他和律师事务所的其他人，他是国防部派来监视此案的。拉埃尔现居住在加利福尼亚州，他回忆说：“阿西莫斯告诉我，他对沃尔福威茨负责。”“他说他为沃尔福威茨做事，说他们想让他留意监视这个案子。我认为，他就是沃尔福威茨的手下。”

“阿西莫斯会经常开这方面的玩笑。”拉埃尔称，“他会说，请把你要给我的这些文件确认一下，我可是要把这些文件交给那些人的哦。其实大家都有些心知肚明，阿西莫斯是会把一切东西都转交给国防部的。”

马特里的同事乔·赖斯（Joe Rice）在一次采访中说，他相信阿西莫斯在为国防部做事，他还相信国防部是在利用马特里–赖斯律师事务所，利用这家公司的诉讼案件来进行情报收集。“我认为他一直都在为政府工作，政府就是在利用我们。”赖斯说，“他利用我们来为政府取得他们想要的东西，而我们则一直深陷在官司当中。他们知道我们在一门心思地调查‘9·11’案件，于是就利用我们。”

至于保罗·沃尔福威茨这边，他声称自己对阿西莫斯一无所知，也不知道有一个所谓的什么秘密计划去监视“9·11”诉讼案，以便将其变成一次国防部的情报行动。国防部没有人愿意证实，在国防部和马特里–赖斯律师事务所之间存在着大量广泛的情报分享关系。当时担任沃尔福威茨军事助理的史蒂夫·甘亚德（Steve Ganyard）承认，他的确会见过阿西莫斯和蒂娜·伯内特，因为他们想要安排一次与沃尔福威茨的会面，目的是讨论律师事务所与国防部之间的进一步合作。但他却说，就他所知，事实上这并没有付诸实践。担任国防部国防政策副部长并曾作为沃尔福威茨顶级副手的道格拉斯·费思（Douglas Feith）也声称自己什么都不知道。帕特里克·约斯特说他通过阿西莫斯见到过费思以及其他国防部官员们，但阿西莫斯则一次次地质疑约斯特的可信度，费思也不承认见过约斯特和阿西莫斯中的任何一个。

是不是阿西莫斯在信口胡吹呢？阿西莫斯的一位亲信马克·黑尔伯恩（Mark Heilburn）是美国国会一位工作人员，当时供职于参议院司法委员会。黑尔伯恩之所以会认识阿西莫斯，是因为司法委员会的主席——来自宾夕法尼亚的阿伦·斯佩克特（Arlen Specter）参议员——曾决定尝试调查恐怖主义资助一事，因此黑尔伯恩开始对马特里-赖斯律师事务所追查的关于沙特阿拉伯的内容产生了兴趣。

在几次采访中，黑尔伯恩表示，阿西莫斯曾经向他告知自己与沃尔福威茨和国防部之间的秘密联系。黑尔伯恩还说他收到的信息证实，这种特殊的联系的确存在。他说阿西莫斯进一步告诉他，自己的情报接头人是军队里的一位老朋友上校史蒂文·布奇（Steven Bucci），也是一位美国特种部队军官，他的职位已经晋升到了美国国防部秘书长唐纳德·拉姆斯菲尔德（Donald Rumsfeld）的军方助理。“阿西莫斯经常会告诉我，自己是给保罗·沃尔福威茨做事的，”黑尔伯恩回忆说，“他说他要打电话联系的那个人叫做史蒂文·布奇。有一次我跟沃尔福威茨谈到过这件事情。”

黑尔伯恩详细地回忆道，阿西莫斯把布奇表述成这次秘密行动当中用来联系沃尔福威茨的一个中间链接人物。“布奇总是跟我说：‘没错，我是在跟阿西莫斯共事。’然后，他们做各种各样的任务。毫无疑问，布奇是行动的执行官员，而阿西莫斯也同样在国防部这个团队之中。我以前从没见过这种事。完全不用怀疑，阿西莫斯就是在给沃尔福威茨做事的。”马特里-赖斯律师事务所的一份内部文件中写道，在2003年3月8日，布奇写了一封电子邮件，对“您和您的同事们所提供的大量资料”表示感谢。他又补充道：“这其中有相当多的资料正发挥越来越大的价值。”

在一次采访中，布奇在很多细节上记忆不清并为此道歉，但他断言，自己为了促进马特里-赖斯律师事务所与国防部之间的联系所做出的唯一一次努力，就是让阿西莫斯与国防情报局（DIA）建立了联系。布奇说他是在军队里认识阿西莫斯的，还说阿西莫斯在开始为马特里-赖斯律师事务所效力之后又一次来找过他。布奇回忆说，在那个时候，阿西莫斯已经得到了一份阿富汗文件，那是一份人名地址录，记载着已经向塔利班政府登记武器的一些外国战士。阿西莫斯告诉布奇，除了武器登记册之外，马特里-赖斯律师事务所的调查人员还拿到了一批与“9·11”诉讼案不相关的重要材料，他们愿意把这些材料向政府分享。

布奇说他把这份武器登记册转交到了当时担任国防部联合参谋部部长的约翰·阿比扎伊德（John Abizaid）中将的办公室，并且向他解释说，有一个机会可以从马特里-赖斯律师事务所获取更多的情报。阿比扎伊德似乎对这份武器登记册印象很深，命令布奇将它直接交给国防情报局的局长，让他来决定情报局到底要不要跟马特里-赖斯律师事务所之间建立联系。布奇说，那之后过了不久，马特里-赖斯律师事务所就给国防情报局送来了“满满一卡车”的文件。“我明白，就是在那个时候，他们开始对阿西莫斯的关系网，对他在巴基斯坦及阿富汗一带所认识的人产生了兴趣，并且开始建立了情报共享的关系。”在随后的一封电子邮件中，布奇强调：“我自从把阿西莫斯引荐给国防情报局之后，就和掌管运行这个项目的人，以及这个项目所生成的产品没有一丁点利害关系了。”

关于黑尔伯恩向布奇做出的关于阿西莫斯的陈述，布奇说：“关于此事我没有一点记忆了。我的意思是说，如果有人打过电话，我想我可能会说：‘是的，他是个不错的同事。’我还不曾收到过关于任何一个内部人员的任何负面反馈。所以如果有人曾经从参议院向我打来电话问我：‘他是不是一个好伙计？他是不是在努力做一些积极的事情？’我可能会说是的。但我不记得有过这样的对话，而且也相当确定我没有说过‘是的，他是在为我们做事’这样的话，搞得好像他是拿着我们的工资而我们在对他的每一步行动下达命令一样。”

美国国防情报局的分析家也从华盛顿乘飞机到达查尔斯顿，为的是查看一下马特里-赖斯律师事务所正在其公司总部建立的文件数据库。

2003年12月，阿西莫斯在给马特里-赖斯律师事务所律师们的一份电子邮件中写道，自己刚刚陪同国防情报局局长洛厄尔·雅各比（Lowell Jacoby）副上将的助手阿特·琼斯（Art Jones）上校下飞机。洛厄尔·雅各比告诉他，国防情报局想要“做出大胆的举动来和我们合作，包括将信息共享、分析以及实地调查的渠道都变得正式化”。国防情报局官员们在那以后就敲定：派分析家到查尔斯顿去与马特里-赖斯律师事务所的人会面，以查看他们的文件收集数据库。

当国防情报局被问及鼓励美国公民参与到帮助政府机关收集原始情报资料的工作中，是否属于情报局的常规行动时，布奇解释道：“民间志愿参与，对于国防情报局来说是至关重要的。除此之外，美国刚刚遭受袭击并损失3000人，我们还要马上去入侵两个国家，还要追捕国际上的敌人们。这样一来，就会出现很多‘从任何我们力所能及的地方获取帮助’这样的情况。”

的确，在一定程度上，罗纳德·马特里是愿意跟国防部共享信息的。“我想马特里唯一关心的就是打赢这场官司，”安萨·拉埃尔说，“我认为马特里对帮助政府这件事情是很骄傲的。沃尔福威茨曾经写信给他和他的家人表示感谢。每次见到家人的时候，马特里都会谈到，自己在跟政府合作。”

在2003年1月23日，沃尔福威茨写给“9·11”事件遇难者家庭的信经由罗纳德·马特里转交送达。信中写道：“你们响应了布什总统的号召，在全球反恐战争这场国家行动中提供了你们的帮助。尽管遭受了巨大损失——或者可能正因为所遭受的损失——你们对我们国家进行的反恐战争的关注却从未削减。你们决心向政府分享大量的数据，包括纸质资料、电脑硬盘资料、笔记本和其他形式的资料，却从不要求任何报偿。这样的决定是值得赞美的，这也大大地帮助了我们的情报分析。”

根据熟悉此事的大量消息提供者称，罗纳德·马特里是很愿意跟布什政府共享情报的，但总希望政府也能够给他一点回报，或者可以准许马特里-赖斯律师事务所得到关于沙特阿拉伯参与资助恐怖分子的正规情报资料。然而，布什政府从未答谢过他的好意。这表明，国防部的官员们只不过是照单全收了马特里-赖斯律师事务所提供过来的信息，然后将其仅当作是来自美国公民的一份自愿的、出于爱国主义热情的贡献而已。

当然，作为“9·11”受害者家庭，志愿向政府分享情报是没有任何问题的。但大量的大范围的采访、内部报告、电子邮件、录音以及其他材料都带来了一个从来没有被彻底解决的问题：阿西莫斯追求的情报来源、正在进行着的调查和行动，到底更多地出于与美国政府的利益和需求，还是更多地出于“9·11”受害者家庭和马特里-赖斯律师事务所的需要呢？内部报告和通信中所展现的阿西莫斯的工作强烈地暗示着：阿西莫斯所进行的调查当中有一些是受政府官员的兴趣所指导的，这些官员参与了正在进行的反恐战争。这就不仅仅是单纯的作为一位公民、出于国民责任心的志愿行为了。事实上，这到底是不是由政府进行的一个间谍活动呢？这就是一个令人困扰的问题了。

比方说，阿西莫斯在为马特里-赖斯律师事务所工作的同时，还利用与塔利班之间的关系将一位阿富汗的大毒枭引诱到了美国，使其被捕并被判刑。说到底，这次诱捕行动实际上跟“9·11”诉讼案一点关系都没有。而在联邦法庭审理阿富汗大毒枭一案的过程中，甚至几乎出现了一个重大的公众话题，那就是阿西莫斯在为马特里-赖斯律师事务所工作的这段时间里，到底是不是在事实上完成着政府交给的差事？一位联邦法官最终决定对这个问题不予讨论，而在公众心中，这个问题也始终没有得到解决。

★

在被另一位来自查尔斯顿的律师引见给迈克尔·阿西莫斯之后，罗纳德·马特里彻底相信了他，并且很快用一个代号“旅行者”来称呼阿西莫斯。马特里似乎很相信自己找到了一位最勇敢的调查员，一个足以用来对付沙特阿拉伯的人选。至于阿西莫斯的背景以及他到底是从谁那里过来的，马特里–赖斯律师事务所似乎没有任何人提出过较多的疑问。

一开始，马特里–赖斯律师事务所的律师们都被阿西莫斯的魅力所深深折服，以至于他们甚至对阿西莫斯可能跟政府有着秘密的联系这一点都全不介意。阿西莫斯告诉事务所的律师们自己需要精密的通讯仪器用来进行实地调查，同时他还随行带来了几位不知道从哪个组织来的通讯专家，这件事给律师们都留下了很深刻的印象。乔·赖斯说，那是第一次被引见给阿西莫斯，和他一起来的还有好几个“穿着西装的男人”，拿着高端的通讯设备。“我没有问其他人都是些什么人，”赖斯说，“他们有加密的仪器，有防追踪手机还有其他设备。这就足够令人信服了。我们给了他们50美元到10万美元不等的报酬。”

★

阿西莫斯决定在阿富汗开始他的调查工作，而不是“9·11”诉讼案核心对象国家——沙特阿拉伯。罗纳德·马特里以及马特里–赖斯律师事务所的其他律师们并没有反对。他们对阿西莫斯也没有做什么指示或者监督。

据安萨·拉埃尔回忆，一开始，阿西莫斯和他一起工作。当时拉埃尔也受雇于马特里–赖斯律师事务所，负责协助伯内特诉讼案。拉埃尔是在美国长大的，但他的父亲曾经是阿富汗最后一位国王穆罕默德·查希尔·沙（Mohamed Zahir Shah）的新闻秘书。在“9·11”袭击事件发生的时候，他正处于流放生涯中，暂居在罗马。拉埃尔在2002年被马特里-赖斯律师事务所雇佣，当时马特里还在苦心尝试到底用什么样的方法才能调查“9·11”事件以及沙特阿拉伯。

拉埃尔说，他帮助阿西莫斯联系到了在喀布尔的一些杰出的阿富汗人，彼时正当哈米德·卡尔扎伊（Hamid Karzai）的新任政府上台掌政之际。拉埃尔相信，阿富汗这个国家似乎很适合阿西莫斯，因为他在那里天高皇帝远，远离了马特里-赖斯律师事务所的任何监督，但同时又享受着律师事务所大量的经费资金支持。“我不知道还有没有人知道阿西莫斯到底在干什么，不过这正是他所喜欢的样子。”拉埃尔说，“在阿富汗，经常有这样的巨大空间。没有人会得到信息，知道事情到底是如何进展的。而他正可以利用这一点，大行自家方便。”

一位从阿富汗发来报道的外国通讯记者回忆说，最早见到阿西莫斯是通过布赖恩·马伦（Brian Mallon）的引荐，马伦是一位来自新泽西的美国移民归化局前任代理人，当时他正在阿富汗为一家新开的移动电话公司工作。布赖恩·马伦与阿西莫斯联手合作，并成为了阿西莫斯在实地调查中非常信任的得力助手。这位通讯记者回忆说，马伦和阿西莫斯两个人是穆斯塔法宾馆的常客。穆斯塔法宾馆在喀布尔之所以名声昭著，是因为那里是承包商、记者以及其他漂泊的外国侨居者的聚集地。自从阿富汗被美国入侵之后，这些人就不断地涌到这里。对于别人来说，想要搞清楚阿西莫斯和马伦两个人到底在那里做什么，往往是很难的。简而言之，他们在穆斯塔法宾馆如鱼得水，一切便宜行事。

在拿到塔利班关于被授权在该国携带武器的基地组织外国战士的登记表之后，阿西莫斯回到了美国。他认为这是一个非常宝贵的发现。这份文件包含了在阿富汗境内的基地组织外国战士的姓名和照片。尽管尚不明确这份文件和“9·11”诉讼案之间可能有什么样的联系，阿西莫斯还是把它看作一个重大突破。他在华盛顿的威拉德宾馆会见了马特里–赖斯律师事务所的律师们，小心翼翼地向他们展示这份文件，然后告诉他们说，国防部需要这份文件。

马特里的合伙律师哈利·休奇，以及一位来自密苏里州的律师奇普·罗伯逊——罗伯逊曾是美国司法部长约翰·阿什克罗夫特（John Ashcroft）的助手，现在也加入了“9·11”诉讼案件当中——同意和阿西莫斯一同去找史蒂文·布奇，就这份文件进行讨论。哈利·休奇不太愿意在国防部里面会见布奇，因为他担心万一带着这份文件走进了国防部，他们可能就再也见不到这份文件了。他还不确定这份基地组织的武器登记册对于“9·11”诉讼案来讲会不会有什么用，但也还不想让它就这样无影无踪地消失在国防部里面。

于是他们没有在五角大楼见面，而是在五角大楼附近的地方。他们同意把文件交给布奇，只要让他们保留一份该文件的副本就好了。哈利·休奇和奇普·罗伯逊接着私下会见了詹姆斯·罗伯逊（James Robertson）法官——当时负责监督“9·11”诉讼案的联邦法官，并向他解释了他们跟国防部之间的这次会面。他们告诉法官，因为已经将这份文件的原本给了国防部，他们希望能够让自己保留的该文件的副本，作为有效的证据被法庭所接受。哈利·休奇和奇普·罗伯逊同意将这份文件放进一个信封里封存起来，然后，两人在将信封封起来之前，都在信封上舔了一下。用这种方式，他们就有了DNA证据，把自己跟这份文件联系起来。现在已经退休了的罗伯逊法官在一次采访中说，他记得自己会见过哈利·休奇和奇普·罗伯逊，为的是讨论“9·11”诉讼案中某一份文件的特殊处理，但他记不起一些特定的细节了。

这份武器登记文件最终也从来没有在“9·11”诉讼案中显示出什么特殊的价值来，但这段小插曲充分说明了那些参与“9·11”诉讼案的律师们在一开始是多么愿意配合阿西莫斯，配合他与国防部之间的奇怪关系。

★

在2003年3月布什政府发动对伊拉克的入侵行动之后，阿西莫斯告诉当时正在负责伯内特诉讼案的同事们，国防部正在召唤他回到自己原来的职位上。正如以往经常发生的那样，阿西莫斯含糊其辞而又充满暗示性地告诉了人们自己在国防部先前从事的可能是什么样的工作。

在入侵行动过后不久的一天深夜，阿西莫斯打电话给阿伦 · 斯佩克特的工作人员马克 · 黑尔伯恩，向其求助，说美国国防部部长办公室想要让他秘密前往伊拉克，但并不想让他通过正常的渠道进入这个国家，黑尔伯恩如是回忆。黑尔伯恩称：“（阿西莫斯）说他将要去寻找一处文档的储藏点。事情看起来好像是沃尔福威茨想要让他从伊拉克把文件带回来一样。”

阿西莫斯告诉黑尔伯恩，他需要斯佩克特参议员的协助，帮他完成这项“记录中无法查找”的秘密行动，他还建议黑尔伯恩跟唐纳德 · 拉姆斯菲尔德办公室的工作人员布奇确认一下这次安排。阿西莫斯把布奇的电话号码给了黑尔伯恩，随后黑尔伯恩打了电话，问国防部是否需要斯佩克特参议员帮忙把阿西莫斯送到伊拉克去。根据黑尔伯恩事后的回忆，布奇给了肯定回答。

黑尔伯恩不明白，为什么国防部部长办公室不能通过军方的运输工具把阿西莫斯送到伊拉克。不过尽管如此，黑尔伯恩还是乐意帮忙的，他为斯佩克特安排了一通电话，打给美国副国务卿理查德 · 阿米蒂奇求助。黑尔伯恩说，阿米蒂奇告诉斯佩克特，他应该找当时正在担任美国驻土耳其大使的马克 · 格罗斯曼（Marc Grossman）谈一谈，他可能会有办法帮助阿西莫斯越过土耳其边界，把他送到伊拉克。黑尔伯恩说他联系到了马克 · 格罗斯曼，格罗斯曼也同意帮忙。

布奇说，他确定最后是凭借一己之力成功地帮助阿西莫斯抵达了伊拉克的。因为他最后做了安排，在一架飞往库尔德斯坦的军用飞机上为他的朋友预留了一个开放席位。不过这个举动在后来的日子里竟也为布奇在华盛顿带来了不小的麻烦。他说并不记得黑尔伯恩曾经打电话给他，讨论阿西莫斯去巴格达的事情，但他却记得阿西莫斯仅以其自己的名义打电话来向他求助。“就在我们实施对伊拉克的入侵行动之后，他打电话给我说：‘如果能够到达库尔德斯坦，那将会是非常有帮助的。你有没有什么办法能帮帮我呢？’我说：‘我不知道。不过我会帮你问问看的。’”

布奇似乎并不很清楚阿西莫斯到伊拉克去到底是为了做什么，但是他说：“我当时相信他仍然还是在为（马特里-赖斯律师事务所）工作的，但我也相信他在为我们这些政府人员提供着有用的信息。”所以布奇打了一些电话。在一次采访中，布奇回忆道：“我基本上为他担保了——我说他是在进行合法的工作，还说他在过去所收集的情报信息一直都对我们情报部门有用。我还说他是一个合法的人，于是他们就让他上了飞机，并把他送到了伊拉克。”

★

在2003年4月成功抵达库尔德武装所控制的伊拉克北部地区之后，阿西莫斯联系上了由伊拉克国民大会创建的一小股贫民武装力量。伊拉克国民大会是由艾哈迈德·沙拉比（Ahmed Chalabi）领导的伊拉克流亡组织，在华盛顿，很多人都希望这个广受争议的组织能够站出来，在伊拉克建立一个后萨达姆时代的政权。

沙拉比试图有效利用他所集合起来的小股军队，帮助他耀武扬威地挺进巴格达。在入侵行动的前夕，他在伊拉克北部库尔德武装控制地区集合了自己的大约七百人的武装力量。但是沙拉比缺少美国军队的官方正式支持，这就意味着他的军队得不到交通运输支持，同时得不到法律支持，这样也就不能参与进入巴格达的行动。

不过，艾哈迈德·沙拉比终于通过一个秘密程序成功得到了国防部的认可，得以将自己的武装力量从库尔德斯坦空运到伊拉克南部军事重镇纳西里耶附近的一个由美军占领的空军基地。这让布什政府大多数高级官员都大吃一惊。很快，沙拉比就开着车，带着自己的军队挺进了巴格达，并且在巴格达狩猎俱乐部的旧址上驻扎下来。

空运艾哈迈德·沙拉比武装力量的行为在华盛顿引起了一轮激烈的口水战，一些高级官员将这一举动看成是政府企图将沙拉比推上执政领导地位的一次厚颜无耻的企图。事情看起来好像沃尔福威茨——可能还包括迪克·切尼以及政府中的另外一些强硬路线分子——正在准备发动一场突然的政变，利用战争造成的混乱局面，在任何其他人还没有来得及填补空白之前，就把沙拉比扶上伊拉克领导的位子。

结果，华盛顿开始仔细彻底地检查沙拉比的军事行动，而调查过程中又牵涉到了一位美国前任军官、疑似查尔斯顿市马特里-赖斯律师事务所的一位调查员，这个人叫迈克尔·阿西莫斯。这件事使他在伊拉克的突然出现变得更加具有神秘色彩。

当沙拉比和他的主要武装力量被空运到纳西里耶的时候，武装力量中的大约三分之一留在了伊拉克北部。而阿西莫斯在库尔德斯坦成功地找到了他们。他将自己介绍给伊拉克国民大会的一位政治官员纳比尔·穆萨维（Nabeel Musawi）——沙拉比带领大部队开拔时，将其留在北方负责掌管余下军队。阿西莫斯告诉穆萨维，自己是美国国防部安排过来帮助伊拉克国民大会的，而穆萨维说欢迎他加入他们并和他们一起向南进军，同沙拉比以及身在巴格达的其他伊拉克国民大会军成员们会合。他们最终在四月中旬抵达了巴格达，比起沙拉比从南方抵达巴格达，只晚了大概一两天。

当他们抵达巴格达狩猎俱乐部的时候，其中一辆伊拉克国民大会的卡车上坐着身背霰弹枪的阿西莫斯，沙拉比的高级副官们立刻对他产生了怀疑。阿西莫斯当时留着长头发，大腿上绑着一把手枪，身上穿的防弹马甲看起来就像战地记者穿的。沙拉比的一位核心顾问萨布·塞斯纳（Zaab Sethna）向比尔·穆萨维问起了这位陌生人。塞斯纳回忆说："他告诉我他叫迈克尔，是从美国国防部来的，这个人真的很有帮助。"阿西莫斯向一个长期担任沙拉比发言人的美国人弗朗西斯·布鲁克（Francis Brooke）作了自我介绍，并告诉对方，自己是美国特种部队的一位前任军官，被国防部部长办公室派过来帮助伊拉克国民大会。

弗朗西斯·布鲁克回忆说，阿西莫斯随身携带了大量现金——大约有25000美元——还说他还带有看起来像是美国国防部发布的官方行动命令之类的东西。"他说他是从美国国防部部长办公室来的，而他出现在这里就是为了助我们一臂之力。"布鲁克回忆说，"他说自己是一名高级特工，但总是含糊其辞。我恨不得立刻把他赶走，这个人的气息总是怪怪的。"

在2003年4月阿西莫斯从伊拉克发回的一封电子邮件中，他告诉还在美国为马特里-赖斯律师事务所工作的其他调查员们："已经锁定了几件事情，这真的会对查尔斯顿的伙计们有很大的帮助，但想要摆脱束缚、自由地追查这些事情就比较困难了。请帮我联系一些在华盛顿特区工作的伙伴，使我摆脱束缚单独行动，以便我能够进行调查。"在这封邮件中，他对帕特里克·约斯特说："如果您知道任何具体明确的事项、记录、文档或个人，需要我在这边进行查找的，请告诉我。"

阿西莫斯向沙拉比的助手们暗示，自己有兴趣得到沙拉比团队早先从伊拉克政府部门中着手搜集起来的一些文档资料，尤其是从伊拉克情报部门高层指挥部搜集到的那些。沙拉比利用他的民兵组织追踪萨达姆政权留下来的那些文件，行动起来比美国军队和中央情报局都更加敏捷迅速。而且沙拉比已经开始建立自己的伊拉克秘密情报档案的资料库了。弗朗西斯·布鲁克回忆说："阿西莫斯对这些文档资料感兴趣，他想要看看我们都拿到了些什么。"

尽管人们还不清楚阿西莫斯在这些文档中在寻找什么，但布什政府内部包括切尼和沃尔福威茨在内的一些新保守主义者在当时还是急切地希望能够找到证据证明萨达姆和“9·11”恐怖袭击事件之间是有联系的。他们早就试图通过这样一种联系来为美国入侵伊拉克的行为正名，所以，很有可能是美国政府的这些新保守主义者们急切地试图拿到沙拉比收集到的那些文档库存，从中找出证据为他们入侵伊拉克的决定作辩护。然而最终的事实证明这样的证据似乎也还是虚无缥缈，难以寻觅。

但美国国防部没有任何一个人特意告诉过伊拉克国民大会的人说阿西莫斯要来帮助他们。事实上，负责伊拉克入侵行动的军队指挥部门——美国中央司令部，此前早就向伊拉克国民大会派去了一位军官作联络人员。美国军官泰德·西尔（Ted Seel）上校是驻伊拉克美军和沙拉比集团之间负责联络的官方人员，他对于阿西莫斯的出现也感到惊讶和困惑。泰德·西尔回忆说：“他的出场十分华丽醒目，整个人都不同凡响。”西尔又补充道：“他以非常显眼的方式到来，看起来好像扮演着重要角色。他告诉我到这里来是因为美国国防部部长办公室派他来的。但他还说他同时代表着一家律师事务所，出于查案子的需要，在巴格达有一些人是需要他去采访的。他说到那里去既是为了国防部部长办公室，也是为了律师事务所，所以我也搞不清楚，阿西莫斯到底是为谁干活儿的。”

泰德·西尔将阿西莫斯在伊拉克国民大会地盘上的出现报告给了他在美国中央司令部的上级，并且问他们能否确定这个人到底是不是国防部部长办公室派来的。西尔称，自己不记得收到过什么样的答复了，如果真的有答复的话。

弗朗西斯·布鲁克也断定自己需要直接跟华盛顿的人彻底弄清楚这个神秘男人的底细。阿西莫斯自己也告诉过布鲁克，说他可以给拉姆斯菲尔德办公室的布奇打电话，这样就可以确认他到那里是代表了国防部部长办公室的。但布鲁克自己在美国国防部的最高层也有情报关系人，所以他打电话给沃尔福威茨的一位高级助手。“我说有一个家伙跑到我们这里，说自己是从国防部来的，他还声称我们可以找史蒂夫·布奇来确认他的身份。”布鲁克回忆说。沃尔福威茨的这位助手同意调查一下这件事情。

“一天之后，我又打电话过去了，而沃尔福威茨的工作人员告诉我，没有人知道这个阿西莫斯到底是谁。沃尔福威茨办公室根本没有人认识他。”布鲁克回忆说，“我逮到了阿西莫斯，告诉他国防部根本没有人认识他。”布鲁克继续说道：“我和他当面对质，我说：‘你不是为美国国防部部长办公室工作的，给我出去！’然后大约不到五分钟，他就离开了。”

布鲁克说，阿西莫斯走出了沙拉比的营地，没有开车，甚至都没有搭乘车辆，从此就蒸发了，再也没有听说过他。布鲁克称，第二天他接到了一个从沃尔福威茨的助手那里打来的电话，那位助手说他们应该扣留阿西莫斯。“我们没有任何办法可以逮捕人，”布鲁克回忆道，“更何况，阿西莫斯已经走了。”对于布鲁克以及伊拉克国民大会的其他人来说，阿西莫斯始终是一个令人困惑的谜团。布鲁克的电话为他在国防部的情报联系人拉响了警报，后者开始顺着阿西莫斯的关系追查到了布奇。布奇说他很随意地承认了曾经安排阿西莫斯通过美国军方飞机到达伊拉克的这次旅行。这让布奇遭到了一顿口头训诫，并且被明确警告，今后不许再做类似的事情了。

★

在被驱逐出巴格达的伊拉克国民大会营地之后，阿西莫斯启程回到了伊拉克北部。在那里，他联系到了马特里-赖斯律师事务所。在2003年4月25日写给事务所其他调查员们的一封电子邮件中，阿西莫斯说他“和伊拉克国民大会的人一起成功抵达了巴格达，度过了数日，但很快又被召回到伊拉克北部了”。他还补充说，他希望自己能够在两到三周之内离开伊拉克，因为“我在伊拉克重建事务中担任一个角色”看起来好像“不太可能了，因为想让我为之工作的那位关键人物已经不参与其中了”。他说他现在希望自己能够将全部的注意力转移到“9·11”诉讼案上来。“我认为这也正是国防部部长办公室希望我做的事情。”

布奇坚称，阿西莫斯到伊拉克去，不是受了国防部部长办公室的委派，至于阿西莫斯向人们所说的，以及为什么这样说，他也没什么好谈的。但布奇又说，如果他的这位朋友（阿西莫斯）说这些话是为了保证自己的安全，那事情就合情合理了。“（阿西莫斯）对于求生这方面是非常非常有天赋的，而他所工作的环境也要求他有一定程度上的语言控制技巧。我做过情报收集员……你拿着报酬，得去跟一些人说他们是你的朋友……然而你并不真正关心他们到底是不是你的朋友。所以在情报收集工作中，善于撒谎或许并不一定能够称作是人格上的瑕疵。这叫一种策略。在我的印象里，阿西莫斯关于他正在做什么事、过去做过什么事从来没有对我撒过谎。我们是非常要好的朋友，这一点是真的，绝对没有掺假。但如果有人根据这一点就说我是他的背后操纵者，那就不对了。”

★

在2003年6月，距离阿西莫斯从伊拉克返回刚刚过去了几个星期，马特里－赖斯律师事务所以及其他参与“9·11”诉讼案件的律师们就支持成立了一家新的公司，罗塞塔调研与咨询有限责任公司（Rosetta Research and Consulting LLC），为“9·11”诉讼案进行调查工作。乔·赖斯回忆说，成立这家公司是阿西莫斯的主意。他告诉马特里－赖斯律师事务所的律师们说，布什政府已经不会跟他们原来的公司订立合同了，所以阿西莫斯提议成立了一家分公司，这样就可以拿到政府的订单，同时又可以为“9·11”诉讼案做调查工作。哈利·休奇被任命为罗塞塔公司的董事长，但真正负责运行罗塞塔公司的，是阿西莫斯和马特里－赖斯律师事务所的另一位调查员帕特里克·约斯特。

除了能得到政府的订单契约之外，建立一家分公司来进行调查活动看起来还有另外的几项好处。它可以让马特里-赖斯律师事务所吸引到外面的投资者来资助调查活动，还能为事务所提供一个机会，可以把自己搜集到的数据库中大量的情报信息通过罗塞塔调研与咨询有限责任公司卖出去，进而将这些情报转化成资本积累。

数据库中的情报大多都是从在德国和西班牙进行的关于恐怖主义的犯罪调查中得到的文档。哈利·休奇此前曾前往德国和西班牙会见一些检察官们，他们所负责的那些案件，都跟“9·11”袭击事件有着直接的联系。休奇说在德国交到了一个朋友叫沃尔特·汉姆伯格（Walter Hemberger），他是德国关于基地组织汉堡支部的犯罪调查中的首席检察官，而基地组织汉堡支部的成员包括间谍头目穆罕默德·阿塔。汉姆伯格同意把德国警方在本案中获得的全部档案资料都送给休奇以及马特里-赖斯律师事务所。他甚至同意任命休奇作为一位协助起诉人，这让休奇有机会得到德国人收集到的任何一份文件及证据。在西班牙，哈利·休奇也做了类似的事情，他和巴尔塔萨·加尔宗订立了类似的协议。加尔宗是一位西班牙地方法官，负责监管基地组织西班牙支部的成员们被指控为“9·11”恐怖袭击者的案件。

很快，马特里-赖斯律师事务所的总部就接到了如洪水一般从德国和西班牙滚滚而来的文档资料。这些资料，德国人和西班牙人甚至曾经拒绝提供给美国政府，至少一定程度上是由于对布什政府在反恐战争中的单方面擅自行动心怀不满。马特里-赖斯律师事务所开始建立起了巨大的情报数据库，后来的事实证明，这是该公司从“9·11”诉讼案当中得到的最有价值的资产。

★

事实上，马特里-赖斯律师事务所对罗塞塔公司从来没有太多的监督，罗塞塔公司很快就变成了阿西莫斯用来运行操作的一个工具——那些操作表面看起来好像既是为了律师事务所，又是为了美国政府而进行的。在罗塞塔公司2004年的一份内部备忘录中，阿西莫斯明确表示，即便“9·11”诉讼案的调查工作本应该是罗塞塔公司的首要任务，他所做的工作当中还是有很大一部分跟美国政府有关。阿西莫斯说，他有65%的时间和精力都花费在了为美国政府工作上——即便罗塞塔公司并没有和政府之间订立任何合同契约。他写道，他正在获得文档信息并从中为政府提取关键的证据，用这种方式支持“美国政府进行的抗击恐怖主义资助活动的斗争”。

尽管罗塞塔公司并没有从它为政府所做的工作当中获得任何报酬，并且仅仅是靠着从马特里-赖斯律师事务所以及其他投资方那里来的资金艰难度日，但有证据显示，该公司绝不只是把它在“9·11”诉讼案的调查过程中收集到的情报信息简单地和政府共享：有些时候，美国政府官员们在决定该公司的信息收集对象上似乎也扮演着很积极的角色。

阿西莫斯把他称之为“KIL名单”或“关键知情人名单”的东西跟其他的调查员们分享。这是一份记录册，据称记录着他们团队需要试图联系的一些很有价值的人。到2004年的时候，这份名单上有大约25个人名，上面大多数都是阿富汗人，其中很多人被怀疑与塔利班以及阿富汗毒品交易活动有关系。在好几次采访中，帕特里克·约斯特都回忆起在华盛顿市区的索菲特酒店的宾馆房间里参加过一些小的会议。约斯特说，在酒店房间里，阿西莫斯会见了国防部的官员们，讨论到底应该在名单里写上哪些人（据约斯特说，他在一次会议上见到一位国防部官员道格拉斯·费思，不过费思不承认自己参加过这样一次会议）。“KIL名单”上记录的其中一个阿富汗人就是哈吉·巴希尔·努尔扎依（Haji Bashir Noorzai），一个最终成为了罗塞塔公司工作焦点的毒品贩子。

在2004年，阿西莫斯与美国国防部之间的不为人知的神秘联系一度似乎开始有所衰减了，至少暂时来看是这样。可以肯定的是，阿西莫斯看来还与一些国防部的官员们继续保持着联系，尤其是和那些国防情报局的官员们。但很快，阿西莫斯又在美国政府机构中找到了一个新的照料者和保护者，那就是联邦调查局。

★

迈克·迪克（Mike Dick）看起来像一个警察。他身材矮壮结实，面孔疏朗，就像那种之前大半生时间都花费在新泽西付费公路上指挥司机们开车的人。但迈克·迪克也是一个野心勃勃的人，所以他在联邦调查局那里获得了成功。

但在数年之内的一系列的采访中（这一系列的采访期间还伴随着2013年迈克·迪克状告美国司法部以及联邦调查局的一场诉讼案），有一件事情开始变得明朗，那就是迪克从来没有得到过他在联邦调查局的上级的赏识。迈克·迪克1996年加入联邦调查局，在“9·11”事件之后接受了一项危险的任命，要去巴基斯坦执行任务。他还说自己当时参与了关于《华尔街日报》记者丹尼尔·珀尔（Daniel Pearl）被谋杀的案件的调查。他还是一位美军候补军官，隶属于美国特种作战司令部。然而，他却从来不是一个得到了自己认为应得的赏识与承认的人。他看起来很沮丧。在联邦调查局内部，他似乎并没有任何途径取得突破，成为一个明星人物。

当迈克·迪克调转工作到联邦调查局的恐怖融资业务科的时候，他希望事情会有所改变。恐怖融资业务科设在联邦调查局的华盛顿总部，那是联邦调查局一帮酒囊饭袋组成的团队，这个组织在人们开始认识到应当从基地组织获得资金支持的角度去调查“9·11”恐怖袭击事件的时候就成立了。在“9·11”事件过后疯狂的日子里，丹尼斯·洛梅尔（Dennis Lormel）——一位文静、性格平和的联邦调查局高级特工及法庭财务调查专家——接到任命，负责掌管“9·11”恐怖袭击事件调查行动的财政方面的调查。“9·11”恐怖袭击事件调查行动，代号为PENNTBOM。而对于丹尼斯·洛梅尔的这个任命，多少有点事后诸葛亮的意思。洛梅尔一经受命，他的团队马上就拿出了成果。联邦调查局的高级官员们一开始还十分倚重调查局的实地调查办公室，尤其是对设在纽约和波士顿的两个，指望着能够发挥主力作用。但丹尼斯·洛梅尔领导的小小的犯罪财政小组却很快地将恐怖袭击者生活经历当中的一些碎片信息拼凑组合起来，并要求各个实地调查办公室跟上他们的领导脚步，而不是完全相反，充当调查办公室的跟随者——这一点令负责掌管实地调查办公室的高级特工们大为恼火。最终，洛梅尔通过关于19位恐怖袭击分子获得的40万美元资助的书面审讯记录，成功利用拼凑的细节得到了一个对案情的综合理解。

洛梅尔的成功让联邦调查局的高层管理者们深深信服，他们决定将他的这个团队变成一个常设机构。而正因如此，联邦调查局的恐怖融资业务科在2002年成立了，丹尼斯·洛梅尔就是该机构的第一任科长。恰恰就在罗纳德·马特里做好准备，开始提起控告沙特阿拉伯资助“9·11”恐怖袭击事件的大宗诉讼案的时候，洛梅尔正成为整个美国在恐怖主义融资调查方面的最高官员。

洛梅尔2003年从联邦调查局退休，进入了华盛顿地区的一家私人企业。据洛梅尔回忆，从联邦调查局退休之后，迈克尔·阿西莫斯试图结交他。当时阿西莫斯正试图在政府当中寻找一个新的辅助者。阿西莫斯希望洛梅尔能够为他在联邦调查局的恐怖融资业务科打开门路，一方面因为国防部对他的支持和兴趣都在衰减，另一方面，恐怖融资业务科看起来的确是罗塞塔公司的一个绝佳归宿。

阿西莫斯告诉洛梅尔，罗塞塔公司正在运用“特殊的手段”，获取来自全世界各地的档案情报，还说这家公司愿意将情报信息卖给联邦调查局。洛梅尔感到疑惑，阿西莫斯所说的“特殊的手段”指的到底是什么呢？他随后说，自己感到疑惑，也是因为推断不出罗塞塔公司的背后操控者到底是谁。洛梅尔说，他最后告诉阿西莫斯自己帮不了什么忙。

洛梅尔以为事情的结局也就是如此了，但阿西莫斯又在联邦调查局开始了新一轮行动，并且最终找到了一个愿意合作的人，这就是迈克·迪克。

迈克·迪克是布赖恩·马伦的朋友，两人是一起在新泽西州的纽瓦克工作时认识的。罗塞塔公司激起了迪克的好奇心。阿西莫斯向迪克明确表示他愿意将罗塞塔公司的情报信息免费向联邦调查局恐怖融资业务科分享，而且还不用订立合同契约，至少一开始不用订立。阿西莫斯看起来似乎还很愿意为联邦调查局执行一些行动，而迪克觉得这样主动送上门的好意实在是太热情了，根本没理由拒绝。

迈克·迪克就这样开始了与罗塞塔公司之间的秘密联系。据迪克后来称，他这一举动得到了当时恐怖融资业务科的许可，还得到了一位联邦调查局律师的合法性论证。在同联邦调查局之间既没有合同契约也没有正式协议的情况下，罗塞塔公司事实上成了联邦调查局的一个调查工作辅助机构。在后来一次案件庭审写下的宣誓证词里，帕特里克·约斯特说，迪克、阿西莫斯以及布赖恩·马伦曾经"都告诉过我说，罗塞塔公司已被指定为美国联邦调查局的一个秘密行动机构了"。在这个过程中，迪克要么成了阿西莫斯的管理者，要么成了他的协助者。

到了2004年春天的时候，美国联邦调查局和罗塞塔公司之间的协作已经非常紧密了，以至于迈克·迪克在罗塞塔公司都已经拥有了自己的邮箱账号。他定期接收着从阿西莫斯和布赖恩·马伦那里送来的情报，一方面又交给他们任务，让他们为联邦调查局再多弄一些情报。2013年，迈克·迪克在他提起的控告美国司法部和联邦调查局的诉讼案中，关于他与罗塞塔公司之间的关系做出了自己的解释。诉讼案陈述中写道："（迪克）是接受了委派，保证从马特里–赖斯律师事务所那里得到情报信息。事务所代表着'9·11'事件受害者家庭一方，而这些人正在进行着一场针对沙特阿拉伯高层官员和银行家们的民事诉讼。迪克是为了从马特里公司那里拿到情报，但并不会公开披露来自联邦调查局的任何情报。迪克谨小慎微、一丝不苟地遵循着政策办事。从'9·11'事件受害者家庭到联邦调查局的情报信息流动是单向的。”

在这次案件中，迪克还解释了联邦调查局利用罗塞塔公司所带来的好处。本案陈词中说，马特里–赖斯律师事务所的私人调查员们“在美国境外的地方追寻着情报线索，他们还不用担忧成为监督对象”，受到美国联邦法律强制约束或者美国军方的强行管制。

迈克尔·阿西莫斯和布赖恩·马伦所写的很多罗塞塔公司的内部报告都被发送给了迈克·迪克。根据罗塞塔公司内部电子邮件以及其他文档显示，迈克·迪克在罗塞塔公司的代号名称叫做GM，或者是“Go Mike”。

在2004年9月17日给迈克·迪克和其他人的一封电子邮件中，阿西莫斯写道：“已经收到了来自S12的相关文档。”这里的S12指的是一位情报提供人员的代号名称。阿西莫斯还写道：“他是从ISI（Inter-Services Intelligence Directorate，巴基斯坦三军情报局）得到情报的。这些文档包含大量恐怖活动资助者的照片以及身份信息。这些资助者在巴基斯坦白沙瓦市的一家假冒的慈善机构工作。在‘9·11’恐怖袭击事件发生后，三军情报局立刻帮助他们启程离开了白沙瓦。你们应该追查名单上的这些人。如果他们暂时还不在美国政府的数据库中，那就需要立刻加进去。”

根据约斯特的说法和罗塞塔公司的内部文档记载，很快，一位联邦调查局分析师也牵涉进了罗塞塔公司与联邦调查局之间的关系当中。他在查找联邦调查局数据库，有时候做些记录，看看阿西莫斯都在和什么人见面，又试图选取哪些人作为新的情报提供人。尽管罗塞塔公司拿着从马特里–赖斯律师事务所和其他私人投资者那里提供来的数百万美元的财政支持，却有证据显示，其所进行的工作当中有一部分是为了迈克·迪克和美国联邦调查局的利益，而并非仅仅为了“9·11”诉讼案。

根据约斯特的说法，阿西莫斯经常试图劝说马特里以及马特里–赖斯律师事务所的其他律师们相信，他在全世界筛选出来的这些情报提供人是会对伯内特诉讼案有帮助的。但约斯特认为阿西莫斯仅仅只是在安慰马特里。与此同时，他所进行的操作，从根本上讲首先受到美国政府的影响。

约斯特抱怨道，阿西莫斯对那些仅仅有利于马特里-赖斯律师事务所和“9·11”诉讼案的调查，表现是很消极的。约斯特回忆起在某个场合自己收到了一份婚礼的邀请，那个婚礼的参加者中会包括哈立德·本·马赫福兹，这个人对于当时负责“9·11”诉讼案的马特里-赖斯律师事务所律师们来说有着巨大价值。约斯特希望这次重大社交活动能够提供一个机会，使他与哈立德·本·马赫福兹交谈一番，或许还能跟他最亲近的熟人们建立关系网。但阿西莫斯却拒绝让罗塞塔公司为约斯特这次旅行支付费用。约斯特说他敢肯定阿西莫斯不想追查这位领导人物，就是因为他对于美国政府官员来说并没有任何吸引力。

一位居住在伦敦的阿富汗政府官员成了罗塞塔公司最重要的情报提供人之一。当时他在阿富汗驻伦敦的大使馆工作，在罗塞塔公司的许多内部文件中，这位外交官被冠以代号“S-1”。在一系列采访中，约斯特说，罗塞塔公司曾经在支付常规报酬的基础上，向这位外交官支付巨额费用以换取一些情报和协助，包括帮助阿西莫斯获得签证及其他文件以进出阿富汗国境。后来，在向纽约一场刑事诉讼的一位辩护律师提交的宣誓证词里，约斯特说他曾告诉美国司法部的总监关于罗塞塔公司向S-1提供经济报酬的事情，他把S-1描述成“一位在伦敦供职的阿富汗外交官”。除此之外，一份与罗塞塔公司有着直接联系的情报消息表明，有一次，阿西莫斯还以个人名义向身在伦敦的一个阿富汗人邮寄过现金，这个人在罗塞塔公司的代号名称，就是S-1。

★

尽管看起来阿西莫斯可能一直都是在美国国防部或联邦调查局的

官员们的指挥下开展行动的，但他们强加在阿西莫斯身上的监管却并不比马特里–赖斯律师事务所多多少。在没有什么监督指导的情况下，罗塞塔公司似乎形成了一个范围广泛却无计划、并且甚至有点铺张浪费的情报消息来源网络。这样的事实，有时自然不可避免地让事情走进死胡同，有时则会带来奇怪的偶遇。

S–1的一些朋友，那些背井离乡、长期生活在伦敦的阿富汗侨居者们也开始为罗塞塔公司做事了，他们都有了自己的代号名称。帕特里克·约斯特回忆说，为了让他们的私人情报提供者们更开心，公司甚至委派给他一个任务，那就是在英国找一些律师去帮助S–1的一些住在伦敦的阿富汗朋友们解决他们的移民问题。S–1“经常要求罗塞塔公司帮助身在伦敦的阿富汗人——比如法律问题、政治避难请愿、解决就业，诸如此类”。约斯特在后来的一份备忘录中写道：“做这件事情也是永远有优先权的，因为需要一直取悦他。”

没过多久，在阿富汗侨民之间就开始流传一些言论，讨论他们从罗塞塔公司可能会得到多少钱。根据布赖恩·马伦给阿西莫斯和迈克·迪克的一份罗塞塔公司备忘录中记载，一位认识S–1、当时居住在瑞典的阿富汗人“很愿意跟罗塞塔公司之间开展合作以换取经济收入”。

S–1声称这位情报提供人拥有一些关于在喀布尔可能会进行的一场5千克铀交易的情报，他还能够帮助罗塞塔公司找到穆拉·奥玛尔（Mullah Omar）——这位塔利班领导人自从美国领导多国部队入侵阿富汗时就一直躲藏在巴基斯坦。S–1还声称，这位情报提供人是最近才从巴基斯坦的基达市移民到瑞典的。“S–1声称这个人最近在瑞典见到了一个阿富汗人，身上携带重要情报。”在2004年5月发送给阿西莫斯和迈克·迪克两人的一份罗塞塔公司报告中，布赖恩·马伦如是写道，“根据S–1的说法，这个人的家族成员处在与穆拉·奥玛尔有着直接接触的亲密交际圈之内。S–1相信这个人可以帮助美国锁定穆拉·奥玛尔的位置，作为交换，他想要得到2500万美元的报酬。S–1说，这个人拥有一些情报信息，是关于在喀布尔可能会进行的一场大约5千克铀的交易的。”

然而，布赖恩·马伦在抵达瑞典的哥德堡并采访了那个人之后，向公司发回报告说，这位新的联系人是一位父亲，有四个孩子，还是一位拿着政府救济金的瑞典公民。这个人走路都需要拄着拐杖，他说他所以想要为罗塞塔公司工作，是为了赚钱给自己做背部手术。

另一位急切想要合作的情报提供人是一位居住在德国的伊朗人，化名叫做哈米德·雷扎·扎克利。这个人声称自己曾经身为伊朗的一位高级情报官员，还说自己掌握着一手情报：奥萨玛·本·拉登以及他的基地组织二号人物艾曼·扎瓦希里（Ayman al-Zawahiri）其实长期以来一直都居住在伊朗。这位伊朗人的关于可能在伊朗目击过本·拉登的情报信息在罗塞塔公司的一份实地考察报告中被描绘得淋漓尽致、扣人心弦。“本·拉登和扎瓦希里都化装成伊朗神职人员的样子，戴着黑色的长头巾。”这位伊朗人描述道。当时他在伊朗的那吉玛巴德（Najmabad），看到他们走出一辆丰田“陆地巡洋舰”，步行进入了一处场地。

阿西莫斯和马伦亲自来到了柏林，在一家万豪酒店的分店采访了哈米德·雷扎·扎克利。这位伊朗人首先进行了一次关于伊朗的国家安全机构总体上的讨论，然后才停下来说，他希望得到一份契约性的合同，之后才能提供更多细节上的信息。阿西莫斯向马特里-赖斯律师事务所的律师们发了电子邮件，建议他们立刻拟定一份契约，至于报酬，要看扎克利通过测谎试验的结果来定。

受雇对扎克利进行测谎试验的人员最终得出结论：这个伊朗人就是一个“骗子”，还是一个并不高明的骗子，这个人“关于正确进行谍报技术工作的知识简直少得可怜”。另外，测谎试验人员还报告说，扎克利之前曾试图将情报卖给很多家情报机构，包括美国、法国、德国以及瑞典的情报部门，但都失败了。根据2004年3月罗塞塔公司关于此事的一份报告称，在两天的采访测试之后，测谎试验人员最终断定：扎克利“答错了所有的重要问题”。测谎试验人员还报告说，扎克利曾经从柏林的旅馆打电话给他，“并企图提出经济上的诱惑条件以求争取他的支持”。

2005年，扎克利通过肯尼思·蒂默曼（Kenneth Timmerman）撰写的一本书走进了公众的视线。这本书名叫《危机倒计时》（*Countdown to Crisis*），书中称，在2001年7月，扎克利向美国中央情报局警告过“9·11”事件将要发生；这本书还说，扎克利持有证据能够证明伊朗对基地组织以及“9·11”恐怖袭击事件的支持。在一次采访中，蒂默曼说，扎克利向他讲述过当初在柏林会见罗塞塔公司人员的时候，自己接受的那场测谎试验。“他让那位测谎试验人员非常不高兴，”蒂默曼回忆说，“因为他装作自己是在为美国联邦调查局工作的，又或者别人介绍他的时候弄得好像他是在为美国联邦调查局工作的一样。”

最终，扎克利还是得以在另一场和“9·11”事件相关的诉讼案件中提供了情报信息，这次案件在纽约的丹尼尔斯法官的法庭上取得了令人瞩目的惊人的成功。2011年11月，丹尼尔斯法官在一次案件中判决，伊朗和黎巴嫩真主党在“9·11”恐怖袭击事件中支持了基地组织。人们所熟知的这个案子的名称叫做“哈瓦立什等诉本·拉登等案”，就像伯内特案一样，是一个被合并入“关于2001年9月11日恐怖袭击的诉讼案”中的案子。扎克利在哈瓦立什案中提供了一份宣誓证词，蒂默曼也提供了。

有强力的证据表明，在与罗塞塔公司接触过的人当中，有一个是名记者，这个人在罗塞塔公司内部文件中被提及时使用的是代号“S-2”。罗塞塔公司的报告以及内部文档中都没有说这个记者曾接受过任何报酬。但公司报告表明，罗塞塔公司至少把这个记者当做是一个极具价值的联系人——可能还是一个有价值的情报提供者。在新闻工作界，一些层面上的情报交易是司空见惯的事情，但这位记者和罗塞塔公司之间的关系则非比寻常。根据罗塞塔公司内部报告与通讯记载，这位记者将一些情报提供者引荐给阿西莫斯和马伦，这些人接下来就成了罗塞塔公司的线人。

根据约斯特的说法和罗塞塔公司的一份内部报告记载，这位记者在2004年曾和布赖恩·马伦一起在伦敦参与了一次针对某疑似伊斯兰极端主义分子的监视行动；但这两个人被英国当局叫去，对这次监视行动进行了讯问。尽管罗塞塔公司的报告里关于这件事情有着详细的叙述，但马伦还是不承认发生过。在2004年5月份，当马伦和S-2正要试图执行他们的监视行动时，他们被当地一位警官要求跟他去伦敦的巴金警察局走一趟。大约三个小时后，两位从新苏格兰场英国警察总部反恐分部来的侦探到达了警察局。马伦写道："他们两个看起来都不是那么友好。"他们还"建议"马伦放弃自己的努力。

这位记者甚至还被罗塞塔公司分配了一个自己的企业邮箱账号，而邮箱记录显示这位记者的确使用过。罗塞塔公司内部备忘录显示，阿西莫斯和马伦曾经试图"委派"这位记者去进行特定的明确任务。

处在罗塞塔公司情报接收端的美国政府官员们是不是明确地意识到，在利用记者作为情报收集力量这件事情上，他们已经参与了串谋呢？这一点尚不明确。不过美国情报界是禁止美国情报人员伪装成海外记者的，而且对于利用和操纵媒体人进行情报工作也有着严格的管制。所以说，那些牵涉到美国政府与罗塞塔公司之间的关系的官员们可能已触犯了那些规则了。

的确存在这样一种可能性，那就是罗塞塔公司的内部报告显示这位记者是该公司的一个情报提供人，确实有点夸大其词了。这位记者并不承认为罗塞塔公司担任过情报提供者。阿西莫斯和马伦两人也都不承认这个记者曾作为罗塞塔公司的情报人员。

还有一位记者，他向罗塞塔公司引见了英格兰一个最不可救药的大骗子保罗·布兰查德（Paul Blanchard）。这个骗子声称自己拥有非常宝贵的情报，想要提供给他们。布兰查德在过去因为盗窃罪及贩卖毒品罪而被判监禁，但现在他却声称自己和伊斯兰极端主义分子有联系，而这样的联系似乎正可以为罗塞塔公司发挥作用——作为交换条件，罗塞塔公司只需要保护他免受英国那边的法律制裁就行了。马伦要求迈克·迪克以及牵涉到美国联邦调查局和罗塞塔公司之间合作的联邦调查局分析师们进行一下调查，在政府的数据库当中找到关于布兰查德这个人的记录，并对这个新的情报提供者提出些质疑，罗塞塔公司的档案中如是记载。迈克·迪克回复说，联邦调查局的分析师们当时正在“为恐怖主义评估进行一些局部调查”，而分析师们则回复给他们一个名单，上面列举了一些具体的问题。

后来，英国当局起诉了保罗·布兰查德，并宣判其有罪，因为他参与了2003年的一次犯罪活动，企图从一家技术公司里盗走430万英镑。警方还对布兰查德进行逮捕，理由是他还参与了另一场不相干的犯罪阴谋。他试图通过伪造一艘游艇的销售记录这种办法，将375000英镑的黑钱洗白，其实那艘游艇根本不存在。

一位配合北约克郡警察局一起调查过保罗·布兰查德的侦探告诉一家英国报纸，调查员们“发现，在他过去所从事的所有业务活动中，绝难找出任何一项活动是诚实合法的”。

罗塞塔公司的内部通讯中也曾就阿西莫斯向美国联邦调查局及国防情报局转交情报提供人时出现的这些状况提出了一些观点。其中有这样一个例子：有位情报提供人先前在伊斯兰开发银行（Islamic Development Bank）工作过。伊斯兰开发银行是一家总部建立在沙特阿拉伯的跨国金融机构，在阿拉伯国家中扮演着伊斯兰版本的“世界银行”的角色。根据罗塞塔公司的内部文档记载，罗塞塔公司付给这个情报提供人路费，让他从位于英国的家中赶到美国来。在美国，联邦调查局和国防情报局的官员们听取了他的执行任务情况报告。他还跟马特里-赖斯律师事务所的律师们见了面，但迈克·迪克对这个人似乎表现的更为热心。

迪克表扬了罗塞塔公司，因为他们把这个情报提供人以及他关于伊斯兰开发银行的情报信息带给了美国联邦调查局。这件事情在罗塞塔公司的一封内部邮件中曾有记载：

> 嗨，伙计们……刚刚跟你们通过电话……这次干得真是太漂亮了！这个情报提供人这次很成功，他提供了我们感兴趣的关于伊斯兰开发银行的管理团队（当然，是伊斯兰开发银行的非正式行动）的详细信息。他们控制/分配着沙特阿拉伯的资金，让它流向“阿克萨基金会（Al-Aqsa Fund）”。他给了我们关于此事的三个沙特阿拉伯人的姓名，这些都是美国政府之前所不知道的。此外，他还给了我们足够多的线索来锁定这几个住在约旦境内的人……在约旦，这三个人中有两个目前仍然正在向哈马斯组织及其他组织提供资金。我现在正在执行程序，以将这些信息通过美国政府的官方渠道传达给我们的以色列朋友们。

在有些情况下，阿西莫斯是不会向马特里–赖斯律师事务所隐瞒自己究竟与美国政府合作到了怎样的程度的。在关于这位携带了伊斯兰开发银行信息的情报提供人的事件中，阿西莫斯向马特里以及其他参与办理伯内特案的律师们发了一份电子邮件，向他们展示了这位情报提供者和政府调查员之间会面的日程安排：“他会飞抵华盛顿杜勒斯国际机场，并将在那里会见联邦工作人员。”阿西莫斯在2004年写道，“他们会带他到去位于泰森斯角的逸林酒店。”这位情报提供人“和美国政府之间的业务将会是毫无风险性的。事实上，他会被当做美国政府的一位非常有价值的情报提供者来对待。我希望他能够表现的举止得体些（换句话说，不要在中午之前就喝得醉醺醺，不要老是不断地发牢骚抱怨）。他在华盛顿特区的这一周会非常忙碌，接下来会来查尔斯顿。到那个时候，他就完全交给你们了。在他停留在美国这段时间，罗塞塔公司负责支付（这位情报提供人的）全程的旅行、住宿、预算外的费用、每月津贴等花销。”

★

然而，在另一些情况下，阿西莫斯似乎又只是为美国联邦调查局一方工作的。在2004年11月，迈克·迪克向罗塞塔公司求助，让他们帮忙锁定三位美国公民的位置，这三个人在阿富汗被挟持作为人质。“已收到从GM（罗塞塔公司给迈克·迪克起的代号）发出的要求，向罗塞塔公司的情报提供者们询问有关最近在阿富汗被挟持的美国人质（三位被绑架的美国员工）的处境问题。”布赖恩·马伦在2004年11月罗塞塔公司的一份内部报告中如是写道。马伦联系上了罗塞塔公司在伦敦的情报提供者中的一位，委派他设法联系他在自己国家的关系人员，看看是否能够确认那些美国人质的位置。这位在马伦写给阿西莫斯的报告中代号为“S-12”的情报提供者拨打了一系列的电话，并在第二天向罗塞塔公司报告称，他的一位朋友的朋友与那些人质劫持者们认识。马伦于是要求S-12精确定位美国人质们的所在地点。

美国驻喀布尔大使向美国联邦调查局总部询问了关于罗塞塔公司参与这次事件的问题，随后，罗塞塔公司就被勒令中止了它的行动。而联邦调查局的反应是很敏捷的：迈克·迪克显然在预先没有得到上级准许的情况下就将罗塞塔公司招募来帮助进行自己的活动了。联邦调查局的管理官员们制止了迈克·迪克，并且向他做出了一份严厉的口头训诫。“GM原本相信，罗塞塔公司将会被要求在阿富汗地面协助海豹突击队第六分队，以便确定美国人质的位置。”马伦在他的一份罗塞塔公司内部报告中写道，“GM说，在喀布尔的美国大使是先于联邦调查局管理人员们听说这一情况（我们参与调查）的，目前来看，这正在造成问题。GM恐怕要被强令退出罗塞塔公司的项目了……GM遭受了一份严厉的口头训诫……GM认为，在阿富汗的美国人（美国驻喀布尔官员们）对罗塞塔公司并不熟悉，也并不想跟一家私营的组织打什么交道。”

迪克告诉马伦，他自己接到命令，把阿富汗人质调查行动移交给了来自联邦调查局军事联络小组的一位特工。然而根据采访结果和罗塞塔公司的内部报告及其他通讯文件显示，即使在这段小插曲发生之后，罗塞塔公司还是继续为美国政府服务着。

很快，阿西莫斯又将视线特别转移到了招募另一位潜在的情报信息提供者上——这个人就是阿富汗毒品大亨哈吉·巴希尔·努尔扎依。

★

2000年，美国纽约缉毒署办公室的一位年轻特工帕特里克·哈姆莱特收到了一封匿名信。来信者在这封信中揭露，纽约地区存在着一个海洛因交易网络，而这个网络的根源在阿富汗。这封来信引发了一场为时五年的调查，而这次调查最终导致了处在整个毒品网络的阿富汗一端的毒品大亨哈吉·巴希尔·努尔扎依被捕入狱。哈姆莱特长达数年的外出搜集情况的工作使得纽约缉毒署得以在本案中取得突破，然而和后来发生的戏剧性事件比起来，哈姆莱特的所作所为甚至相形见绌了。因为来自罗塞塔公司的迈克尔·阿西莫斯和布赖恩·马伦两个人竟然直接把哈吉·巴希尔·努尔扎依引诱到美国来了，这也成了缉毒署历史上最离奇、最超现实的行动之一。

当哈姆莱特正步步为营地推进着针对努尔扎依的案件时，在整个美国政府里也有其他很多人对这个阿富汗人感兴趣。倒不仅仅因为他在盛产鸦片的阿富汗南部地区是一个臭名昭著的毒品贩子。

努尔扎依还是一个来自坎大哈省的富有的部族首领。而同样出自坎大哈省的，还有著名的塔利班武装。努尔扎依有3个妻子，13个孩子，他们在“9·11”袭击事件发生的时候都居住在巴基斯坦的基达市（Quetta）。在塔利班政权统治下，努尔扎依成了阿富汗海洛因交易领域的重要人物，他掌握着阿富汗的大片罂粟花田，并为塔利班政府提供财政上的支持。

由美国领导的多国部队入侵阿富汗行动推翻了塔利班政权，也对阿富汗的毒品交易产生了巨大的影响。努尔扎依非常聪明，他很快就意识到自己不得不跟这个国家的新来的美国占领者们达成某种程度上的合作。在20世纪90年代，他就同意努力帮助中央情报局去追踪那些美国早先向阿富汗抵抗组织提供的毒刺导弹；在“9·11”事件过后，他觉得自己可以重新开始和美国中央情报局之间的关系了。

2001年11月，努尔扎依在靠近阿富汗和巴基斯坦边界、坎大哈省的斯平布尔达克区（Spin Boldak）会见了一些人，他后来称这些人为美国军方官员。努尔扎依被带往坎大哈省，在那里他被美国人扣留并进行了6天的讯问，内容是关于塔利班政府官员以及他们的行动的。他同意跟军方及中央情报局合作，于是就被释放了。在2002年1月，他交出了15辆卡车装载的武器，其中包括大约400枚对空炮弹，这些炮弹此前曾被塔利班人员藏在了他们家族的领地内。

很快，努尔扎依也开始主动请缨，在塔利班领导人和美国人之间扮演起了中间人的角色。他还帮忙劝说塔利班政府的前任外交部长瓦基尔·艾哈迈德·穆塔瓦基尔（Wakil Ahmad Mutawakil）前来跟美国人会面。而穆塔瓦基尔的父亲就是努尔扎依老家（坎大哈省马伊万德区）的一名穆拉①。

但美国政府内部在应该如何处置努尔扎依的问题上出现了越来越大的困惑，这样的困惑一直持续存在，直到2005年他被捕的时候。尽管当时努尔扎依还在跟美国的军方以及中央情报局进行着交易，但中情局总

① 注：穆拉（mullah）是对伊斯兰教职人员及知识分子的尊称。

指挥部的一个反恐行动小组还是想将他列入他们希望逮捕或杀死的目标人物名单之中。最终，这个反恐行动小组不再针对努尔扎依采取活动，是因为他和中情局在当地的案件承办官员之间又建立了新的关系。

在接下来的几年中，由于美国在阿富汗需要进行的优先事项始终在改变，所以美国政府内部关于努尔扎依的态度始终也摇摆不定。在美国入侵阿富汗行动刚刚结束的那段时间，布什政府是忽视阿富汗毒品交易的。当时毒品交易之所以一度繁荣，是由于美国军方以及情报官员都和阿富汗毒品贩子之间展开了广泛的公开的合作，毒品贩子向美国人提供关于塔利班分子和基地组织的情报信息。在那个时候，努尔扎依是作为一个重要的情报提供人存在的，这一点掩盖了任何其他方面的考量。

阿西莫斯把努尔扎依列在了他的“KIL名单”上，而帕特里克·约斯特说，他相信阿西莫斯被国防情报局或美国联邦调查局授意，将努尔扎依列为目标——国防情报局和联邦调查局大多是对努尔扎依和穆拉·奥马尔之间的关系感兴趣。不过，在一场采访中，迈克·迪克坚持声称阿西莫斯是自己单独列出那份“KIL名单”的，并没有受谁的影响。马特里-赖斯律师事务所的一位被委任从事伯内特案的律师迈克·埃尔斯纳说，他认为阿西莫斯当时之所以努力将努尔扎依带到美国来，是为了让他做“9·11”诉讼案件的一位证人。尽管如此，对情报提供者们的采访以及罗塞塔公司的邮件和文档都显示，此次诱捕努尔扎依的行动，是接受了美国政府官员的命令并与美国政府合作执行的。

就在阿西莫斯以S1——那位在伦敦供职的阿富汗外交官——为中心，着手发展他在阿富汗的情报提供人网络时，他经人介绍认识了一位叫梅耶·巴伯尔（Major Babar）的人，这是一位有着广阔关系网的巴基斯坦三军情报局前任官员。根据他们会谈的录音记载，阿西莫斯告诉梅耶·巴伯尔，如果和罗塞塔公司合作的话，他可能会有机会参加美国的一个非常重要的项目。现如今，阿西莫斯、马伦和巴伯尔三人在巴基斯坦进行的几次秘密会谈的音频记录都已经逐渐解密。这些音频记录揭示了在罗塞塔公司试图诱捕努尔扎依的过程中，到底在多大程度上依赖着巴伯尔，甚至可能还在操控着巴伯尔的行动。巴伯尔作为一个情报提供人，对于罗塞塔公司的价值就在于他可以直接跟努尔扎依进行沟通和联系。

努尔扎依有一位伙伴在美国人的一次突击行动中被击毙，这让他怀疑自己已经成了美国人猎杀的对象之一。自从那件事之后，这位阿富汗毒品大亨就开始过上了潜行隐居的生活，尽量避免自己的行踪被美国人发现。所以阿西莫斯不得不依靠巴伯尔来传递信息并安排与努尔扎依之间的会面。

早在2004年7月的时候，阿西莫斯就跟努尔扎依有过一次最初的电话交流，这次电话是由中间人进行安排的。事后，阿西莫斯向包括迈克·迪克在内的他的同事们发回了一份报告。在对这次电话交流的总结中，阿西莫斯说，他已经告知努尔扎依（在报告中用代号名称HBN指代）：“罗塞塔公司在HBN向美国政府妥协投降这件事情当中，正居于一个潜在的中间人的位置。如果HBN能够同意跟罗塞塔公司合作进行一些项目，并承诺尽其所能与美国政府官员进行合作的话，罗塞塔公司甚至可以作为中间人，为他安排签订一个协议。”阿西莫斯如是写道，“HBN反复重申……自己在今后任何一次会面中的个人安全问题，都会交给罗塞塔公司全权负责。同时，他也表达了一些担忧，希望自己在与罗塞塔公司相关的任何一次会见以及采访中都不会有被捕的风险。”阿西莫斯再次向努尔扎依确认了这一点，并且告诉他：“罗塞塔公司对逮捕HBN这件事并没有任何兴趣，在HBN与罗塞塔公司逐渐进行的任何一次会面过程中，都不会发生那样的举动。”

在巴伯尔的帮助下，阿西莫斯和马伦于当年秋天在迪拜与努尔扎依进行了一次会面，因为在迪拜安排会谈会让努尔扎依觉得安全些。在这次会议的日程表中，迈克·迪克也是被安排在内的，他要来参加会议并商讨一份协议。在这份协议中，努尔扎依将会成为一个完全意义上的、彻彻底底的情报提供人员。阿西莫斯和迪克计划安排让努尔扎依到美国来一趟，为的是和来自美国联邦调查局和国防部的分析师们一起进行一次秘密的任务情况咨询与盘问。

对于迈克·迪克来说，如果能和罗塞塔公司直接合作进行一次“记录中无法查找”的海外秘密行动进而从中获得情报，那么承受官方的压力与风险都是值得的。迪克说，在这次采访中，努尔扎依声称自己拥有关于穆拉·奥马尔目前所在地点的详细情报信息。

迈克·迪克和另一位美国联邦调查局官员当时正打算在2004年10月启程前往迪拜，就在这时候，中央情报局的人突然进来插了一脚，阻碍了他们的行动。

在官方方面，美国驻阿拉伯联合酋长国大使米歇尔·西松（Michele Sison）拒绝为联邦调查局的特工们颁发“过境许可”。“过境许可”是每一个美国政府官员海外旅行时都必须要从当地国家的大使那里得到的大使一级的许可证明。但事实上，米歇尔·西松大使拒绝了他们的请求，是因为中央情报局之前要求她这么做。中央情报局的人在最后的关头终于发现，罗塞塔公司也在参与同努尔扎依之间的合作，因此他们勃然大怒。尽管努尔扎依作为一个情报合作对象并没有被中央情报局出钱买断，但情报局的官员还是很不希望罗塞塔公司与联邦调查局的人也跑过来掺和到他们在阿富汗的各种行动当中。

但阿西莫斯仍然还是需要迈克·迪克的帮助的。在迪拜期间，阿西莫斯为了安排与努尔扎依之间的会谈，花费了巨额的费用，因此他需要立刻有资金注入来弥补这一缺口。迈克·迪克并没有能够说服他在联邦调查局的上司们拨出款项来支付罗塞塔公司在迪拜的巨大花销，毕竟罗塞塔公司甚至还没有和美国的官方签订任何的契约合同。所以迈克·迪克从自己的私人积蓄账号中提取了大约1万美元，并把这些钱汇给了远在迪拜的阿西莫斯。阿西莫斯在回到美国之后就把钱归还给了迪克。“阿西莫斯和马伦当时正在迪拜会见努尔扎依，而我们联邦调查局本来也是打算派人赶过去那边的。”在一次采访中，迈克·迪克如是回忆道，“本来当时是马特里在给他们提供资金。但他突然切断了资金的来源，因为他断定这件事情对于他的案子来说不会再有什么价值了。而阿西莫斯说我们需要3万美元来支付努尔扎依及其全部随行人员和安保人员的开销费用。我当时并没能够从联邦调查局那里得到拨款的同意，联邦调查局对这件事情的反应非常冷淡。我碰了一鼻子灰，所以只好从自己的钱当中拿出1万美元来给他们。事后，他们又把钱归还给了我。”

在其后的日子里，有过一项由美国司法部的总监发起的调查，而在这次调查中，迈克·迪克和阿西莫斯之间进行的那些资金交流，就变成了一个焦点的调查话题。

迈克·迪克这次并没有成行的迪拜之旅以及中央情报局的突然介入似乎给联邦调查局的高层管理官员们造成了触动。这些高层管理官员们开始意识到，由于没能及时地对迈克·迪克和罗塞塔公司之间的关系进行监控，他们已经犯下了很严重的错误。迈克·迪克此前曾向阿西莫斯保证过，罗塞塔公司最终将会被美国联邦调查局授予一份契约合同。但是现在，联邦调查局的高层官员们却再也不想与这家奇奇怪怪的小公司有任何的瓜葛了，他们自然也就拒绝了允诺过的契约合同。当然，他们也不想跟罗塞塔公司先前提出的招募哈吉·巴希尔·努尔扎依作为情报人员的这个计划再有任何的关系了。

但阿西莫斯可不太愿意在努尔扎依这件事上轻易放弃。迈克·迪克也同样不愿意放弃，所以他联系上了一位在美国缉毒署工作的朋友，他当时在缉毒署的特别行动小组，分管努尔扎依的案子。就这样，美国缉毒署决定同意跟罗塞塔公司进行一次合作。美国国防情报局也参与了此事，他们委派了一位高级的缉毒官员前来协助罗塞塔公司办理努尔扎依的案子。但有一件事情阿西莫斯却唯独不知道，那就是美国缉毒署到底打算如何处置努尔扎依。他们是想要把努尔扎依作为一个情报提供人员对待呢，还是仅仅想要逮捕他而已？

根据帕特里克·约斯特的说法，2005年1月，在与一位来自美国纽约南区检察官办公室的检察官博伊德·约翰逊进行的一次会谈过程中，阿西莫斯得到了这个问题的答案。帕特里克·约斯特说他当时也参加了这次会议。阿西莫斯被告知，多亏了从哈姆莱特的调查中汇编过来的那些证据，现在，一份针对努尔扎依的刑事起诉书在美国纽约联邦法庭被提交并盖章通过了。如果罗塞塔公司将努尔扎依带到美国来的话，他是一定会被逮捕起来的。

阿西莫斯和马伦之前已经花费了好几个月的时间，就为了培养和努尔扎依的关系，试图赢得他的信任。他们告诉努尔扎依，他们正在努力安排他到美国来一趟，使他作为一名高级情报提供人员的身份在美国这边彻底确定下来。阿西莫斯也向梅耶·巴伯尔以及努尔扎依身边的其他情报提供者们确定了相同的事情。

在罗塞塔公司2004年7月与努尔扎依身边的一个亲信（情报提供者）的一次会议录音记录中，阿西莫斯告诉这位情报提供者："我们要把这次行动做成一次对所有人有益的共赢的行动。我们会给每一个人带来积极的结果——不仅仅是给美国，也给阿富汗，给你，给哈吉·巴希尔，给所有人带来好的结果。"阿西莫斯补充说："我们的工作不是要抓获塔利班人员，也不是为了将人们放进监狱，我们的工作是为了让人们有机会合作……那才是我们在这里唯一应该做的事情。"

根据帕特里克·约斯特的说法，为了表现自己高度的诚意，阿西莫斯甚至曾许诺安排努尔扎依一个最亲近的朋友的儿子到美国来接受治疗。

约斯特说，在跟这位联邦检察官进行会谈的过程中，阿西莫斯、马伦和自己都对逮捕努尔扎依的计划表示了反对。他们争辩道，对于美国政府来讲，努尔扎依这个人作为一名情报提供人员的价值要远远大于因为毒品交易指控而坐在美国的监牢里。根据约斯特的说法，他们向这位检察官递交了一份建议书，里面详细说明了他们对这次行动的建议；并且警告说，如果这位毒品大亨有个三长两短，那么他的支持者们就会劫持美国的人质，并把他们杀掉。但这位检察官似乎并不为他们所动。

尽管他们之间并没有达成一致，阿西莫斯和马伦还是继续进行了这次活动。他们向梅耶·巴伯尔和努尔扎依发出了一系列的信息，坚持声称他们已经和美国政府达成了一个协议，要让努尔扎依成为一个被高度重视的情报提供人员。努尔扎依也相信，如果他来到美国，就会见到美国国防部长唐纳德·拉姆斯菲尔德。阿西莫斯和马伦确认，努尔扎依没有任何理由怀疑自己这趟旅行会以被逮捕而告终。“我们和美国政府安排好的那些事情，正是我们跟HBN先前在迪拜和在白沙瓦会谈的时候讨论过的。”马伦在给梅耶·巴伯尔的一封电子邮件中写道，“请您告诉HBN耐心等待，不要在这件事情上反悔。”

2005年4月，在进行了几个月的准备之后，阿西莫斯前往巴基斯坦去会见努尔扎依，随后和他一起乘坐商务航班飞往美国纽约。梅耶·巴伯尔也和他们一起乘坐了这次飞机。当他们抵达纽约肯尼迪国际机场时，他们受到美国缉毒署的工作人员接见。他们护送努尔扎依来到曼哈顿酒店，在那里进行了一系列的采访。

布什政府的官员们感到非常震惊，阿西莫斯和马伦最终竟然成功地把这位阿富汗毒品大亨请到了美国。他们如此震惊，甚至于一时间还不能决定到底如何处置这个人。中央情报局和国防部的官员也参与到此事当中，并且在最后关头采取了一次行动，说服美国司法部和美国缉毒署，让他们不要逮捕努尔扎依。这场争论持续了两个星期之久，而与此同时，努尔扎依就坐在宾馆的大使套房里面，回答着美国缉毒署的种种提问。

最终，在这场漫长的采访结束后，美国缉毒署的人逮捕了努尔扎依并把他带进了监狱。第二天，美国联邦检察官们和美国缉毒署的官员们就召开了一次新闻发布会，宣布他们在纽约逮捕了阿富汗的一位非常重要的海洛因贩卖者，但却根本没有解释他们到底是通过什么办法居然在美国境内找到这个人的。

梅耶·巴伯尔也被短暂地拘留了，但随后就获准离开。当回到巴基斯坦后，他受到了三军情报局关于他参与努尔扎依案件的审问。努尔扎依的美国律师伊凡·费希尔后来在巴基斯坦采访了梅耶·巴伯尔，根据他的说法，巴伯尔被巴基斯坦的情报局特务进行了刑讯审问。至于约斯特口中所说的在努尔扎依前往美国时被他的拥护者们所劫持的那些人质们的命运，就再也无人知晓了。

就在刚刚听说努尔扎依被捕的消息之后，马特里–赖斯律师事务所的律师迈克·埃尔斯纳就给阿西莫斯发去了一封电子邮件。在这封邮件中，埃尔斯纳表示他和负责伯内特案件的其他律师们几乎根本搞不懂罗塞塔公司迄今为止到底在做什么。“马特里刚刚告诉我说，努尔扎依在试图进入纽约的时候就被逮捕了，”埃尔斯纳在2005年4月25日的这封邮件中写道，“关于这件事情有什么消息吗？你能不能确认一下？”乔·赖斯回忆说，“我们本来还以为努尔扎依是要到我们这边，帮助我们办理诉讼案子的呢。”

逮捕努尔扎依的行动在美国缉毒署内部看来是一场巨大的胜利，然而关于迈克·迪克和罗塞塔公司在这个案件当中所扮演的角色，总还是有许许多多质疑的声音令人不得安宁。

努尔扎依雇用了伊凡·费希尔，这是纽约一位足智多谋的资深辩护律师。通过一位口译人员的帮助，努尔扎依告诉了费希尔整个事情的经过：他是怎么被两个叫做迈克尔·阿西莫斯和布赖恩·马伦的男子带到美国纽约来的，两人此前向他承诺这次旅行会确保安全，为的是让他成为美国的一位秘密情报提供人员。费希尔进一步深挖这件案子，他想确定阿西莫斯和马伦到底是不是以美国政府工作人员的身份做出了官方认可的正式承诺，要让这位阿富汗人安全抵达美国的。

与此同时，美国司法部总监也试图查明联邦调查局与罗塞塔公司这种说不清道不明的古怪关系。而要进行调查的一个焦点，就是在迈克·迪克和阿西莫斯之间进行的种种资金流转。然而，关于罗塞塔公司的故事实在太过离奇，也太过令人困窘，所以牵涉到此事的很多人都有足够的理由想要把这件事情压下去。但让他们没有料到的是，帕特里克·约斯特对罗塞塔公司的态度发生了转变。

美国司法部总监派来的调查员们对帕特里克·约斯特施加压力，强迫他说出实情，并且强迫他在接受法庭传唤的时候提供罗塞塔公司的文档资料。约斯特在采访中说，他们威胁他，要以触犯中立法案和海外反腐败法的罪名起诉他。但他们真正想要的，不过是针对迈克·迪克的不利证据，因为美国司法部总监这次行动的目的就是为了调查在联邦调查局以及司法部内部的腐败行为。所以，为了把自己排除在这次调查的嫌疑人范围之外，约斯特同意和迈克·迪克进行一次电话交流，试图使他承认自己从罗塞塔公司那里收取过钱财；而这次通话是被录音的。

在这次被录音的电话谈话中，迈克·迪克告诉约斯特，当阿西莫斯和马伦在迪拜的时候，自己曾借钱给他们。这个答案当然不能让司法部总监派来的调查员们满意，约斯特在关于努尔扎依案件的一份宣誓证词中说道。在一次采访中，迪克说他随后被人告知，约斯特将那次与他进行的电话交谈录了音，这是应美国司法部总监的要求做的。

在2013年的诉讼案中，迪克声称，美国司法部总监发起的针对自己的这场调查从2005年一直持续到2006年。在2007年，他被司法部总监明确告知，自己被排除了刑事犯罪的嫌疑。然而，这件事情随后被报告给了联邦调查局的公共事务办公室。于是在2007年，联邦调查局公共事务办公室就建议将迪克开除了。迪克此后就不得不开始进行一场旷日持久的法律斗争，为的是能够保住自己的工作。

美国司法部总监的一位发言人说，他对罗塞塔公司及其与联邦调查局的关系而进行的这场调查并不方便透露太多；他甚至不能够承认或否认曾经发生过这样的一场调查，以及关于这次调查是否有过任何结果的报告。最终，纽约的一位联邦法官判决，所有关于罗塞塔公司参与努尔扎依逮捕行动的证据都是不可接受的。所以在努尔扎依的刑事案件中，就将罗塞塔公司所扮演的角色完全排除在外了。2008年，努尔扎依被认定罪名成立；2009年，他被判处终身监禁。

★

在努尔扎依逮捕行动过去不久，罗纳德·马特里终于受够了这一切。他切断了和阿西莫斯的联系。罗塞塔公司承受着尚未还清的巨额旅行与情报费用，以此关门大吉。这家公司的投资者们就这样赔光了所有的钱。而负责“9·11”诉讼案的马特里–赖斯律师事务所律师们花费在罗塞塔公司身上的钱，并没有换来对这个案件的哪怕任何一丁点帮助。“我们从来没有从他们、从罗塞塔公司那里得到过一点有用的东西。”律师事务所的一位律师朱迪·弗劳尔斯说，“它看上去就像是从我们案件当中分出的一个并没有什么必要性的分支。他们愿意去协助我们的调查，愿意到实地去辅助调查的进行，但到头来我找不出任何一件事情是不用我们自己亲力亲为的。”而来自律师事务所的埃尔斯纳补充说：“当你找到一个愿意去阿富汗这样的地方的人，这事看起来还是很有吸引力的，但一段时间后，你就会发现这并没有什么用。曾经有些东西是有价值的，不过随着时间的推移，你会发现这些东西并不值得我们花费那么多的时间和精力。”

事实上，阿西莫斯的一些批评者们认为，他真的是利用了马特里–赖斯律师事务所的调查来从事间谍活动。他在一边利用着律师事务所的情报资源的同时，还在为美国国防部、联邦调查局以及美国缉毒署做着事情——而“9·11”诉讼案本身却就这么被搞坏了。

美国政府有意地利用了罗塞塔公司，并且很大程度上霸占了马特里–赖斯律师事务所的“9·11”诉讼案。对于这一点，乔·赖斯感到非常愤怒：“我们所得到的一切，都只是口头上的承诺而已，他们却拿走了我们所有的工作成果。”当赖斯回忆起过去积压的对美国政府的种种不满时，他说：“我们在‘9·11’诉讼案和罗塞塔公司上面花了多少钱了？

一大笔，整整一大笔！那可是个很大的数目。那数目是你要用百万级的数量才能衡量的。”（2005年，马特里告诉一位记者，他已经在关于“9·11”诉讼案的调查中投入了1800万美元的资金了。）

“伯内特诉巴拉卡公司案”这个“9·11”诉讼案被合并到了“关于2001年9月11日恐怖袭击的诉讼案”中，这个案子勉强维持着进行。在2013年12月，这个案子似乎又恢复了一点生机，当时上诉法院判决道：“9·11”受害者家庭应该向沙特阿拉伯王国追究此案。这就将之前做出的把沙特阿拉伯政府排除在被告人名单之外的决定进行了反转。之前的决定是因为在美国的法律中沙特阿拉伯作为国家享有主权国豁免权，但伯内特案接下来需要走的法律途径依然漫长而又曲折。

★

在马特里-赖斯律师事务所、阿西莫斯、罗塞塔公司、美国国防部、联邦调查局以及中央情报局之间建立起来的那些关系网络，是完全独立于美国政府的常规情报收集程序之外进行运转的。这些关系网是如此依赖于私人之间的关系，以至于在政府内部几乎没有几个人有胆量去回顾过去，好好查看一下到底发生了什么事情。看起来，美国司法部总监派出的对罗塞塔公司和联邦调查局的关系进行过一次调查的那些调查员们是如此地震惊于整个事实的经过，所以他们决定，将调查的焦点仅仅放在一个问题上，那就是联邦调查局里的某两三个员工是否和罗塞塔公司走得太近了。

罗塞塔公司是在美国情报界的下层的炼狱中生存并运转的。它为美国政府搜集着情报，却并没有接到政府的任何契约合同，而事实上在财政上私下支持它的，是一家试图为了一件民事诉讼案寻找证据的律师事务所。罗塞塔公司之所以能够存在并运转，是因为在美国政府内部根本没有人知道该拿它怎么办。既然它和美国国防部以及联邦调查局之间不存在任何契约关系，那么所有关于联邦政府机关的承包商的法案也就不会把它作为严格意义上的法律主体了。

毫无疑问，马特里–赖斯律师事务所和罗塞塔公司的私人投资者们都成了这次阴谋的受害者，因为他们的大部分钱都被用来资助罗塞塔公司的行动了。哈吉·巴希尔·努尔扎依可能也是受害人之一，因为最终法庭一直没有准许他的律师行使他的法定请求权：之前曾有政府工作人员——罗塞塔公司的人，向他保证过他在美国旅行期间的人身安全。

通过跟罗塞塔公司的合作，美国政府实际上已经默许了那些自身根本无法真正控制的海外情报收集工作。就这样，在美国情报业界的帮助下，一头凶猛的离群野象诞生了。

在与美国司法部总监的调查活动以及努尔扎依刑事案件展开周旋的同时，阿西莫斯又被美国政府授予了更多的在巴基斯坦和阿富汗的任务。但他在2006年身染重病，从巴基斯坦回到美国——当时被诊断为急性胃病。阿西莫斯怀疑自己在巴基斯坦的时候被人下了毒，很有可能是努尔扎依的支持者们干的。他花了好几个月的时间才得以康复。

在2013年，迈克·迪克发现他自己在美国联邦调查局内的处境更加麻烦了。美国福克斯公司新闻网站2013年5月的一份报告称，他当时据说发出了威胁，说自己要提出作为一名雇员的薪酬补偿申诉。在那之后，联邦调查局就向华盛顿地区的法律执行部门发送了一封简短的小快报，叫他们留意监视迪克的行动。这家新闻网站报道，有官员称，迪克威胁说自己要跑到联邦调查局总部去提出申诉，尽管在那之后他再也没有机会接近那栋建筑。这家新闻网站还称，联邦调查局随后收回了那条警报，因为警报竟然不小心给公开了。迪克的律师告诉福克斯新闻网说，迪克已经成为了报复行动的受害者，因为他有一次在子弹射程内被击伤，而事后的处理令他说出了抱怨。他告诉福克斯新闻网，这只是迪克在多年的时间里所遭受的接二连三的报复行为当中最为新近的一件。

在2013年进行的诉讼案件中，迈克·迪克控诉联邦调查局，理由是调查局以发布警报的方式干扰他的生活。警报中包含关于他的虚假和恶意诽谤的陈述，说他身带武器，是个危险人物，并且还出言威胁联邦调查局官员。诉状中声称，这次事件仅仅是联邦调查局官员们对他进行的更大范围袭扰的一部分。“迄今为止，在长达数年的时间里，联邦调查局一直都在处心积虑，想尽各种办法，将原告驱逐出他们部门的编制。”迪克的诉状中这样写道，“被告进行骚扰的方式包括对身为特工人员的迪克进行的似乎永无止境的‘行政管理调查’。”

2013年，罗纳德·马特里去世了，他想要在美国的法庭上使沙特阿拉伯低头认错、为“9·11”事件负责的这一梦想始终没能得以实现。

然而，在有关罗塞塔公司的来龙去脉的所有故事里，最大的受害者，毫无疑问是那些“9·11”事件受害者的家人们。他们发起了一场诉讼，控诉那些曾支持恐怖分子谋杀他们所爱之人的恐怖投资者，企图讨回公道。可这场诉讼最后却不知该去向何处，而另一边，罗塞塔公司却向着情报业的黑暗世界进行着它诡异的冒险。

Pay Any Price

第五章

金钱和情报

我坐在一辆高端的奥迪汽车里，进入了约旦首都安曼的市中心区。坐在我旁边的是一位性格温和、举止优雅的巴勒斯坦人，这个人对于金钱把戏情有独钟。他开车驶过一架公路立交桥，鸣着汽车喇叭驶入一片闭塞区域，以前这里是典型的中东特色，与世隔绝，而现在它则处于推土机以及建筑起重机的包围之中。这些建筑机械装满了半裸的、圆球形状的、灰色的石头和玻璃做成的小塔，另一边，一个个被洗成白色的小的水泥盒子排成行列，放在毫无生机的小山丘上。与此同时，他戴着价值不菲的太阳眼镜，留着向后倾斜的发际线，说着一口极其标准流利的英语，谈论着隐藏资金和转移资金的最好的办法。

他建议说，如果在死海边上买下一座度假酒店，那会是笔相当棒的投资，因为酒店看起来就像是造钱机器一样。他解释道，游客们热爱死海，所以宾馆的入住率会非常高，也就提供了大量的营业额资金流。人们可以在酒店的这些巨大的资金流里隐藏其他来路的资金，然后一并写进酒店的财务登记账目以及银行财务账号当中。

在我们乘车穿过安曼城区的时候，我暗自想：那些来自美国的游客们，大肚皮吃得滚圆，漂浮在位于世界陆地最低点处的死海海面上。让大量的资金通过大批大批的美国游客们的口袋进行清洗，借助这样的方法，把出自中东的来路可疑的钱洗白，还有什么办法能比这个更妙的呢？

“不过也许房地产行业还会更好一点。”这位身材细瘦但带着坚韧气场的巴勒斯坦人，很快又开始重新盘算着资金隐藏及转移的生意经了。他是中东经济黑暗面的支持者之一，也是人们想要进入这个黑暗地界所必需的一位向导。他建议说，买卖房子是转移资产的一个绝佳方式，尤其是在安曼市。在那里，房地产业正在飞速发展着。

事实上，对安曼和其他很多新兴起的中东城市来说，美国进行的无休无止的对外战争长期以来一直为它们提供着非常好的商机。从美国威奇托市、丹佛市及菲尼克斯市的纳税人那里来的钱流转到美国国防部和中央情报局的手中，最终还是会流到这里来，或者流转到巴格达、迪拜，又或者流转到多哈、喀布尔及贝鲁特；流到那里的承包商们手中，流到二级承包商们手中，流到他们当地的商业合作伙伴们手中，流到当地的酋长们手中，流到当地的穆卡巴拉（秘密军警组织）官员们手中，流到当地的石油走私者手中，流到当地的毒品贩子们手中。那些钱最终被用来资助当地的建筑业以及房地产业投机活动——这些生意进行在少数几个被选中的豪华富人聚居区里面。在那里，一座座大楼拔地而起。这多亏了来自菲律宾及孟加拉国的海外劳动工人们，他们被沙特阿拉伯或阿拉伯联合酋长国的老板们没收了护照，于是被迫乖乖地呆在他们的岗位上。而与此同时，在美国的威奇托、丹佛以及菲尼克斯，麦当劳也在招募着员工。

这位巴勒斯坦人开着奥迪车减速行驶，慢慢驶过了一片用围墙围着的豪华区域——这片地方是为约旦皇室家族预留的。

他从挡风玻璃里看了看太阳，然后以一种近乎陈述什么重要原则的口吻说，生活的全部真谛就在于你要认识对的人，以及你要确定跟自己合作的人也同样认识对的。“国家总理？我跟他一起上过学。”这位巴勒斯坦人说，“他也算是我的一个老朋友了。”

他补充道，这里是全世界最容易进行洗钱的地方。当然，不仅仅是在约旦，还有黎巴嫩和叙利亚。

但说到底，你还是要认识对的人才行。

“我就认识对的人。”他强调说。

这位巴勒斯坦人开着奥迪车驶出了安曼城，公路开始变得笔直，一座座高塔映入了我们的后视镜。沙漠再次出现在路的两旁，而这条路通往杰拉什市，那是一座废墟之城。

现在，他更加谨慎地补充说："我认识好多美国人。我和好多美国人都有合作，我和美国人建立了很好的关系。"公路一直绵延到了乡下，他开着奥迪车驶过了破破烂烂的贫民窟，驶过仓库区和一座座门店房，驶过这片残缺不全的都市边缘区域。

"你对艺术感兴趣么？"

看来他有什么东西要卖了。

又是一桩副业买卖。"我认识的一位朋友从伊拉克得到了一幅古代的《律法书》卷轴，想要卖出去。"他说。

但他不会告诉你他的朋友到底是从哪里搞到这件古董的。

这位巴勒斯坦人将奥迪车拐进了一条肮脏狭窄的小路，这条小路曲折蜿蜒，一直通向遍布碎石的山里。汽车艰难地驶过曲折的橄榄树林，行驶到一片干燥的高地上，向着他的还在建造当中的一座新的周末度假别墅驶去。

他在茂密的树林当中停下了车，走到空地上，试着弄掉平底便鞋上的泥巴和印花宽松裤上的污点。他催促着十几个工人，他们正在急匆匆地赶工。需要他们安装完成的东西包括建筑的园林布景、嵌入地面的照明灯，当然，还有自动喷水系统。游泳池里已经装好水。闪闪发光的厨房用具刚刚从它们的包装箱里拿出来。最终，我们坐在他的新别墅的天井中喝茶。在这里，我们可以一览无余地看见那些流着汗水、衣不蔽体的工人们费力地搬动着石块，当然还有更远处——在这栋别墅的白色围墙之外——广泛铺展开来、长着小灌木丛的大片沙漠。

这样的一座房子，在美国亚利桑那州的斯科茨代尔市也可以见到。

在由一位美国管理者（美国国防部的一位承包商人）掌管的一份简短的人物介绍中，这位巴勒斯坦人被描述成是"一位广为人知的黑手党人物"，他掌握着"在叙利亚和黎巴嫩的非常优质的网络系统，同时与整个中东、中亚以及东欧地区的下层社会重要人物也都建立了很好的关系网络。”

但最为重要的是，这位叫做纳泽姆·胡奇艾米（Nazem Houchaimi）的巴勒斯坦人，同时还是美国军方特种作战司令部的一位秘密的情报项目工作人员。

我当时是在安曼见到这个巴勒斯坦人的，他和一场史无前例的洗钱运动有所关联。我之所以来见他，是因为我听说在华盛顿的情报界曾发生过一些诡异离奇的事情，而胡奇艾米正好就处在这事件之中。这次事件看起来似乎是一次秘密的撤退行动，它已经引发了一场由联邦调查局反间谍处发起的高级机密的犯规调查。与这项调查一同被引发的，还有对于图谋进行洗钱活动、不正当的武器交易以及其他有问题的行为的指控。当然，最最重要的是，这场秘密行动的来龙去脉，最终还是向世人强调了：贪婪，以及对金钱的追逐，是以什么样的方式成为了反恐战争中的最常见、最主要目标。

★

长期以来，美国国防部一直急切地想要拓展自己暗中独立进行情报收集工作的能力，如果这样的话，他们就不用老是依赖着中央情报局的情报支持了。在布什政府上台执政后的最初的时间里，国防部进行了野心勃勃的行动，为的是增加美国特种作战司令部人员在情报收集工作当中的角色分量，这样就可以建立一些新的、高度秘密的团队，让他们到全球各地的任何一个战争前线去，从那里搜集情报信息并将其送回美国。国防部所建立起来的新的间谍网络，是在同中央情报局之间几乎没有什么协调与合作的情况下执行自己功能的。这样做也就引发了一场激烈的领地争夺战：到底哪个部门才应该是在“9·11”事件之后的世界中名正言顺地进行间谍活动的那一个。

尽管中央情报局强烈反对，国防部还是继续行动着，甚至比以往任何时候都要加紧，以图进入到美国的间谍活动当中。但随着国防部在情报收集工作中的角色加重，一个巨大的问题摆在了它面前，那就是国防部缺少像中央情报局那样的经验来掌控高度敏感的情报工作；此外，国防部内部泛滥成灾的官僚主义作风也让这个部门在进行间谍情报工作方面始终是一个拙匠，难以掌握其真正的秘密艺术。国防部的这些问题真正开始变得显而易见，是在特种作战司令部找到阿西莫斯寻求帮助的时候——鉴于他在罗塞塔公司以及马特里-赖斯律师事务所的调查中积累了经验，他们邀请他协助进行一项行动，这是国防部试图涉足情报侦查活动而做出的最为隐秘的企图之一。罗塞塔公司最后是在堆积如山的欠账和不可计数的未解之谜中宣告倒闭的，至于它跟美国政府之间的关系到底是什么性质，现在还无人知晓。当然，促使罗塞塔公司倒闭的因素还包括由美国司法部总监发起的一项调查。但罗塞塔公司身后留下来的一大堆烂摊子并没有让特种作战司令部官员产生任何动摇，他们还是让阿西莫斯成为了他们的秘密特工之一。

★

美国特种作战司令部作为一个军方指挥部门，参与执行过对奥萨玛·本·拉登的突袭行动。在“9·11”事件过后的十几年时间里，这个机构无论是在权力还是在地位形象上，都经历了迅速的提升。美国在全球范围内进行的反恐战争，很大程度上依赖的是小股部队作战行动、空中部队和地面部队的协同作战、同其他国家盟军的合作，以及各种各样的秘密行动。而在上述列举的所有的方面中，美国特种作战司令部都有机会成为其中不可或缺的一部分。随着自己在全球行动中角色的不断加重，特种作战司令部开始考虑，它还是应该需要拥有自家版本的中央情报局。要实现这样的愿望，有一个不错的办法，那就是去建立一些位于前线地区的以公司命名的据点，通过这些机构进行情报收集工作。

正因为这样，在2007年，阿西莫斯和他原来在西点军校时的一位老同学弗兰克·拉西提格诺拉合伙开办了一家小公司，名叫阿拉尔交通运输公司（Alarbus Transportation），注册地点在美国佛罗里达州西部坦帕市，这个地方紧靠着特种作战司令部设在坦帕市麦克迪尔空军基地的总指挥部的位置。根据一位同阿拉尔交通运输公司有所来往的情报提供人的消息，这家公司每年都会接收到来自军方的金额达数百万美元之多的秘密的订单契约。他们拿了这些钱，主要负责为美军特种作战司令部进行情报侦察工作。

过了没多久，他们就建起了另一家公司作为自己在情报收集地的前线据点——杰拉什航空货运公司（Jerash Air Cargo），注册地点在约旦首都安曼市。他们通过这家公司作为前线情报站，进行情报侦察活动。从表面上看，杰拉什航空货运公司就是一家设在安曼市的普通的航空货运公司，而纳泽姆·胡奇艾米则在这家公司担任总经理的职位。但实际上，这家商业公司的真正面目是一个前线情报据点，纳泽姆·胡奇艾米这个人则是为阿西莫斯、美国特种作战司令部工作的一个情报人员。

根据阿西莫斯所写的一封电子邮件记载，在2008年5月，为了协助杰拉什航空货运公司的顺利成立，阿西莫斯曾下令把30万美元的资金从阿拉尔交通运输公司调拨到纳泽姆·胡奇艾米的账上。而阿拉尔公司账户上的分类账目还显示，在第二年的9月份，同样为了协助该分公司的成立，又有另外的30万美元资金被汇到了胡奇艾米名下。而另一方面，胡奇艾米则把这家公司建成了一个家族企业。他把自己的老爸萨米尔·胡奇艾米请了过来，和他一样拿着报酬担任情报工作人员；他还把自己的姐姐海法·胡奇艾米请了过来，让她主要负责打理公司的日常运转事务。

根据参与过阿拉尔交通运输公司的一系列情报活动的情报提供者的说法，美国特种作战司令部之所以愿意把新的订单契约交给阿西莫斯，一部分原因是在国防部的内部，大家都认为罗塞塔公司之前执行的将阿富汗毒品大亨哈吉·巴希尔·努尔扎依引诱到美国进行逮捕的行动是一次非常值得称赞的成功案例。尽管有一个不争的事实，那就是在诱捕努尔扎依的行动刚过去不长时间，罗塞塔公司就关门大吉了；但美国特种作战司令部的人并不知道这个事实，实际上他们对这件事也并不关心。

★

通过建立公司作为前线情报侦察据点，美国特种作战司令部的这种方式其实是在模仿中央情报局长期以来的成功经验。在中央情报局，以这种方式建立的公司叫做“业主所有权”公司。通过这些公司进行谍报行动的方式绝不会让情报侦察对象进行反向侦查，更不要说顺藤摸瓜，查到中央情报局的头上了。一位参与过这场情报运动的知情人士透露，在特种作战司令部试图建立伪装的前线情报收集据点公司的这场行动中，阿拉尔交通运输公司和杰拉什航空货运公司一起，代表着特种作战司令部建立的四大情报工作“平台”之中的一个。而根据那些对这个情报项目比较熟悉的情报提供者们的说法，实际上阿拉尔交通运输公司和杰拉什航空货运公司组成的这个情报平台，却是四个平台当中唯一一个曾真正投入运营、做过实事的平台。

有两位参与过阿拉尔交通运输公司情报活动项目的知情人士说，当这个情报项目刚刚开始的时候，曾流传一种说法，那就是这家公司建立之后，其实要被委派去执行一些刺杀活动，刺杀的对象是那些具有较高价值的恐怖主义嫌疑人。

其中有一位参与此次行动的知情人士透露，当他最开始被雇佣到阿拉尔交通运输公司来的时候，阿西莫斯告诉他，他们的行动任务是分为不同的层级的。平常最基础的工作包括为美国特种作战司令部进行一些常规的情报收集工作，但在最为紧要和敏感的情况下，特种作战司令部很有可能会命令阿拉尔公司和杰拉什公司这两个组织采取行动去锁定一些个人的目标，并将他们刺杀。

这位知情人士称，自己当时也是将信将疑，但他有次跟阿西莫斯一起参加了一个会议，共同参加这次会议的还有一位官员，他们开会的地点在一家大的国防与情报承包公司。在这次会议中，阿西莫斯向这家国防承包商询问，能否为他们提供一些毒药，作为执行特别任务时的用品。那位官员和国防承包商都表示，这样的东西是可以弄到手的，但那些毒药最后到底有没有真正送到他们手上呢？这位参加会议的知情人士就不得而知了。

另一位情报提供者说，这两家公司组成的组织，其主要的工作焦点其实是为军方提供关于整个中东地区以及阿富汗的详细的情报信息。有一些证据显示，在这家公司早期的运营活动中，还是有能力提供高品质的情报信息的。比如说有次，这个情报组织的一些成员就向美国《纽约时报》提供了一些可信度非常高的情报信息，信息是关于2008年美国记者戴维·罗德（David Rohde）在阿富汗遭到绑架的事件的。最终，戴维·罗德在2009年成功地从绑架者的手中逃离了出来。

但据另一位参与过这项情报行动的知情人士透露，当阿拉尔交通运输公司和杰拉什航空货运公司侦察到情报信息并将它们反馈给美国特种作战司令部的时候，特种作战司令部的人甚至都不知道该如何正确处置这些情报，这一点就在极大的程度上限制了阿拉尔公司和杰拉什公司的行动。没错，美国特种作战司令部的确是想要并已建立了他们自己的情报机构，这样一来，他们就可以不用因为处处依赖中央情报局的情报信息而感到沮丧了；但当情报信息传送回来的时候，是需要有足够的基础设施去处理和分析它们的，而这样的基础设施，特种作战司令部暂时还没有建立起来。

中央情报局拥有一批情报分析师，他们拿到来自实地调查中的情报信息，和来自于其他情报提供者的情报信息放在一起，将它们进行综合分析，最后形成完整全面的情报信息，这些情报会以很高的效率迅速传遍整个美国政府情报圈子。但这位曾参与特种作战司令部情报行动的知情人士抱怨说，特种作战司令部不像中央情报局，他们甚至还没有建立起任何具有实质意义的情报分析部门。这位知情人士透露，从阿富汗实地考察得来的情报的确会发回到总部，但这些情报信息到了特种作战司令部的手中就石沉大海了。造成这种现象的原因之一，可能是这些情报都来自一些情报线人，而面对这些人，美国军方的官员们还不是很习惯和他们打交道。

根据参与此次行动的情报提供者的说法，他们这个组织所高度依赖的情报，都是来自于那些居住在英国的阿富汗海外旅居者建立起来的小型关系网络，这些旅居英国的阿富汗人反过来又提供了一些位于喀布尔以及阿富汗附近的情报来源。

但由于美国特种作战司令部几乎并没有对这个情报组织做出什么有效的监督，所以很快，更加严重的问题就浮现了出来。这个情报组织是具有很高的保密性的，这也就决定了在特种作战司令部当中，只有少数几位的高级官员有权知道并真正懂得这个情报组织存在的真正目的。而在这层神秘的面纱掩盖下，自然不会有人过多过问，因此也就更缺乏对这个情报组织的监督管理了。当然，这也使得该情报组织在国防部内部的身份地位被说得天花乱坠成为了可能。

缺乏监管有很多表现。比如一位参与过这个情报项目的情报提供者说，尽管阿西莫斯再三催促，阿拉尔公司和杰拉什公司的人就是从来不去执行暗杀任务。这位情报提供者说，阿西莫斯提出过一大堆的宏伟计划，但这些计划到后来却从来没有实施过。

在没有足够的监督管理的情况下，在因为保密性的神秘面纱而与外界隔绝的情况下，参与到这项秘密情报项目或者跟这个情报项目有所关联的一些个体工作人员，就开始从事一些非常可疑的副业工作了。那些不断给人带来麻烦的副业生意到底有没有完成过，人们不得而知，但人们应该注意到一个事实：那些参与到这个秘密情报项目中的人员，对公司的那些计划讨论了多少，最终执行的又有多少。从这一事实人们就可以看出，这场情报行动，其最初目的的丧失已经到了什么样的地步。（不过，还没有任何证据表明当初合伙建立了阿拉尔交通运输公司的阿西莫斯以及弗兰克·拉西提格诺拉两人曾从事任何存在问题的秘密交易，或者触犯任何法律。）

★

纳泽姆·胡奇艾米以及其他跟杰拉什航空货运公司有所关联的人员，想要介入一些赚钱的生意中，其中一个生意就是空中无人交通工具——也就是无人飞机——的国际交易市场。阿拉伯国家已经受够了将自己国家领空的控制权拱手让给美国人了。自从2001年全球反恐战争开始，装载着“地狱火”导弹的捕食者无人飞机就开始执行它们的任务了，而自从那时一直到现在，中央情报局和美国空军都一直对其在全世界的任何潜在的敌人保有着绝对的优势。他们可以不用派出飞行员，而是放出无人飞行器，高高地盘旋在目标上空，一次巡航时间能长达数小时之久；也可以对地面上的人进行拍照和录像，甚至窃听他们的对话——当然，还可以把他们统统杀死。更重要的是，在完成这些任务的时候，甚至不需要派出任何一个美国人前往要摧毁的目标附近，就可以轻松搞定了。

无人飞机，已然成为了终极武器的王者，有了它，一个超级大国就可以几乎毫无限制地将触手伸向全世界各地，同时又可以确保自己国家的战士们不用亲自赶赴任何血肉相搏的战场。无人飞机提供了远程作战的方式，而且几乎是为战争者量身定做的一种绝佳作战选择，它们在美国的全球反恐战争中，已经成为了一种至关重要的武器。

美国长期以来一直努力让自己保有对无人机这一威力巨大的武器的绝对垄断权，他们当然希望这个垄断权保持得越长久越好。同时，美国也一直不停地在更新着自己的无人机技术，其技术的发达以至于中央情报局派出了隐形无人侦察机飞往本·拉登位于巴基斯坦的营地的上空，去监视他。事实上，如果有哪个阿拉伯国家想要进行无人机项目的开发，那这样程度的威胁就足以吓得美国人直接挑起战争了。

在2003年美国入侵伊拉克行动的准备阶段，布什政府证实了一些情报信息，用来表明自己侵略行为的合理性，其中一条情报就是：有证据证明萨达姆正在开发研制无人驾驶飞机——这些无人机可能被他用来装载大规模杀伤性武器。随后的事实证明，这个说法并非完全真实。2011年，伊朗成功地击落了飞在自家领空上的一架美国隐形无人战斗机，这件事情让美国官员产生了担忧，他们急于确定伊朗人是不是已经发现了他们的无人机技术当中有什么弱点。

中东地区的每一个国家，无论是阿拉伯联合酋长国还是巴基斯坦，全都在寻求机会和途径，购买或者干脆建造其自家的捕食者无人飞机。即便是较小的阿拉伯国家，比如说约旦，也在非常急切地想要快速提升本国的无人飞行器方面的技术实力，这样就可以从美国军队的令人恼火的空中管制之下彻底解放出来了。无人飞机，以惊人的速度一跃成为国际军备竞赛中各国都想要的一种分量极重的筹码。以色列将先进的无人飞行器卖给俄罗斯，却提出了条件，那就是俄罗斯要削减它卖给叙利亚的先进的喷气式战斗机的数量。

阿拉伯国家对于无人机的需求让人们看到了一个激动人心的巨大商机，而另一方面，发达国家的国防工业突飞猛进，刚好可以满足市场的巨大需求。无论在美国还是在欧洲，军火生产商们都迫不及待地希望或者正把他们的武器装备卖给远在中东的新客户们。但与此同时，对于西方国家的先进技术武器，比如说无人交通工具，这些东西的对外销售是要受到严格的出口管制以及技术转移限令的约束的。华盛顿的官员们可不想让那些无人机落入他们不待见的人手中。

然而，这样的法律限制和出口管制制度，却给那些在政府部门里有着良好关系网络的中间人以及武器贩子们提供了一个相当开放的机会。于是他们就打算利用自己活跃的钻营手段，帮助买家卖家成功绕过美国对出口无人机的经济惩罚及出口许可方面的种种门槛。作为回报，他们则从中赚取丰厚的中介费用。根据对曾密切参与阿拉尔公司和杰拉什公司情报活动项目的一些知情人士的额外采访记载，纳泽姆·胡奇艾米以及其他几个参与了杰拉什公司业务或者跟这家公司的业务有着密切关系的个人，想要把美国制造的先进的无人飞机卖给约旦，同时也卖给黎巴嫩，甚至可能还会卖给叙利亚。至于为什么要把那些无人飞机卖给这么多的中东国家，其中的动机，可就跟美国特种作战司令部要求进行的那些情报工作项目一点关系也没有了。这桩买卖，纯粹地只是一次赚钱的活动。

把无人飞机卖给黎巴嫩或叙利亚，这样的提议很快引起了很多人比以往任何时候都更深切的关注。毕竟，如果这么做了，很有可能这些卖出去的无人机转而就被一些恐怖组织收为已用，比如说像黎巴嫩真主党。黎巴嫩真主党这个由伊朗人所支持的恐怖组织，其总部建在黎巴嫩，现在在黎巴嫩的国内政治舞台上扮演着相当重要的角色。除此之外，黎巴嫩真主党还得到叙利亚的支持。在过去整整一代人的时间里，黎巴嫩真主党一直都和以色列进行着艰苦、旷日持久的战争。而在这期间，以色列在战争中所掌握的首要优势，就是空中军事力量，以及情报工作上的相对优势。如果有人将无人飞机卖给黎巴嫩真主党的话，那这个行为将会直接影响到以色列和黎巴嫩两国之间边境军事冲突的动向发展。所以说，几乎毫无疑问，只要能买到先进的高端无人飞机技术，黎巴嫩真主党以及它在叙利亚和伊朗的支持者们是很乐意付出高昂的中介费用的。只要有哪些中间人有本事将无人飞机弄到中东国家手里，那么这一票的利润空间无疑将会是非常巨大的。

黎巴嫩真主党所倚仗的是伊朗的神职人员阶层的支持，当然还有伊朗丰富的石油财富的补给，正因为如此，真主党在很早的时候就表现出了想要购买无人飞机的强烈愿望。事实上，真主党做过无人飞机的试验，他们放出了一些小型的、没有装载任何武器的无人飞机，飞到以色列的上空，然后又控制着它们飞过国界线回到黎巴嫩。据说，这些无人飞机结构非常简单，是由伊朗制造的无人飞机模型，比起一个业余爱好者做出来的远程遥控飞机来，几乎没有什么更高明的地方。这些无人机的出现，实际上并没有构成任何意义上的威胁。它们的作用只是稍微羞辱了一下以色列空军，引起了以色列公民们的恐慌。当然，这些无人飞机可能还起到了一个作用，那就是增强了以色列人的一个意识：以色列虽然在技术上占有着优势，但这种优势是不会永远存在下去的。

由美国设计制造的技术先进的无人飞机，配备着精密复杂的导航及监控系统，甚至可能还带有空气动力学设备，因为毕竟还要有能够承载大型武器的载重量才行。如果伊朗、叙利亚、黎巴嫩真主党及哈马斯——更不用说是塔利班或基地组织了——能得到这些美国制造的先进无人飞机的话，这对于他们来说将会是一件非常重要的大事件。如果能够得到一支技术先进、装载着导弹的无人飞机梯队，那么像黎巴嫩真主党这样的武装组织就可以在一夜之间摇身一变，成为一支正规的军事力量了。

在一次采访中，一位参与过阿拉尔公司和杰拉什公司情报活动项目的知情人士透露，他曾经陪同其他一些与杰拉什公司有所联系的人参加了一次会议。这次会议的内容就是讨论一套非常复杂的走私偷运流程，为的是实现他们得到美国制造的先进无人飞机的计划。这些无人飞机一旦到手，计划是要卖到约旦去的。由于约旦是美国的坚定盟友——约旦的情报部门就是中央情报局在阿拉伯地区最喜欢、最可靠的合作伙伴——所以说，要想从美国那边得到必要的出口许可手续，授权其将无人飞机运输过来并且进行售卖，也还是有可能办得到的。但这位知情人士透露，当时这帮人还在寻找机会，试图在将无人飞机卖给约旦王国的同时，也还能卖给黎巴嫩和叙利亚。这位情报提供者说，他们讨论了一个计谋，通过这个计谋，可以先将无人飞机运输到设立在塞浦路斯的一家公司里，在那里，他们再伪造一些文件，让这些无人飞机看起来是从中国运过来的，而不是从美国。这一步进行完后，他们就会通过塞浦路斯的国境，将这些无人飞机运输到叙利亚的首都大马士革。整个过程走下来，从表面上看，好像是他们从中国搞到了一批无人飞机并把它们运到了叙利亚，不会留下任何的正式运输记录让人们追查出这些去往叙利亚的无人飞机其实是美国制造的。接下来这些无人飞机就可以从叙利亚出发，被人轻松自如地运往黎巴嫩南部的真主党手里，或者甚至运往伊朗。参加过这次会议的人员透露，这场关于把无人飞机运到中东并且出售的讨论到最后似乎并没有真的被付诸实践，尽管那些跟杰拉什航空货运公司有关联的人员曾不止一次地找到美国多家无人机生产企业的代表进行商谈，但生意还是没做成。

不过，那些与杰拉什航空货运公司有所联系的个人还提出并讨论过另一项疑点重重的计划，那就是从欧洲的供货商那里购买一些化学原料。这些化学原料可以被用来制造某些特定种类的杀伤性很强的爆炸性武器，这些武器一般都是恐怖主义分子最喜欢用的。根据两位情报提供人的描述，他们到巴黎参加过这样一个会议，就是在那次会议的现场，他们讨论了这桩化学品交易的买卖。他们说，当时有人提议，买到这些化学品之后，可以转手卖给土耳其的那些犯罪团伙的大佬们。

当时参加这会议的还有一个来自英国的商业合伙人，这位合伙人的几个同伴都和杰拉什航空货运公司有着联系。他说，他的确参加了这次会议，但会议上讨论的那些化学品到底是用来做什么的，他就不清楚了。不过，他说当时对这次讨论的内容感到非常担忧，所以事后向英国内政部的一位官员打电话，报告了这次会议。那位英国政府官员告诉他，他们讨论到的那些化学原料通常是被用来制造爆炸性武器的，还说他最好不要再继续跟这个组织的这一计划有什么牵连了。这位英国合伙人回忆说，这次贩卖化学原料的提议在当时的英国情报部门官员当中拉响了一次警报。

与此同时，纳泽姆·胡奇艾米还向当时与会的其他成员们告知了另外一桩秘密交易：有一卷古代的《犹太律法书》手稿卷轴，是写在羊皮纸上的，看起来似乎是从伊拉克抢夺过来的，他们现在打算把它卖出去。纳泽姆·胡奇艾米告诉那些参与了杰拉什航空货运公司事务的同事们，他现在正和一位来自安曼市的合伙人共事，而这位合伙人拥有这幅古代卷轴的监护权，只要有人愿意付出“几十万美元”的价钱，他们就很愿意将这卷轴卖出去。他还告诉两位当时正在从事杰拉什公司情报工作项目的美国同事说，这件古董当中包含了“《犹太律法书》或《犹太法典》”当中的“一部分章节”；还说这件作品年代实在太过久远，以至于甚至都是“书写在鹿皮上面的”，上述记录是根据一份写给阿拉尔公司的内部备忘录中的记载得出的。

但这件古董交易其实也仅仅是一件非常微不足道的零活。在纳泽姆·胡奇艾米以及其他参与杰拉什公司事务的至少数名工作人员眼中，相比之下，他们更感兴趣的还是洗钱运动。根据数名直接参与过这次情报行动项目、有着第一手资料的情报提供者的描述，胡奇艾米他们这些人想要帮忙转移数额非常巨大的钱财。

根据数名直接参与过这次情报行动项目的情报提供者的说法，纳泽姆·胡奇艾米曾经提议，利用杰拉什航空货运公司进行规模巨大的洗钱活动。在很多不同的场合下，胡奇艾米都跟两位当时参与了杰拉什公司项目的美国工作人员讨论过，他计划要利用这个公司作为工具，将多达数亿美元的黑钱洗白。他曾试图贿赂一个美国人，让他同意和自己共同进行一项阴谋。在这项阴谋中，他想要通过特殊的途径进入由美国秘密行动机构控制着的一个银行账号当中，目的就是将数额大约3亿美元的黑钱洗白。作为一家情报活动机构，它的银行账号不太可能会受到什么监督，也不会受到谁的调查； 况且，美国政府内部也不会有人怀疑，一个由国防部负责运行的秘密谍报项目，竟然会被人利用，变成一家进行跨国洗钱活动的黑窝点。而胡奇艾米的洗钱计划，似乎利用了上面所讲到的事实。胡奇艾米把他的洗钱计划告诉给了参与这项情报行动项目的多个美国工作人员。为了能得到机会进入情报组织的银行账户进行洗钱活动的操作，他甚至向美方工作人员提议可以分享洗钱的巨大利润。

纳泽姆·胡奇艾米说，跟他一起进行这项活动的还有三个约旦人，其中包括一位政府情报机关的官员。这位官员其实是与一个总部建立在比利时首都布鲁塞尔的洗钱组织一起做事，这个洗钱组织的成员当中还包括一位“酋长”。胡奇艾米告诉美方工作人员，这个洗钱组织正在全欧洲寻找“干净的”银行账户；他还说，如果能够成功地将这笔3亿美元的黑钱给洗白，那么他们今后将会有机会进行更大规模的洗钱，数量远远不止于此。胡奇艾米说，如果这次“试运行”成功完成，紧跟着后面会有“一批又一批”额外的资金送过来等着他们洗白。根据一份写给阿拉尔交通运输公司的内部备忘录的记载，他曾向自己的美国同事们承诺，只要肯帮忙，他答应分给他们35%——其数量相当于1.05亿美元，只是这笔分成其中要扣除大约10%的钱作为活动经费——用来“确保”这些现金的“安全、储存以及转运事宜”。

纳泽姆·胡奇艾米居然在跟约旦国内的情报机构官员合伙做生意，不过这对于那些参与阿拉尔公司和杰拉什公司情报行动项目的其他人员来讲，好像并不是什么稀奇古怪的事。人们都知道，他在约旦最高情报指挥部（GID：General Intelligence Directorate）有着非常牢固的人脉关系网。GID是约旦的一个国家情报机关，它行使着约旦国王阿布杜拉（Abdullah）的禁卫队的职能。胡奇艾米声称，他身后有两名约旦政府情报官员为自己提供资金支持，尽管人们还不清楚这两位官员到底是现役，还是在政府部门中供职过的前任官员。约旦，这个实行君主制的阿拉伯国家，它的王室家族对巴勒斯坦人其实是抱有仇恨的（巴勒斯坦人在20世纪70年代试图谋杀约旦的侯赛因国王），然而胡奇艾米作为一个巴勒斯坦人，竟然能够在约旦这样的一个国家里左右逢源地进行着自己的生意，这本身就已经是一件非常了不起的成就了。

纳泽姆·胡奇艾米试图贿赂过一位美国工作人员，希望有可能让他帮助自己利用情报行动项目所控制的银行账号进行洗钱活动。这位美国工作人员随后向阿拉尔交通运输公司提交了一份内部备忘录，其中记录了胡奇艾米和他之间进行的这次讨论。“非常令人遗憾”，他写道，胡奇艾米当初之所以能够把洗钱活动的计划告诉给他，可并不是为了让他直接把这件事情报告给公司领导层的，当然也不是想在某个层面上利用这件事情为美国特种作战司令部的情报工作达成什么目的或者好处。相反，胡奇艾米之所以跑过来并试图贿赂他，目的是为了想让他“好好考虑一下，通过什么样的方式，我们的团体/公司可能会帮助人们解决这种（对于银行账户的）巨大需求，并因此从洗钱的活动中获得丰厚的利润”。

这位美国工作人员把备忘录交给了阿西莫斯，因为阿西莫斯当时正是负责情报行动项目的人。阿西莫斯接到报告后发出警报称，胡奇艾米能够参与洗黑钱的活动，这就意味着他同时也很有可能跟恐怖分子有着扯不清的干系。在上交给公司的这份内部备忘录中，最后总结的部分写道，胡奇艾米“已经卷入了几项涉及恐怖主义的、高度敏感的活动当中，他的身份以及所进行的动作肯定都受到了一些人的掩护，但以（我的）估计来看，他的一些行动已经超出了我们所能掌控的范围，必须对这些行为进行监控。存在这样一种可能性，那就是（胡奇艾米）以个人的身份参与到了一场重大的洗钱活动阴谋中，这场洗钱活动的资金来源应该包括毒品贩卖所得的资金，而这些资金正是用来资助伊斯兰世界的恐怖主义活动的”。

不过，根据这名撰写备忘录的美国工作人员回忆，当他把这份关于胡奇艾米洗钱活动的备忘录呈交到阿西莫斯面前的时候，阿西莫斯却只对整件事情轻描淡写地说了一下，根本没有表现出重视。他还说，他们的“客户”——美国特种作战司令部——其实早就知道了胡奇艾米的洗钱活动计划。这位美国工作人员回忆称，阿西莫斯的表现让人产生一种感觉，就好像胡奇艾米所进行的一切活动都是被美国国防部接受并默许了的一样。

胡奇艾米为了执行这一洗钱计划，同时还试图贿赂过当时参与情报项目的另一位美国员工。当初在阿拉尔公司和杰拉什公司情报项目刚刚开始启动的时候，进行情报活动的核心人员在约旦首都安曼市进行了一次会谈。根据当时参加了这次会议的一位美国员工回忆，胡奇艾米利用阿拉尔公司和杰拉什公司管理高层开会的机会提出建议，让杰拉什公司的飞机的燃料补充地点定在叙利亚的首都大马士革。胡奇艾米说，如果公司的飞机能够获准飞入并飞出叙利亚的国境的话，那么他将会在燃料方面做上一笔相当不错的买卖。不过这个美国员工很快就拒绝了胡奇艾米的提议，因为他相信，这个巴勒斯坦人提出的建议其实是让公司向美国那边的约束力发出挑战。

在这件事情过后，胡奇艾米又一次跟这位先前拒绝让飞机飞入大马士革的美国员工进行了一次私人的会谈。这一回，胡奇艾米提出了新的建议，那就是他的洗钱活动计划，当然也就是这件事情，才让这位美国员工明白当初胡奇艾米想要让飞机飞到叙利亚去，到底是为了什么目的。根据这位美国员工的回忆，胡奇艾米当时告诉他，他需要将3亿美元的现金从叙利亚国内运输出来。胡奇艾米说打算进行洗钱活动，可能是通过俄罗斯，同时也希望能够利用在美国的关系户，帮他把这些现金转运到俄罗斯的银行里去。胡奇艾米声称，这些钱实际上都是假钞。几乎可以肯定，这些美元是用相当高的技术规格仿制而成的，可能就是在叙利亚造出来的。因为在过去就有人控告叙利亚，原因是该国伪造美国货币进行贩卖。

胡奇艾米为了进行这一计划而先后试图买通的两位美国工作人员都表示，他们并没有参与这项阴谋；至于这次洗钱活动最后到底有没有真的付诸实践，那他们就不知道了。

★

在阿拉尔交通运输公司的有关文件中，有一份简介是介绍纳泽姆·胡奇艾米的父亲萨米尔·胡奇艾米的。根据这份文件记载，萨米尔·胡奇艾米在阿拉尔公司和杰拉什公司的情报项目中也担任着一定的角色。通过了解萨米尔·胡奇艾米的生平，人们就可以明白，为什么胡奇艾米这个家族一方面和美国有联系，另一方面又和中东世界的黑暗面有联系了。

根据一份写给阿拉尔公司的关于萨米尔·胡奇艾米的人物简介记载，萨米尔·胡奇艾米现年七十多岁，原籍耶路撒冷，他自称是巴勒斯坦解放组织的早期成员之一，甚至还说自己是“黑色九月”组织的创始人之一。“黑色九月”是巴勒斯坦解放组织内部的一个种族主义恐怖组织，1972年在德国慕尼黑奥林匹克运动会上发生的一场针对以色列运动员的大屠杀事件，就是这个组织所为。正像许多其他的巴勒斯坦解放组织工作人员一样，萨米尔·胡奇艾米在20世纪70年代曾因为企图推翻约旦国王侯赛因而被关进约旦的监狱。

然而，到了20世纪80年代，萨米尔·胡奇艾米转行投入到了国际毒品交易活动当中。根据联邦法庭文献记载，在1986年末到1987年初的时间里，萨米尔·胡奇艾米来到了巴基斯坦的卡拉奇，在那里会见了穆什塔奇·马利克——巴基斯坦毒贩子，人们都以“黑色王子”这一外号称呼他。他们最终达成了合作，决定一起将海洛因走私到美国去。在1987年9月，他们达成协议，穆什塔奇·马利克携带8公斤的海洛因送到塞浦路斯，而萨米尔·胡奇艾米则负责将这些毒品运到美国。

根据法定卷宗记载，在1988年1月，他乘坐飞机前往美国，把2.2公斤的海洛因藏匿在自己的行李箱内。他成功通过了纽约海关的安检，接下来开始寻找毒品的买家。最终，他为了赶紧做完这桩生意，打电话给了一位旧相识，这个人是他早先在美国监狱短暂停留时认识的，现在来到了马萨诸塞州的斯普林菲尔德。但萨米尔·胡奇艾米在来到预定地点进行会面的时候被逮捕了。他招供认罪，并同意跟美国政府一起配合，捉拿穆什塔奇·马利克。

萨米尔·胡奇艾米同意给穆什塔奇·马利克打电话，引诱他前去会见一个海洛因买家，这个人其实是一位隐藏身份的美国缉毒署特工。萨米尔·胡奇艾米向马利克再三强调，自己之所以在美国被捕，并不是因为贩毒，而仅是因为稍稍触犯了非法移民条例，但多疑的马利克还是拒绝来美国。不过，他还是同意前往巴西的里约热内卢，去会见一下那位隐藏身份的美国缉毒署特工——据萨米尔·胡奇艾米说，这个人叫做科斯塔。在里约热内卢，马利克告诉科斯塔以及他的私人保镖——美国缉毒署的另外一名化装特工——说自己就是“黑色王子”。他谈到了海洛因，还谈到了他将来进一步的毒品运输计划。在他们的会面结束之后，巴西警方逮捕了马利克，然后把他引渡到美国，在那里进行了审讯，并且定罪。

很显然，这次事件仅仅是一个开始。从那以后，萨米尔·胡奇艾米就开始了为美国政府担任告密者和情报工作人员的漫长而又收获颇丰的职业生涯。

★

事实上，在参与杰拉什航空货运公司业务的工作组成员中，只有一个成员真的有过运行航空货运方面的工作经验，这个人就是马尔科姆·贝叶斯（Malcolm Bayes），一位居住在法国一座城堡庄园中的英国侨民。作为远程通讯公司的前任总经理，他还参与过约翰内斯堡的一家航空货运公司的业务——运行这家公司的人是南非非洲人国民大会的一位前任情报工作人员，此人有着相当厉害的人脉关系网，他跟南非国内的军队及情报部门的核心高级官员都有着非常亲密的关系。这家航空货运公司后来牵扯进了南非国内的一桩公开论战中，这场论战的内容是关于有人指责南非的国防部在订立承包项目契约的过程中存在着“不正当的行为”。（但实际上并没有找到任何证据表明这家航空货运公司曾经真的做过任何不合法的事情。）

后来，贝叶斯就在杰拉什航空货运公司和他自己创办的另外一家航空货运公司“LSM之星”之间，开始了新一轮的商业冒险。但他在跟杰拉什公司进行合作的同时，也还在继续追寻并利用着其他的赚钱机会，这其中就包括一项疑点颇多的生意。这项生意涉及了一大批钞票的转运工作，而要求他这么做的那位背后的客户，其身份还未可知。一位参加过阿拉尔公司和杰拉什公司情报项目的知情人士透露，贝叶斯曾经找到他，跟他讨论过自己的一个计划。在这个计划中。他打算将10亿美元的现金从一个非洲国家空运到迪拜机场，并且在那里开始进行洗钱活动。在这位知情人士的允许下，我听到了他们当时的电话对话，在这次电话中，贝叶斯谈及了自己的计划：他要怎样把这些现金通过机场进行转运，以及他要怎样把这些资金转移到阿拉伯联合酋长国、沙特阿拉伯的房地产业或银行金融系统中。不过他后来究竟有没有真的按照这个计划去行动，就不清楚了。

★

围绕着杰拉什航空货运公司而出现的众多疑团当中，最大的一个就是：这个组织在平常负责为美国特种作战司令部进行各种高级机密的情报任务的同时，居然还有余力去进行那么多有问题的秘密交易，这到底是怎么做到的呢？美国联邦调查局在其后的日子里为了得到这个问题的答案，花费了数年的时间苦苦追查。

在国防部的羽翼保护下，一桩桩问题重重的活动大行其道，一些美国工作人员对眼前所见的情况感到非常震惊，其中至少有两名参与阿拉尔公司和杰拉什公司情报项目的美国人向联邦调查局报告了这个事情。他们向联邦调查局的特工们提供了公司的内部文件，这些文件详细地说明了美国特种作战司令部一手创立起来的情报工作平台是如何被人利用，意图进行洗钱、军火交易以及逃避关税活动的。

于是联邦调查局针对特种作战司令部的这个情报项目，展开了一项秘密刑事犯罪调查。根据一位参加过阿拉尔公司和杰拉什公司情报项目并向联邦调查局报告情况的美国人介绍，联邦调查局的特工们甚至考虑过针对阿拉尔公司和杰拉什公司的人进行一场秘密诱捕行动，他们打算派出联邦调查局特工，伪装成军火贩子或洗钱者，为的是能够暗中彻底了解这项潜在的犯罪行动的全貌。这位美国人说，联邦调查局的特工们希望这次秘密诱捕行动能够在阿拉尔公司和杰拉什公司的员工进行某一项非法秘密交易时抓个现行。在接下来两三年中，联邦调查局的特工们一直反复地告诉来自阿拉尔公司的情报提供者们，说他们正在进行高度敏感的调查，要查明特种作战司令部的这项情报项目到底是怎样脱离轨道，越走越远的。根据一位参加了阿拉尔交通运输公司项目而后又向联邦调查局进行报告的美国人回忆，联邦调查局的特工们曾经保证过这项调查将会“上报给指挥系统”，还说他们会把这件事情透露给特种作战司令部的官员们知道，这样就会“让他们对这项情报项目的另一面有足够的关注”。

然而直到最后，联邦调查局的人也并没有进行太过积极的行动，看起来，他们似乎不愿意往特种作战司令部的秘密世界里面挖掘太深。有情报提供者说，这项调查遭到了阻碍，而最后也就此打住了。至于情报提供者以及其他人向联邦调查局揭露的关于阿拉尔公司和杰拉什公司的那些情况，联邦调查局有可能永远都找不出足够的证据来证明了。当然还存在另一种可能，那就是这个案子本身太复杂，想要解决也太困难，而且案件一旦揭露很有可能会给美国政府带来极大的困窘，所以联邦调查局最终决定还是不要继续进行自己的这项调查为好。

另外，有情报提供者说，联邦调查局之所以没有进行那场秘密诱捕行动，还有一部分原因是这样做需要进行一场费时又费钱的海外行动。相反，联邦调查局更喜欢依赖情报提供人。但这就将他们的情报提供人放在了一个非常危险的境地，一旦事情出现了什么异常，他们几乎得不到任何保护。最终，联邦调查局开始寻找途径，要进行一场范围窄一些的调查。参与特种作战司令部情报行动的情报提供人员对联邦调查局的缓慢行动感到很失望，于是他们向我谈论起了这件案情。他们希望通过将承包商们所做的丑事公之于众的方式，强迫联邦调查局或者国防部采取行动，清理这一堆乱象。那些情报提供人提供了公司的内部文件，还有关于这次情报项目的详细解读，当然还有针对那些与情报项目相关联的秘密交易的资料。他们还把我介绍给了参与这次情报行动项目的一些核心人物，比如说纳泽姆·胡奇艾米和马尔科姆·贝叶斯。为了取得胡奇艾米和贝叶斯的信任，让他们同意跟我交谈，我并没有表明自己作为一名记者及作家的身份；相反，我只说自己是一个调查员，对他们正在做的事情比较感兴趣。我的情报提供者们也为我担保，这让我能够很轻易接近他们，令他们并不戒备，轻松自由地跟我讨论起他们所做的那些生意。事实上，他们跟我讨论时表现出来的开放程度，甚至超过了我的想象。当我后来又给胡奇艾米和贝叶斯两人发去电子邮件向他们解释说我其实是一个记者正在写这本书的时候，这两个人并没有对我提出的请求给予任何回应，也没有做出任何评论。

最终，我得到的关于这项行动的情报实在太多了，就去找了联邦调查局的官员们，向他们询问关于联邦调查局进行的这次调查的事项。我向联邦调查局新闻处的人详细说明了我正在进行的工作，几天后，调查局的一位发言人就对我说，有个来自联邦调查局反间谍活动部门的官员想要跟我见一面。这位新闻处的官员说，联邦调查局特工们可能会乐意就我已经揭露的一些事实进行求证。

我前往联邦调查局位于华盛顿的总部参加了会面。我被带到了一件没有窗户的会议室里，那里有七位联邦调查局特工在等着我。他们当中没有一个人愿意向我透露自己的姓名。我陈述了我所得知的实情，向他们提供了涉及此事的人名以及事件的细节。我希望能反过来从他们那里得到确认，他们正在调查的应该也是这些事情。在报告完了之后，我抬头看向他们，希望他们能够对我所查明的关于这次情报活动项目的信息做出一些回应。然而那七个联邦调查局特工却只是一动不动坐在那里盯着我看，不说一句话，也拒绝回答我的任何问题。在接下来的一次会议中，当我把我要报告的东西讲给另一位反间谍活动部门的官员听的时候，他也拒绝给出任何回应。但随后一位高级官员还是向我确认了，联邦调查局确实正在进行这样一个调查。

据那些后来成为联邦调查局情报提供人员的美国人说，他们相信美国国防部可能曾经出面阻止联邦调查局，试图说服其放弃这次调查。不过，与此同时，在国防部内部，他们自己也在调查着这次情报活动项目中发生的一些事情。情报提供者们说，看起来，似乎特种作战司令部最终迫于压力，终止了他们同阿拉尔交通运输公司和杰拉什航空货运公司之间的这种秘密契约。公司记录显示，在2012年，阿拉尔交通运输公司宣布解体。

而在美国特种作战司令部这边，他们就表现得似乎从来没有听说过阿拉尔和杰拉什公司一样。特种作战司令部的新闻发言官员说，据他们所知，他们跟阿拉尔公司和杰拉什公司之间没有任何契约；他还补充说，在特种作战司令部内部甚至找不到任何一个人听说过这两家公司。但当我们列举出了特种作战司令部在阿拉尔公司情报活动中的第一任项目负责人的时候，司令部的一位发言人则表示，他们部门对这件事情没有更多解释的了。当我在做关于阿拉尔公司和杰拉什公司的报告的时候，一位国防部官员向我透露，我所报告的内容“令特种作战司令部的人感到非常不安”。

阿西莫斯向我警告说，报道这件事情会将他和他的家人置于危险境地；除此之外，他还拒绝跟我讨论这次情报活动项目的问题。我又向他的纽约律师凯莉·穆尔提出了同样的请求，希望她回答我的提问，不过她也拒绝了我。

Pay Any Price

第六章

扳不倒的军事承包商

跟美国历史上以往任何一次战争冲突相比，全球反恐战争都有一个鲜明得多的特征，那就是：这场战争是伴随着自由市场原则而进行的。在伊拉克和阿富汗，领取美国军队薪俸的美国士兵，其数量上要远远少于为私人公司工作的独立订约人。私人公司雇用这些独立订约人，让他们提供从饮食到基础安全方面的各种服务。从巴基斯坦到也门再到索马里，美国军队的反恐战争行动无论在情报信息还是在后勤支撑方面，都在极大地依赖着外部承包商的支持。如此这般，21世纪美国资本主义的信条到头来就变成了21世纪美国战争行动的信条了。在这些信条中，有全球金融危机中的一条声名狼藉的警句——“大到不能倒”。

“大到不能倒”，当这句话应用到银行领域的时候，指的是一些金融机构由于体量太过庞大，对整个经济体系产生了至关重要的影响，以至于政府不得不对它们进行保释，无论这些机构过去做过多么恶劣的行径，也不论这些机构的经营状况多么不堪。如果不去保释就这样放任倒闭了的话，那会对整个美国经济造成毁灭性的打击。

同样地，在美国进行的全球战争当中，华盛顿对待一些体量超级大的军事承包商或情报承包商的时候，似乎也将其当成了那种“大到不能倒”的机构。美国在中东地区进行的各项事业都在极大的程度上外包化了，无论是美国国防部、中央情报局还是其他部门，都已深深地依赖于少数几个大的承包公司，以至于美国政府甚至都不太愿意去要求那些承包商们对自己进行的活动负责了。

不过在全球反恐战争中，如果说有哪家承包商已经真的到了“大到不能倒”这种境地，那就要数凯洛格·布朗·鲁特公司（KBR：Kellogg

Brown and Root）了。

KBR总部设立在休斯敦市，已经成为美国军方在前线战区服务领域当中最大的独立承包商，它曾帮助美国谋划“9·11”事件之后的举措。在伊拉克战争中，KBR和黑水公司成为了两个最具标志性的名字。两家公司都赢得了巨大财富，也都引来了滚滚骂名。当然，黑水公司在伊拉克走的是一条更为激烈的路线。但是相比之下，KBR的体量却要大得多。当然，它也赚得了远多于前者的钱。

在KBR的帮助下，美国想要发动一场战争，几乎不需要经过战前的动员工作就可以直接开始。如果按照传统战争模式，美国需要派遣数以万计的士兵到伊拉克或阿富汗前线去，为主力部队进行传统的补给以及后方梯队工作，比如说修筑工事、做饭或寻找干净水源，但现在美国不用这么做了。拿破仑曾经有一句名言：军队是靠着食物来行军的。如此说来，那么美国军队就是靠着KBR来行军的了。正是这家公司，让一个国家进行一场有选择的战争成为了可能。

这家公司实在是太大了，实在是太有影响力了，其在伊拉克战争中的地位也显得太不可或缺了，以至于尽管经历了一次又一次的争议与调查，尽管长期以来一直有人控诉其在伊拉克做出种种不正当的行为，可是这家公司却依然一次次躲过劫难，不动如山。（KBR的前任首席执行官因为参与了贿赂尼日利亚官员的活动而被判处监禁，然而即便是让前任老总坐牢这样的行贿丑闻，也还是没能撼动这家公司在全球反恐战争中的主角地位。）

在2007年，发生了臭名昭著的黑水公司巴格达枪击案，在此事件中，巴格达纳苏尔广场上至少有十七名伊拉克平民被杀。而此事过后，黑水公司也最终一败涂地。但KBR却一直留在伊拉克直到最后，即便曾有一位国防部审计员声称，这家公司与国防部调查中所涉及的“绝大多数的”战区诈骗案件都有所牵连——此事参见《华盛顿邮报》的报道。（KBR的一位发言人对这位审计员的指控做出了辩解。）

KBR在乔治·布什政府的统治下兴旺发达，到了奥巴马政府统治时期依然如此。为了调查战时承包商的活动情况，美国曾设立了一个调查委员会，然而这个委员会在很大程度上几乎形同虚设。在伊拉克战争即将进入尾声的时候，这个委员会的主席终于彻底绝望了，他开始公开地怀疑KBR在伊拉克是不是已经到了“大到不能倒”的地步。

早在KBR还是哈利伯顿集团（Halliburton）的一家附属公司的时候，它就已经赢得了在伊拉克那个令人垂涎的位置了。哈利伯顿集团是美国副总统迪克·切尼在2000年总统大选之前经营的一家公司。后来，KBR从哈利伯顿集团中分离出来。但在那以前，这家公司在为美国驻伊拉克的军队提供基础服务方面就已确立了事实上的垄断地位了。在这场战争的鼎盛时期，KBR拥有超过五万名工作人员以及二级承包商在伊拉克为其工作，这就使得该公司出现在伊拉克的工作人员数量甚至超过了英国军队人员。

尽管KBR失去了副总统切尼的保护，却还是保有着非常强的政治根基。美国军队中的几乎每一个将军都希望自己一旦退居二线就马上能够去一家比较大的国防承包商那里工作以赚取外快。所以很多人都担心，如果他们在军队里工作的时候就对那些承包商们不利，那么他们在退休之后的职业生涯就会变得前途暗淡。这样一来，让国防承包商们得偿所愿，其实是一种非常划算的做法。KBR在伊拉克所占据的支配性地位——它的资金，它的权力，以及它在美国国防部和白宫内部的强力关系纽带——意味着想要撼动这家公司的地位是非常困难的。

的确，要跟KBR作对，那真是一场非常不利的斗争。在2014年，KBR的一位前任雇员哈利·巴柯（Harry Barko）向美国司法部和美国证券交易委员会提交了一份检举信，声称要揭发该公司长期以来为了对告密者进行打击报复而做出的种种行径。哈利·巴柯指控说，KBR会强迫自己的员工签订一份保密合同，以限制员工们的自由，不让他们将公司进行的诈骗行为报告出去——即便是对政府的调查员或者公诉人也不行。在一封由哈利·巴柯的代理律师写给联邦首席检察官埃里克·霍尔德（Eric Holder）以及美国证券交易委员会主席玛丽·乔·怀特（Mary Jo White）的信中，他写道："（KBR）采取了一整套的策略，命令公司的员工们要将他们所掌握的关于诈骗行径的信息'保密'，并且阻止任何员工将这些情报信息泄露给外面的任何人，除非得到该公司的法律总顾问的首肯。"（KBR的一位发言人并不承认该公司为了阻止员工揭发诈骗案而设计一份保密合同强迫其签订。）

但有一些人曾经试图反击。当美国现役军人和退伍老兵们的健康及安全受到威胁的时候，当纳税人的钱被放在非常危险的处境下的时候，有一些美国人会选择站出来表明自己的立场。他们开始公然反抗KBR，同时也反抗政府中的那些直接或间接为该公司提供保护伞的官僚主义者们。这些反抗者一次又一次地失败，但他们从没放弃过，一直在尝试。而在这个过程中，他们自己也得到了改观。

★

在2003年美国入侵伊拉克行动之后，伊拉克的巴拉德联合基地（Joint Base Balad）便成为了这个国家境内最大的美国军事设施之一，同时也是美国空军在全世界设立运行的所有机场当中最为繁忙的一个。在整个战争期间，巴拉德联合基地人最多的时候，曾同时拥有大约36000名工作人员，这其中包括各国的军队，以及各种各样的承包商人员。巴拉德联合基地充当着美国F-16战斗机的巢穴，同时还容纳着捕食者无人飞机以及其他类型的飞行器；与此同时，它还是整个伊拉克境内规模最大的军队医院。

巴拉德联合基地同时还经营着全伊拉克境内规模最大的垃圾焚烧处理场，以及一块面积达10英亩的露天废弃物置放场。从2003年到2009年这段时间里，这家由KBR经营的联合基地垃圾焚烧处理场所焚烧处理的垃圾数量达到了250吨之多。

在巴拉德联合基地，KBR把一切垃圾通通都进行焚烧处理，从废弃塑料瓶和食物残渣到电脑配件，再到废弃军需用品、石油、油漆、医用废料、化学溶剂、动物尸体、废旧电池、家用电器。而根据报道，焚烧处理的垃圾中甚至还包括在截肢手术中被切除的人体部分器官——所有的一切，全都付之一炬。同时，每次焚烧处理还要消耗大量的航空燃油。每天，垃圾焚烧处理场上空都会升起一股股浓浓的黑烟，这些黑烟甚至在巴拉德联合基地上空形成了一团笼罩着的烟气，其中混合着各种各样的有毒气体。

巴拉德联合基地的垃圾焚烧处理场，仅是所有垃圾焚烧场当中最大的一个，而类似的设施在伊拉克战争及阿富汗战争期间，在这两个国家全境之内的各处美军基地均有分布——它们让数十万美军战士直接暴露于它们的浓烟之中。尽管美国国防部曾经提出要求：垃圾焚烧处理场仅仅应该作短期之用，只有在非常紧急的情况下才可以使用——但KBR运行这些垃圾焚烧处理场已有好几年的时间了。事实上，这些垃圾焚烧处理场早就应该被换成先进的垃圾焚化炉或其他类型的更环保些的废物处理设施。不过，美国国防部对这件事情并没有给予什么切实的监督。美国士兵们日夜生活在垃圾焚烧处理场制造出的浓烟之下，这其实已经成为了危害生命安全的严重问题。

在2008年，亚特兰大疾病控制中心的一名流行病学家史蒂文·科格林（Steven Coughlin）受到了美国退伍军人事务部的邀请，协助其进行一场对从伊拉克及阿富汗战场归来的退伍老兵的健康调查。在所有进行过的健康调查当中，这是最大的一次，他非常积极地抓住了这次机会。他希望通过这次调查，可以针对现代战争对人体健康造成的影响进行一次综合性的活动。在2009年，由美国退伍军人事务部发起的、针对新一代美国退伍军人进行的全国健康调查项目启动了。此次调查试图联系走访多达六万名的新近退伍的美国军人，最终，有超过两万名退伍军人发出回应，参与了这次健康调查。

在2012年，当史蒂文·科格林在检查调查数据里的问答资料时，发现了一个现象：那些声称自己曾暴露在伊拉克及阿富汗露天垃圾焚烧场附近的退伍军人，与那些自称最近因为哮喘或支气管炎发作而去过医院、诊所进行治疗的退伍军人，二者之间存在着非常明显的相关性。

在进行此次健康调查的专家和美国退伍军人心中，都越来越相信一件事，那就是KBR设立的那些垃圾焚烧处理场对美国军人们的肺脏造成了损伤，而史蒂文·科格林发现的证据似乎也支持了这一想法。

其实，有一些调查已经向人们揭示了这件事：从伊拉克和阿富汗战场回到美国的退伍军人们与那些从来没有在战区工作过的军人们相比，有更高的罹患哮喘病以及支气管炎的几率。一些健康专家也发现事情存在着某种联系：暴露在垃圾焚烧处理场的环境下，则会有更高的患呼吸疾病的几率。来自纽约州立石溪大学医学院的一位研究学者安东尼·斯泽马（Anthony Szema）在一次研究中发现，从长岛退役、曾于2004—2007年期间在伊拉克服役的退伍军人中，有多达6.6%的人感染了新型的哮喘病；而相比之下，那些留在美国本土的战士们只有4.4%的人感染这种病。他的这项研究最后得出结论："在伊拉克和阿富汗进行新的军事部署的同时，也带来了新一轮的哮喘病高发。"除此之外，安东尼还说，他的研究及别人的研究都发现，在那些在伊拉克服役过的退伍军人当中，大约14%的人都抱怨自己有呼吸困难的症状。而除此之外，来自范德比特大学的罗伯特·米勒（Robert Miller）博士曾经救治过来自肯塔基州坎贝尔堡军事基地的战士们。坎贝尔堡军事基地正是美国第101空中突击师的所在地。罗伯特·米勒博士发现，在那些被部署到伊拉克的军人群体中，存在着非常高的罹患紧缩性毛细支气管炎的比率。在发现这些事实之后，紧接着，2006年，美国空军发布了一份内部备忘录。这份备忘录日后被解密。备忘录中得出结论说，巴拉德联合基地的垃圾焚烧处理场对驻扎在那里进行工作的人员造成了"严重的健康威胁"。

除此之外，越来越多的小道消息和传闻表明，不仅存在可吸入物造成的疾病，一些从前身体健康状况很好的军人在从伊拉克战场上回到美国之后健康状况就变得非常危险，而且症状异乎寻常；而这样的案例数量之多，足以令人警戒。比如说，安东尼·斯泽马在一些据报道患有呼吸困难症的几位伊拉克归国退伍军人的肺叶中发现了钛金属以及一些并不常见的微生物群落。“我的病人们在从美国出发前往伊拉克的时候是没有出现这种状况的，但他们现在却有了。”医学专家们为了描述这种新型的、只出现在从伊拉克和阿富汗战场上回到美国的退伍军人们身上的特殊症状，发明出了一个新词——“战争性肺损伤”。

在美国退伍军人中间，伴随战争性肺损伤一起高发的疾病还包括创伤后应激障碍以及外伤性脑损伤。然而战争性肺损伤很快就开始超过另外两种疾病，一跃成为全球反恐战争中一个非常重大的健康问题了。一些美国独立的退伍军人组织接到了来自归国美军战士的来电，通话中表露了他们的焦虑。此外，在2008年至2009年这段时间，美国境内各处的数百名退伍军人就开始针对KBR提起法律诉讼，他们声称自己曾在伊拉克暴露于垃圾焚烧处理场环境中，因为这一原因，他们想要得到损失赔偿。

但美国国防部内部的医疗机构以及美国退伍军人事务部都还不太愿意承认战争性肺损伤与KBR的垃圾焚烧处理场存在什么联系。2004年，国防部进行的一项调查中并没有发现伊拉克的垃圾焚烧处理场会带来任何重大的健康隐患。而在2011年，由美国医学研究所——一家独立的非营利组织，受到美国退伍军人事务部的邀请——进行的另外一次调查也并没有得出令人信服的结论。于是，体制外的那些长期以来一直关注这一事件进展的医学专家们开始怀疑，国防部以及退伍军人事务部的医疗机构似乎都在有意地操纵数据，为了将垃圾焚烧处理场与战争性肺损伤之间可能存在的种种联系隐藏起来。

与此同时，KBR也采取了相当主动的姿态，在法庭上对那些退伍军人们提起的诉讼案进行抗争。所以说，早在2012年史蒂文·科格林通过调查数据发现垃圾焚烧处理场与哮喘病和支气管炎案例数量之间存在联系之前，关于这个问题的各种交锋实际上就已在激烈地上演了。

对于任何表明垃圾焚烧处理场和呼吸疾病有关的证据，美国退伍军人事务部在官方层面上都不予以承认。但是，由退伍军人事务部发起的全国新一代退伍军人健康调查中，那些由统计员们准备的最初的数据表格被史蒂文·科格林看到了，他发现表格中包含的数据表明垃圾焚烧处理场和呼吸疾病之间有着强烈的相关性。根据史蒂文·科格林的说法，最初的分析结果随后被退伍军人事务部的官员们篡改，取而代之的是一些更为宽泛——也更为模棱两可——的数据。随后，科格林向美国国会投诉道："最后列表呈现出来的数据并没有让事物之间一些重要的关联变得清晰明朗，反而使它们变得更为模糊。"他说，他的上级领导"叫我不要去查看那些有关医院收容以及医生出诊的有关数据"。

科格林对此感到非常愤怒。他从约翰·霍普金斯大学拿到博士学位，而且长期以来一直从事流行病学的研究，可现在竟然有人侵犯了他的专业研究。更重要的是，科格林开始相信，他的上级领导在有意地隐藏那些牵涉到战地垃圾焚烧处理场的证据。而与此同时，在那些回到家乡的退伍军人当中，有数以百计——如果不是数以千计的话——的人在反映自己患上了各种疾病。"退伍军人事务部隐藏了所有的关联，"他说，"这一点显而易见。"

当年，那些从越南战场回来的退伍军人也曾因为橙剂（Agent Orange）[①]在战场上的应用而遭受各种健康影响，可当时的官僚们对这样的后果视而不见。时隔多年，类似的事情再次发生，情节几乎如出一辙，在科格林看来，就像历史在重演一般。而在海湾战争时期，

① 注：橙剂是一种含有微量毒药戴奥辛的除草剂，在越南战争中被用来使森林地区的树木落叶。

美国国防部的医疗机构最开始也曾提出疑问，他们怀疑海湾战争综合征[①]是一个真实存在的医学现象，而不仅仅是一种心理健康层面上的假想症状；这一点也与眼下的事实很相似。事实上，安东尼·斯泽马、史蒂文·科格林和其他一些专家们把战争性肺损伤看成是伊拉克战争中与海湾战争综合征性质相当的事，但退伍军人事务部以及国防部却并不想承认这一事实。

史蒂文·科格林认为退伍军人事务部存在着固有的利益冲突，这阻碍了它的职能的执行，使其不能够进行诚实可信的调查研究。毕竟，退伍军人事务部所要负责的事情，并不仅仅是对那些困扰美国退伍军人的健康问题进行调查，它同时还要担负着向那些遭受健康问题折磨的退伍军人发放抚恤金的责任。无论什么时候，只要退伍军人事务部的研究者们发现了一项新的健康问题，它就不得不多掏出一笔钱来。所以说，退伍军人事务部完全有理由根本不去发现那些存在于美国退伍军人当中的新的健康问题。

对于史蒂文·科格林来说，早在退伍军人事务部对涉及垃圾焚烧处理场的各种证据进行打压之前，他就早已深陷在和他的上级领导的持久战之中了——是关于退伍军人自杀事件的相关调查数据的。除了在对伊拉克和阿富汗归来的退伍军人进行的调查中担任角色之外，科格林在2012年还曾接受委派，对参加过海湾战争的退伍军人的健康状况进行一场后续调查。长期以来，美国退伍军人事务部都在追踪一大批海湾战争退伍军人的健康状况。然而自2004年后，对这些退伍军人的调查就再也没有进行过，于是科格林决定查看一下退伍军人事务部的人员名单，看看自从上一次这帮退伍军人被联系之后，他们当中到底有多少人已经死亡。

---

① 注：1991年海湾战争后，大量美国老兵出现肌肉痛、疲乏、失眠、失忆、头晕、情绪低落、消瘦及性功能减退等症状；症状复杂，起因存疑，统称海湾战争综合征。

科格林所发现的事实非常令人担忧：在2004年的调查中，有一些退伍军人表示他们一直想要自杀，而现在这些人当中有许多真的死了。美国退伍军人事务部再也没有对那些曾在2004年的调查中表露出自杀倾向的退伍军人们进行过后续的调查，也没有介绍他们去专业的精神健康机构。退伍军人事务部仅仅记录下了他们的回复，然后简单地存档备案。

科格林把他的发现报告给了他在退伍军人事务部的上级领导。他想要将自己从2004年调查中得出的发现报告上去，还要在报告中加入一些新的手续流程，希望能够让心理健康专业人员对那些在新一代美国退伍军人调查及2012年的海湾战争后续调查中表露过自杀倾向的每一位退伍军人都进行后续的调查。有人告诉他放弃这件事情，不要再上报了。而他的上级领导一开始也不同意把心理健康后续调查的手续流程添加进新的调查之中。科格林于是给退伍军人事务部的监察长打电话反映这件事情。这一举动最终迫使他的上级领导不得不同意了他的改动，但也正是这件事让他和领导之间的关系变得不和。在那之后，他又发现，有关垃圾焚烧处理场的数据被打压了。科格林提供了一系列电子邮件以及内部备忘录，它们证明了科格林与他在退伍军人事务部战后健康问题办公室的上级领导们关系的恶化。这些资料中还包括一份正式的书面的训诫，训诫的原因是他不顺从上级。科格林所承受的压力实在是太大了，他开始频繁地磨牙，而终于有一天，他真的磨坏了一颗牙。最后，科格林终于受够了这一切。在2012年12月，他决定从美国退伍军人事务部辞职。

2013年1月，在退伍军人团体的压力下，奥巴马总统签署法令，要求美国退伍军人事务部建立一份垃圾焚烧处理场的登记名册，此举有助于追踪那些在被部署到战区时曾暴露在垃圾焚烧处理场的环境之中的军队工作人员以及退伍军人。至于退伍军人事务部到底会如何使用这份登记名册，以及政府部门会不会被迫改变自己的多疑立场，这一点尚不清楚。科格林说，他在美国退伍军人事务部里的上级领导们从个人角度讲都是反对建立这份登记名册的，因为他们认为根本就没有这个必要。

就在新一代美国退伍军人健康调查中所得的关于垃圾焚烧处理场的数据被打压的同时，KBR在它的自卫反击战中也获得了胜利，成功击退了那些声称自己曾因这家公司的垃圾焚烧处理场的影响而患病的退伍军人们。在2013年2月，马里兰州的一位联邦法官驳回了由退伍军人群体提起的控告KBR的一场并案集体诉讼。这位法官判决道，既然KBR是代表政府进行工作的，那么它就不应该为它在战区所进行的活动造成的后果负责任。至于那些被打压的调查数据，是否真的会对退伍军人群体控告KBR的案件起到帮助作用，这就不得而知了。但有一点可以确定，那就是：如果美国退伍军人事务部之前签署过一份报告，正式承认在KBR的垃圾焚烧处理场和退伍军人的大规模患病之间存在联系的话，那么这个报告就会产生一份有力的法律影响。

在2013年3月13日这天，科格林将自己的发现公之于众，并向国会发表了证词。他告诉众议院退伍军人事务监督与调查委员会说，美国退伍军人事务部公共健康办公室此前曾反复从事不道德的研究实践。“在极少数的情况下，每当令人难堪的研究结果被发布出来的时候，其数据都会被操纵篡改，为的使它们变得模糊而难懂。”科格林如是证实道。科格林在国会上发表的证词最终使得这个问题暴露在公众的视野之下。同时，这也促使退伍军人事务部在其内部发起了一场针对科格林关于数据打压的证词的内部调查。科格林说，退伍军人事务部其实是很不情愿“将退伍军人、体制外的调查研究者及政策制定者们需要知道的那些信息公之于众的”。

就在科格林发表证实报告的三天后，2013年3月16日，时年51岁的蒂莫西·洛厄里因患有肌萎缩性脊髓侧索硬化症而去世了，这种病也就是人们所熟知的葛雷克氏症。蒂莫西·洛厄里从前身体一直很健康，直到他作为KBR的一名水暖工被派往伊拉克进行为期三年的工作。他的儿子迪伦·洛厄里说，他父亲在临死前告诉他，自己确定是在伊拉克工作期间遭受到了污染的毒害。

（在2014年，众议院的工作人员透露，他们被美国退伍军人事务部的官员告知，事务部进行的内部调查已经证实了科格林在申诉中所说的一部分事情，其中包括事务部工作人员没能对在一次海湾战争退伍老兵调查的过程中坦承过自己有自杀倾向的一些退伍军人进行后续的调查，还包括有人因为科格林试图从事务部进行的几项研究调查中找出问题而对其本人实施了打击报复。）

★

KBR在伊拉克和阿富汗战区工作期间出现了很多问题，这些问题日后都为它带来了麻烦，而垃圾焚烧处理场的事情，只是众多的问题之一。

在2008年1月2日这天，位于匹兹堡郊区的谢丽尔·哈里斯（Cheryl Harris）家的门被敲响了。谢丽尔·哈里斯开门，看到了一位随军牧师，身后跟着两名无委任令的军官。她的身体颤抖起来。两个双胞胎儿子当时都在伊拉克服役，而她知道这样形式的一次来访，显然意味着噩耗的来临。事实上，就在当天，她的一个儿子——美国陆军特种部队成员、陆军参谋赖安·马瑟斯（Ryan Maseth）中士—— 死在了伊拉克战场上。

但谢丽尔·哈里斯却并没能够得到关于她的儿子死亡原因的任何直接答复。很多满怀悲痛的父母当处在她这样的境地时，都会服从于军队，但哈里斯并不肯就此罢休。她一直不停地追问，不停地挖掘事情的真相，她不甘心被国防部的官僚们就这样忽视掉。最终，她的努力帮助人们发现了美军战士们在伊拉克战争中所面临的最为严重的一项安全危机。

赖安·马瑟斯是在巴格达的营房里洗淋浴时触电而死的。美国军方打算把这件事情当作在战争地带发生的一场随机的、不可避免的事故处理掉。而且一开始的时候，军方官员还向谢丽尔·哈里斯讲述了一个不同版本的事情经过，暗示她的儿子是因为自己的过失而死亡的。他们告诉她说，她的儿子之前把一件电器随身带入淋浴间，结果自己遭到了电击。但随后他们转而又拿出了另外一个故事版本，那就是她的儿子是因为那些悬挂在淋浴室附近的电线松动下垂而被电死的。

但事实上两个故事版本都是假的。谢丽尔·哈里斯还在不停地追查。最终，调查的线索指向了KBR，这家国防承包商当时正在负责建筑物的维修与保养，包括赖安·马瑟斯当时驻扎的那座建筑。有证据显示，KBR并没有做好足够的工作，没有及时地更换军事设施内的电线并把它们埋入地下——这项工作在承包合同当中写明了是必须要做的。在谢丽尔·哈里斯不断追查的影响下，美国军方最终对她儿子死亡的事件发起了一场问责，而负责这次调查的一位军队刑事特别官员事后告诉她说，马瑟斯真正的死亡原因最后被定位为过失致人死亡，而不是所谓的意外事故。这位军队刑事特别官员告诉哈里斯说，调查员们接到了准确可靠的消息，称导致马瑟斯死亡的是KBR及其两位高级领导的玩忽职守。一位军队刑事调查员告诉哈里斯说，在马瑟斯死亡的第二天晚上，来自KBR的领导们和来自国防合同管理局的官员们来到马瑟斯出事的澡堂，在那里大吵了一架，他们因为马瑟斯的死亡而互相指责对方。国防合同管理局是国防部的一个机构，负责监督承包商们在伊拉克的工作。

★

上文提到的军队刑事特别官员安伯·沃伊纳尔（Amber Wojnar）在2008年12月16日写给谢丽尔·哈里斯的一封电子邮件中说，他刚刚给上面递交了一份报告："将两位KBR的领导以及KBR本身作为过失致人死亡的责任人。我确信，有足够确切可靠的证据表明，是他们的玩忽职守导致了赖安·马瑟斯的死亡。我确信，他们并没有确认进行浴室工作的电工以及水管工人是否都有职业资格许可，他们也没有对这项工作的进行予以监督。”

但美国军方却最终也没有提起针对KBR的刑事诉讼，也没有控告该公司的领导们。想要对伊拉克战争中最大的国防承包商提起诉讼，控告其因过失而致人死亡，一旦调查报告送回到华盛顿，这样的想法显然不会被付诸实践。在2009年，赖安·马瑟斯死亡一年多后，来自美国陆军刑事调查司令部的官员们在匹兹堡会见了谢丽尔·哈里斯，告诉她说，马瑟斯的死亡原因又从过失而致人死亡改回到了意外事故致死。哈里斯后来回忆道：就在她即将离开会场的时候，其中一位军队官员告诉她，“如果她想要讨回公道，那么她就必须要去法庭起诉”，不过要她自己去。

哈里斯写了一封电子邮件，给其中一位在匹兹堡会见并告诉她案情反转的军队调查员。在邮件中，她发泄了自己的愤怒：“在赖安去世之后……有一位军队的工作人员（姓名保密）告诉我‘在伊拉克是KBR掌管一切’。我无论如何都不愿意相信这一说法是真的。可今天你们美国陆军刑事调查司令部却向我证实了这一说法，我终于有了深刻的认识，明白了在伊拉克的确是KBR在掌控着一切，并且在一定的程度上，这家公司还控制着你们。”

这次会谈并没有让哈里斯就此罢休。她开始凭借一己之力对KBR展开追查。她不断地从军队调查员以及其他政府官员那里收集来情报，强求美国国会议员跟她交谈，并找到记者们谈话，此外她还在匹兹堡的联邦法院提起诉讼，控告这家公司的玩忽职守造成了他儿子的非正常死亡。哈里斯用各种努力，让这个案子没有就此销声匿迹。

她从不惮于痛斥那些上校、将军们——军队领导层当中的任何人、每一个人，只要他们拒绝正面回答她的问题，或者拒绝创造必要的条件保护更多的美军战士远离电击的危险，她都会谴责。哈里斯在2009年写给一位将军的一封电子邮件中说：“美国陆军工兵部队对为我们的战士们提供最好的服务并没有兴趣，对此我已经没有合适的语言能表达我的愤怒了。”“当您在进行我儿子案子的法律复查的过程中故意拖延时，美国陆军工兵部队却还在继续向KBR提供着价值数百万美元的订单合同。”她在写给一位军队高级律师的邮件中说，“我绝对不是一个得不到答案也可以年复一年虚度光阴的母亲。我想要为我儿子的案子画上一个句号，也想确认我们美国军人们的安全。在这封邮件的收件人名单里的诸位，你们当中有没有谁愿意站出来，给我一个答复呢？”

如今，哈里斯说：“将军们都想袒护KBR，因为那里就是金钱的所在。”

通过哈里斯的调查，人们也发现，她儿子的死绝不是一桩个案。美国国防部最终也被迫承认，在伊拉克战争期间，美国军队工作人员当中至少有十八人遭受电击而死。事实上，早在2004年的时候，军方专家们就因为伊拉克前线的军事设施中的伪劣电力工作所造成的安全隐患而发出了警告，但没有人对这件事做过任何反应。更糟糕的是，事实证明，在位于拉德瓦尼亚宫（Radwaniyah Palace）建筑群中的浴室中，就在马瑟斯触电身亡的那个淋浴间里，此前就有另一位美军士兵遭到电击了。这名士兵曾要求工作人员修理这间浴室，但直到马瑟斯触电身亡之后，都没有人来修理。

马瑟斯案最终在2008年迫使当时担任驻伊拉克美国军队全权指挥官的戴维·彼得雷乌斯（David Petraeus）上将下令，对美国在伊拉克全国范围内设立的所有军事基地的电力设施进行一次全方位的检查。这个案件还促使KBR的电力工人们站出来表示，他们在此前的数年时间里一直在向KBR的管理者及美国军队的官员们反映驻伊拉克美军营地内的电力设施质量低劣的问题——而完成这些工作的工人们也都是从其他第三世界国家找来的工资低廉、没有受过良好训练的工人们。

在伊拉克战争中还有许多隐藏的问题，其中一个就是美国国防部的审计员及承包商管理员们在面对外包的承包商们时，在数量上相比起来，简直就是沧海一粟。他们的人数实在是太少了，以至于在战争前线面对类似KBR这样的庞然大物，他们几乎不可能对它进行任何有效的监督。而美国国防部在特定的行业领域——比如说电力领域和供水领域——也缺少足够的专家去了解和检查KBR的工作。在战争期间，由KBR负责其维修工作的建筑物以及集装箱住宅遍布伊拉克各地，最多的时候分别达到了4000座和35000座之多。对于负责军队订单合同的官员们来说，想要监管并跟踪这么多工作的进展是根本不可能的。事实上，这些审计员们唯一能够做到的就是核查承包商们的日常工作文书，这也就意味着KBR以及其他众多承包商实际上是在脱离监管的情况下开展工作的。

在赖安·马瑟斯触电身亡、谢丽尔·哈里斯苦苦追查之后，国防合同管理局的官员们才终于得出结论：KBR在进行电力工作操作的过程中存在着“严重合同违约”的过失。谢丽尔·哈里斯，这位来自宾夕法尼亚州、承受着丧子之痛的母亲，震惊了国防部上层的保守势力，也让KBR有所忌惮。她的行动毫无疑问拯救了无数美军士兵的生命，否则他们很有可能会遭受到和他儿子一样的厄运。

“您所付出的一切努力和您为了将这个问题公之于众而表现出的坚忍不挠的品格，彻底地改变了伊拉克。”美国陆军刑事调查司令部的一位官员在一封电子邮件中告诉她说，“我在离开伊拉克的时候亲眼看见了这些变化。我看到很多的设施都被更新到了美国国内的安全等级。驻伊拉克的很多士兵，包括我所在的‘杀手’营地（Camp Slayer）的所有士兵，现在都可以安全地使用水，而不必担心对他们身体健康的任何威胁了。由于您代表您的儿子以及驻伊拉克、阿富汗的全体军队工作人员所做的努力，过去已经有很多生命被挽救，未来还会有很多生命被挽救。尽管其数量没有办法去估计，但我还是希望您能够知道您已经产生了多大的影响，我也希望您知道我是多么感谢您，您努力解决了一个我和很多美军领导人早就应该看到并应努力解决的问题。”

然而不幸的是，她为了在法庭上击败KBR而付出了巨大的努力。

在2012年，她提起的控告KBR造成非正常死亡的诉讼案被一位联邦法官驳回了。但谢丽尔·哈里斯显然不满足于这样一个否定的答案。尽管那时候距离最后一批美国军队从伊拉克战区撤离也已很长时间了，她还是发誓要继续斗争下去。2013年，当上诉法院撤销了此前由低级法院的法官做出的对谢丽尔·哈里斯案的驳回决定后，这个案子终于重获生机，并终于促使KBR在2014年年初要求美国最高法院对此案进行审理。

★

查尔斯·史密斯（Charles Smith）是一位直言不讳的美军合约专家，他面对有人捣乱的行为从不会保持沉默。整个职业生涯，他都一直工作在历史上著名的岩岛兵工厂，并且和他的家人在附近的艾奥瓦州达文波特市过着平静的生活。他的志向很平凡。他想要做到的，仅仅是为美国驻伊拉克军队提供支持，还有就是在退休之前能够在军队等级制度的长长阶梯上再爬上那么一两个等级。

但他与KBR的对决改变了所有的这一切。史密斯比其他任何人都更加想要限制大量的废弃物的产生（这已成为伊拉克战争中的标识性事物）。但当他开始接近他的目标的时候，美国在伊拉克最大的承包商（KBR）倾尽全力发起了反击。

★

查尔斯·史密斯出生在美国肯塔基州路易斯维尔市，毕业于弗吉尼亚州的华盛顿和李大学（Washington and Lee University），随后在范德比特大学的研究生学院就读，然后结婚了。出于家庭生活的需要，他找到了一份稳定的工作，当上了一名公务员。1976年，他在岩岛兵工厂的军队采购部门得到了一份工作。1999年，他所在的部门受到委任，负责陆军战场供应，这就意味着他的部门需要掌管美国军队与外包公司之间的订单合同，而那些公司将要为被部署到海外执行任务的军队提供基本服务。在和平年代里，这样的任务基本上处于一潭死水的状态。

在2000年到2001年之间，史密斯正在集中注意力处理一个漫长的投标程序，当时三家公司为了接手一份叫做“公务后勤补给计划”（LOGCAP：Logistics Civil Augmentation Program，美国陆军战场供应的主要项目）的合同而展开角逐。在2001年12月，“9·11”事件刚刚过去的时候，这次投标的最终结果揭晓了，当时KBR凭借着极低的标价击败了另外两家大的国防承包商——雷神公司（Raytheon）和德阳集团。在那个时候，KBR掌握着一大堆的有利条件。军队人员，尤其是美国陆军工兵部队非常喜欢这家公司在20世纪90年代在巴尔干半岛为美军进行的服务。但更为重要的是，KBR当时还是哈里伯顿公司的一家附属机构。哈利伯顿集团是迪克·切尼在2000年总统大选之前经营的一家石油服务公司，总部设在得克萨斯州。

在LOGCAP合同项目进行期间，KBR因为进行合同中所要求的工作而产生的所有有关的花销都会得到偿付——只要这些花销是被美国军队接受并允许的。在这些条件的基础上，这份合同中还规定了额外的支付金额，叫做判定费用，这部分费用的数量将会由军方设立的全体陪审员决定。

在KBR赢得竞标大战的时候，LOGCAP合同项目当时还处在和平年代的模式下，而对于承包合同的详细条款，并没有人给予太多的关注。然而，不久之后，这些详细条款就会将KBR改造成整个伊拉克战争中最大的造钱机器了。

★

在KBR赢得LOGCAP竞标项目仅仅一年多之后，美国对伊拉克的入侵行动就开始了。这件事使得这家国防承包公司一跃成为美国军方在所有的军队战地服务领域内的头号承包公司，在伊拉克、科威特甚至在阿富汗都是如此。这样一来，美国军方就开始要求KBR负责为遍布整个中东地区的数十万美国军人提供所有的基础服务项目，包括食物、住房、水以及环境卫生。这突如其来的好运简直是史无前例，事情看起来就像是单独一家公司突然接到一份合同订单，要为一个小国家里的每一位公民提供他们所需要的每一份服务。KBR在为美国军队提供基础服务的领域所占据的绝对垄断地位给这家公司带来了巨大的影响力，同时也不可避免地影响了这场战争的进程。美国军队建立的军事基地散布在伊拉克境内各处，KBR负责向其提供供应。很快，KBR长长的卡车运输队就成了当地武装暴动分子们最喜欢攻击的目标。而美国军队反过来又不得不调拨兵力为这些运输队伍提供护卫；同时，针对卡车运输队的伏兵以及路边简易爆炸装置又常常造成大量的人员伤亡。

在美国对伊拉克的入侵行动的较早一段时间里，伊拉克出现的混乱局面给KBR摆出了一个巨大的挑战，因为它必须要适应在伊拉克激增的美国军人的数量。总体上来讲，美国军队对于KBR在前线军事基地以很快的速度为他们提供优质的食物及相当好的住宿，还是基本满意的。KBR的管理者们判定，最要紧的一件事就是要让美国驻伊拉克的官员们满意，方法则是：确定那些与官员们关联最大的服务都做得合乎他们的要求。

但很快，当时负责运行LOGCAP项目并监督KBR的查尔斯·史密斯隐约看到了财政上的问题。在2003年，美军入侵行动过后几个月的时候，美国军方开始提出要求，要在伊拉克全国各地一夜之间建立起营地以及军事基地。为了建造这些基地并对它们提供服务，史密斯的办公室不得不向KBR提出数额巨大的订单，这将要花费数十亿美元。因为美国军方要求赶紧把这些工作做完，越快越好，所以史密斯就允许KBR先进行工作，然后再将工程文书以及支出记录呈递上来。关于到底在哪里建立军事基地这一问题，美国军方举棋不定，总是改主意，这就为史密斯以及KBR增加了一重需要解决的疑惑。在整个2003年的时间里，史密斯对KBR工作文书当中存在的那些疑问都给予了最大程度上的善意。但到了2004年，美国的入侵行动转变为长期占领，而KBR在伊拉克的地位也日益稳固，史密斯开始要求其对一些问题给出答案了。

KBR采取拖延态度，始终不愿意向史密斯提供用来支付其建筑费用的可供审计的提案。这家公司就是不愿意解释自己在伊拉克到底是怎么花钱的。随着时间的推移，史密斯开始生气，同时也感到失望，他认定KBR的这一表现其实是拒绝一起协调算出该公司在伊拉克事实上支付的开销数目。

通过进一步的调查，史密斯开始得出结论：KBR一直以来都在非常充分地利用着与军队做生意的开放性来为自己谋利。由于入侵行动事态紧急的原因，KBR从来都不需要向军队提供其在伊拉克进行工作的最初的费用评估，所以在可以申报军队亏欠公司多少款项的时候，该公司也就几乎没有什么限制了。同时，如果工程质量做得好的话，还能够得到额外的利润以及附加的奖励支付。KBR声称当时伊拉克的局势仍然太过于混乱，以至于这家公司还是不能够提交足够多的支出记录。通过这种方式，KBR在计算军队到底欠他们多少钱的时候就可以完全自己说了算了，军队这边根本没有任何办法去复核KBR的数目。这就搞得好像这家公司拥有自由处理权一样。

挡在KBR前路上的唯一障碍，就是查尔斯·史密斯了。

在2004年，史密斯告诉KBR，自己是不会同意其向军队提出的偿还公司账目的请求的，除非它开始更新工作文书，并且提供明确的记录证明该公司在伊拉克到底真正花费了多少钱。美国国防部的审计员告诉史密斯，截至2003年年末，KBR申报的它在伊拉克花费的资金，其中有大约10亿美元的花销是不可信的，应该从中扣除。掌握了这条信息，史密斯变得更加坚定了，他要求KBR提供记录以及工作文书，为该公司在之前向军队开出的账单中声称自己花费的数十亿美元费用提供相应的解释。史密斯还告诉KBR的领导们，如果他们不能向他提供足够的文件用来支持他们向军队开出的这张账单，那么他将会阻碍账单的偿付，还会不让他们得到额外的合同奖励金，更会在他们未来工作的报酬中削减15%的金额。

现在，他终于引起了KBR的重视，只不过事情却并不是以他想要的那种方式发展的。

史密斯一开始面对KBR时的强硬态度是被他的顶头上司韦德·麦克马纳斯（Wade McManus）少将所支持的，尽管当时面临着很多人的担忧。他们担心这样做会使KBR与美国国防部之间的关系更加恶化，出现对抗。但在2004年麦克马纳斯少将退休之后，史密斯就再也没有为他做主的保护者了。在2004年6月，史密斯前去参加KBR的一场会议，地点在华盛顿外面的弗吉尼亚州郊区。在那里，麦克马纳斯的继任者杰罗姆·约翰逊（Jerome Johnson）准将当着整整一屋子KBR领导们的面大发雷霆。约翰逊在同KBR进行的会议中决定斥责史密斯一番，史密斯把他的这个决定解读成是一个“明显的信号，告诉KBR我对于这个项目的影响将不复存在”。

现在，随着约翰逊成为新一任的掌权者，史密斯对KBR开始失去他的影响力。约翰逊以及国防部的高级民事官员现在仿佛进入了“让我们多多关照KBR的模式”，史密斯如是回忆道。

2004年8月，在与KBR进行了长达数月的拉锯战之后，史密斯叫他的一位代理人写了封信给KBR的领导。信中说，史密斯即将单方面地对KBR处以罚金，因为这家公司没有提交他一直以来所要求的资金记录。但当他的助手把这封信亲手交到KBR一位领导手中时，这位领导说，这个决定“将会被整个倒转”。正如这位领导所预料的那样，就在第二天早上，史密斯接到了来自约翰逊的电话，命令他撤回那封信。

接下来，史密斯遭到了各种各样的暗算。他前去岩岛兵工厂参加一场和KBR领导们约定好的会议，结果发现另外一位军方官员坐在他的位置上。通过这件事，史密斯意识到自己已经失去了实权，自己的位置早就被取代了。史密斯就这样被扔在了一旁，随后就退休了。很快，为他亲手将罚款信呈递给KBR的那位助理也被开除了。这场针对史密斯进行的早有预谋的行动向其他的官员们发出了一个明确的信号：不要跟KBR找麻烦。

除此之外，美国军方还雇了一家外部承包商，用来复查KBR的花销，这样就取代了先前由国防合约审计局里的军队审计人员扮演的角色。之前就是这些审计人员向史密提供了数据，表明KBR的账目不可信。

随着史密斯以及美国军方审计人员的相继退出，KBR终于可以得到它想要的东西了。公司的账单被承认了，公司的额外奖励金也拿到手了，在将来的工作中削减报酬这种威胁也不存在了。相反，在伊拉克战争剩下的时间里，KBR在伊拉克的支配地位更加增强了。奥巴马政府跟KBR签订了一个秘密协议，允许KBR保有在伊拉克为美国军队提供基础服务的垄断地位，直到战争结束。史密斯以及他的团队在一开始曾定下计划，要让伊拉克的承包工作也对其他的公司开放，这样就可以强迫KBR为了工作机会而参与竞争，然而奥巴马政府的决定，将这一计划整个颠倒了过来。

KBR一路凯歌，以绝对优势成为了美国国防部唯一的最大的承包商。根据英国《金融时报》2013年的计算，它所收到的合同订单的总额达到了395亿美元。

查尔斯·史密斯没能够阻挡KBR，他在2014年去世了。谢丽尔·哈里斯也没能阻挡这家公司。史蒂文·科格林为了使美国退伍军人事务部能够以更加公开的方式处理KBR垃圾焚烧处理场的问题也饱经波折。然而，毕竟他们所有人都曾勇敢地斗争过。

Pay Any Price

第三部分 无尽的战争

Pay Any Price

第七章

虐囚与虐己

戴米恩·柯塞蒂（Damien Corsetti）在不吸毒的情况下几乎是不能说话的。现在，大麻已经成了他的药品了。柯塞蒂为了能够使自己回忆过去，手里必须时时握着一支大麻烟枪或一个烟斗才行。他每天上午是要抽一口的，下午也要抽，晚上还要抽。他现在吸毒并不会真的非常兴奋。事实上，他吸了太多的毒品，以至于吸毒已不会再对他产生太过明显的效果了。吸毒仅仅是帮助他放松身体，降低头脑中疑神疑鬼的警戒。也只有在这个时候，他才会跟人谈起他过去的人生。

他告诉过他的在美国退伍军人管理局的医生们说，吸毒可以对他有帮助，他也曾央求医生们在他的用药处方中开列大麻一项。但退伍军人管理局的医生们拒绝了他的请求，并且反复称他们这些医生是被禁止在处方当中开出大麻的。尽管现在在许多个州里面，大麻都已被允许用作医学用途了。所以，柯塞蒂被迫开始自己给自己弄药。这就意味着，他不得不到外面，到佐治亚州萨凡纳市的大街上去四处搜寻药物。那里是他最后的避难所，在那里他可以逃避他的过去。

柯塞蒂在华盛顿特区的郊外长大，他的家人们至今还生活在那里。但自打从战场回国后，柯塞蒂就在华盛顿和美国南部地区之间往返奔波。最终，2011年，他在萨凡纳市停下了脚步——那已经是在他从伊拉克战场回到美国七年之后了——因为他当时满怀恐惧地认为，在华盛顿以及弗吉尼亚州北部的大街上有太多的阿拉伯人。他认为无论走到哪里都会看到阿拉伯人，这让他经常觉得自己处于被围攻的状态。过去，他在阿富汗和伊拉克的监狱里担任臭名昭著的安检人员及审讯员的角色，这让他担心大街上的任何一个角落里都可能有人跳出来报复他。

戴米恩·柯塞蒂作为一名审讯员最早是在阿富汗的巴格拉姆监狱

（Bagram Prison），后来他调转工作到了伊拉克阿布格莱布监狱，这甚至让他更加痛苦——那里是柯塞蒂在这世界上去过的离地狱最近的地方——这座监狱杀死了他内心深处的一些东西。“如果说这世上有什么地方是邪恶的，那一定是阿布格莱布监狱了。那里只有死亡，只有可恶的死亡。就是这地方改变了那里的所有人。”

“在那里，发生了一场‘癌变’。”

★

在他被派往战争地区的十九个月里，大多数时间都是在战地监狱里面度过的，这段时间给他留下了心理上的巨大创伤。美国退伍军人管理局鉴于他在阿富汗和伊拉克作为军队审讯人员期间所承受的创伤后应激障碍的心理压力，认定他为百分之百的精神残疾。

作为一名审讯员，柯塞蒂是虐待行为的施行者而不是受虐者，但他如今却仍作为美国在战区刑讯审问体制的一名受害者身份生活着。他所承受着的创伤后应激障碍达到了超乎寻常的水平，就像飓风一样袭击着心灵。然而这不是由于战斗，而是由于他服从了命令，对囚犯们施虐。他是第一批因为遭受创伤后应激障碍折磨而被认定为完全残疾的美国退伍军人当中的一个，这些人患病是因为在反恐战争中执行了严厉的刑讯行为。

当柯塞蒂一面吞云吐雾一面说话的时候，他竟然非常坦率地承认自己所做过的事情是错误的，坦率得令人吃惊。而他也表达了自己对美国军队及政府的愤怒和失望，其当初命令他去对囚犯们施虐，但接下来又转而将矛头对准他，控告他，最后因为他执行了那些命令而将他送上法庭。

“没错，我觉得我做的一些事情确实非常恶劣，”柯塞蒂说，“而且我也觉得我在那个时候就是个坏人。但那些告诉我这么做的人，都去死吧！那些个自以为是的杂种们！”

众多美国审讯员在离开审讯室很长一段时间之后，才发现他们自己正备受折磨，柯塞蒂只是他们当中的一个。柯塞蒂说，事实上，当初在伊拉克和阿富汗跟他在一起共事过的审讯员们，到现在多多少少都遭受着不同程度的创伤后应激障碍，只不过大多数人都默默忍受着。柯塞蒂有一位朋友是来自得克萨斯州的前任审讯员，两人在伊拉克阿布格莱布监狱共事过，他在2011年曾企图通过跟一位得克萨斯州骑警寻衅打架的方式杀死自己。（柯塞蒂要求我们不提他朋友的名字，因为他现在还被深深困扰着。）其他人，比如说像柯塞蒂这样的，则长期以来一直承受着毒瘾、酒瘾、睡眠障碍、婚姻失败、求职失败以及贫穷的困扰。

如今，美国又重新温习了一个可以追溯到罗马帝国时期的古老的教训。对敌人施以暴行，其实就是对那些奉命执行的军队施以暴行。在施暴的同时，施暴者的内心也承受着相应的痛苦。

柯塞蒂面对采访者，毫不畏惧地回顾起了过去的那场噩梦。这噩梦已经消磨了许多人的生命，而这些人曾接受命令，带着美国走向黑暗的一面。

“我不喜欢那样。”柯塞蒂回忆起一开始在伊拉克和阿富汗时对美国人用来对付囚犯们的审讯手段的态度。“但我记得当时一切都是从我必须做好心理准备去做这些事情开始的，我不得不做好心理准备，走进审讯室，把椅子摔在墙上，把桌子砸烂，坐在那里眼睁睁看着一个人在那里跪着两小时。我不得不做好心理准备去做那些事，直到我乐在其中为止。没错，最后我真的乐在其中了。”

那些遭受创伤后应激障碍煎熬的人们，不是那些安坐在华盛顿，高居庙堂之上，并且暗地里默许美国士兵在远方的战地实施暴行的政治家们，也不是那些给出抽象的法律辩护、备受人们信赖的律师们。当然，他们也不是那些在政府订单合同中拿到了数百万美元，然后作为交换，编造出听起来很科学的理论阐释的心理学家们。

事实上，他们仅仅是那些手里拿着项圈和皮带的执行者。在长达十年的岁月里，美国一直在用柯塞蒂以及其他男人和女人们的生命进行一场试验，让他们弯下身体，来到狭窄、秘密的地牢当中，眼睛盯着另外一群人类的眼睛，然后用自己的双手拷打、折磨他们。这样的事情发生在阿富汗，在伊拉克，在泰国，在立陶宛，在其他许多秘密地点。这些人也仅仅是奉命行事。他们被授予的审讯协议都带有奥威尔式①的名字，比如像“引起恐惧的严厉行为”。而他们所采取的，则是“强化的审讯技术”。

★

这场试验的结果已经出来了，而我们现在也知道了，普通的美国人——他们当中大多数是低级别的军队工作人员以及外部承包商——对于这场以非人的暴虐行径为内容的实验到底作何反应。他们是拖着患战斗疲劳症的、去人性化的身体回到美国的。他们忍受着耻辱和负罪感，而不是作为从战斗中归来的英雄。他们正在遭受的，是道德上的创伤。

“每一天，我都会丢失掉一点点的自我。”柯塞蒂说，“我正在变成另外一个人，而且看起来就好像海德先生（Mr. Hyde）②就要接管我的身体一样。多吃点安眠片，多吃点抗抑郁药，多吃点安眠片，多吃点抗抑郁药……我受够了，该死的药。”

巴拉克·奥巴马总统说过一句名言，美国要“向前看”，而不是向后看。所以说，根本不会出现一个什么真相调查委员会，也不会出现一次由国会或者司法部发起的积极有效的调查，去查查那些曾经授权允许虐待行为的人，去查查那些依靠折磨囚犯而发家致富的人们。在“9·11”事件过去十年之后，那些当年参与创建了这一整套刑讯审问系统的人们早已通过与中央情报局、联邦调查局、国防部、国土安全局之间的文书交易、

---

① 注：奥威尔式（Orwellian）指英国作家乔治·奥威尔（George Orwell）所抨击的保守派集权主义者利用虚假宣传来美化、掩盖事实的作风。

② 注：海德先生，美国电影《化身博士》中的人物，代指一个人的邪恶人格。

巡回演说、订单合同及科研补助金赚取了好几百万美元的利润。他们现在正春风得意，没有受到指控，甚至都没有受到调查。

而那些现今被要求为虐待囚犯行为负责的，事实上仅仅是整个命令传达链条中最底层的那些人，他们是记录在册的军方工作人员，是最低级别的承包商，他们为政府去执行审讯任务，政府反过头来却告诉他们，旧的规则已经不适用了，人们必须改用新手段。有一些人像柯塞蒂一样，因为自己过去的行为而面临起诉。剩下的则只是面临着创伤后应激障碍的折磨，而最大的一种可能性就是，他们的余生都要在这种痛苦中度过了。

★

柯塞蒂是美国陆军第519军事情报营的一名二等兵，还是军队的一名反情报学专家，但在反恐战争发生的时候，他并没有接受过任何审讯方面的训练。他说，2002年第一次抵达“巴格拉姆集中营”（这座美国在战争初期建立在阿富汗的大型监狱的官方名称是这样叫的）时，甚至没有人告诉他关于处理囚犯任何详细的规则。他的长官只是叫他在一旁看着先前被委派到这座监狱里来的第一组人员是如何进行审讯的，这一群人包括美国国民警卫队的军人，还有其他的军队工作人员。他们事实上没有什么准备就被扔到了阿富汗，当时是2001年，塔利班政府倒台之后。这群人当时准备等柯塞蒂这拨人一到监狱来接替，随之就离开，所以柯塞蒂和团队中的其他成员就坐在一旁，看着他们在交接工作之前的最后一次审讯。他们在公开地羞辱虐待囚犯，而柯塞蒂的长官当时也并没有让柯塞蒂的团队在今后的工作中减少这种过激手段的使用；相反，他叫他们不要对先前的审讯员们提出疑问或者批评。这样，长官传达出的信息就很明显了——柯塞蒂和他的伙伴们也是要采用同样的手段的。

时至今日，柯塞蒂终于知道，他当年本应该拒绝随波逐流的，他本来也应该效仿他团队当中唯一一位拒绝进行刑讯的人。“说到底，你还是有选择权的。你必须去做你认为对的事情。当时有这么一个人，真是个固执的家伙，他在第一天就看到了事情的结果，于是说干不了，他做不出这样的事情。所以长官就叫他去负责管理电脑，做数据库工作了。在那里，他是唯一一个站出来说话的人，他说做不了这个。人们取笑他，说他是个㞞货，但他坚持自己的观点。”

柯塞蒂说，他从他的长官那里得到的另外一条较早的指示就是，这个监狱中关押的犯人不应该被视为战争囚犯，更准确地说是敌军战士，所以他们并不享有《日内瓦公约》或者战争法则当中所规定的那些权利。在2002年2月，由乔治·布什总统宣布的一项政策方针中写道，白宫在那个时候坚持认为，在采取行动捕获并审讯那些对“9·11”恐怖袭击事件负有责任的恐怖分子的时候，处理相关事务都要经过精心的计划和严格的执行。

然而，真正到了实际执行的时候，所谓的方针政策就都被抛到九霄云外了。有一些犯人是疑似基地组织恐怖分子，而有些囚犯只是一文不名、一字不识的阿富汗普通平民，因为去战场上为塔利班控制的政府卖命才被捕的；可美国人在对待这两种人的时候，根本没有差别。那些阿富汗和巴基斯坦农民们，有一些被误打误撞围捕起来，还有一些被仇家扭送给了美国人，这些仇家要么急于报仇，要么贪图美国人发放的奖励津贴。而那些农民所遭受的刑讯，看起来就好像他们是基地组织的大恶人一样。他们这些人都是“鲍勃”——这是美国审讯员们给囚犯们起的外号，因为他们都必须穿统一的囚服，而这囚服是由鲍勃·巴克公司（Bob Barker Company）制作的，那是一家位于北卡罗来纳州的监狱供应公司。

★

在反恐战争开始之前，美国在对待战争囚徒时是非常具有人道主义精神的，因此也赢得了相当不错的国际声誉。在第二次世界大战即将结束的日子里，大批的德国士兵聚集到德国西部边界，为的只是能够被美国人俘虏，而不是成为那些进军德国东部、令人望而生畏的俄罗斯人的俘虏。在战争结束数年之后，美国仍然作为一个主要推手，促成了《日内瓦公约》的订立。而《日内瓦公约》中明确规定，在武装冲突中被俘的囚徒们也是享有一些权利的。在第一次海湾战争期间，伊拉克军队甚至全体一致同意投降，因为这些人知道，即将到来的美国军队会好好对待他们。

然而自从布什决定废除《日内瓦公约》的时候起，一切就都变了。这个决定也永久性地改变了柯塞蒂的生活。“当你委曲求全，违背自己的道德去做一些错误的事情时——可能这件事不犯法，但在道德上是错的——这时候，你就真的误入歧途了。我的确做过一些那样的事情。”

★

在从战场上回到美国后，在经历了巴格拉姆和阿布格莱布监狱的遭遇后，在最终被送上军事法庭接受审问并随之遭受了虐待囚犯的指控后，柯塞蒂的精神和肉体都彻底地垮掉了。他开始被妄想症所折磨。他决定要找一个阿拉伯人少一些的城市生活，那里阿拉伯人越少越好；至少也要找一个地方，确保在那里不会有什么东西勾起他对阿拉伯人的疯狂幻想。最终，风景优美、秩序良好的萨凡纳市成为了柯塞蒂的定居之地。萨凡纳市有着众多历史悠久的广场，它们和优雅的城镇建筑排列成行。这些建筑在《午夜的善恶花园》（*Midnight in the Garden of Good and Evil*）一书中曾作为重要的角色，同时每年也吸引着数以千计的游客们来到这座城市。这一切都对柯塞蒂的精神带来了宁静、祥和、安稳。

此外，萨凡纳市离佛罗里达州也比较近。柯塞蒂的妻子曾经对他采取各种各样的限制，后来他就开始殴打、辱骂她，再后来，她就带着儿子逃到佛罗里达州去了。随着时间的推移，他的妻子终于同意让他偶尔见一见儿子，每当这时候他就会迫不及待地从萨凡纳市开车前往佛罗里达州。所以他现在就在萨凡纳市，跟他的女朋友还有他们的小女儿安安静静地过着隐居的生活。

然而，对于柯塞蒂来说，如果不依靠大麻，单单是萨凡纳这座城市的宁静，其实还是不足够的。除大麻外，其他的任何东西都是不起作用的。军队的医生们给他开过处方，其中有思瑞康（Seroquel）以及其他的抗精神病和抗抑郁症药物，用来治疗他的创伤后应激障碍，但这些药不起作用。他吃了思瑞康之后，不但噩梦连连，体重还增加了100多磅。

最初，刚从伊拉克回来时，柯塞蒂服用官方给他开出的药，结果这些药让他变得像一副肿胀的讽刺画像那样滑稽。那段时间的样子深深地印在了他的脑海中，挥之不去，尤其是在他以这样的形象出现在纪录片《驶向阴霾的出租》（*Taxi to the Dark*，2007年的一部关于虐囚事件的纪录片）当中之后，就更是如此了。他最为人所熟知的样子，是一个肥胖过度的大恶棍的形象。现在，柯塞蒂不再服用抗精神病药物了，所以他又重新减掉了体重，看起来清瘦、高挑而且有肌肉，这非常像他2002年刚到阿富汗时的样子。如果不看他那颗剃成光头的脑袋，单凭其余的身体部分，人们是绝对不会认出他就是在那段灰暗的日子里出现在纪录片画面中的那个人的。从表象上看，他似乎还挺健康的。

当年被派到战场上的时候，柯塞蒂还不是一个胖子。他真正胖起来是在2004年，从伊拉克回到美国之后。那段时间，他被安排在美国北卡罗来纳州中南部城镇布拉格堡。当时有一场针对在阿富汗发生的虐待囚徒事件而进行的范围广泛的调查，而他正在那里等着接受关于这场调查的指控。当柯塞蒂回到美国，等待他的是一场特殊的“欢迎”。他遭到了逮捕，并且因为他在海外进行的活动而遭到了起诉；然而在那个时候，柯塞蒂早已在完全意义上背负着创伤后应激障碍的沉重包袱了。他完全陷入了绝望的深渊。他发现在布拉格堡附近很容易买到海洛因，于是就开始服用并且成瘾。

到了那个时候，他已经对上班时间吸毒这件事情习以为常了。他在阿富汗时就开始吸食大麻了，那些烟是从阿富汗当地人手中买的。他说，他和其他的美国士兵们总能够找到巴格拉姆监狱附近的一些偏僻地方，到那里去偷偷地吸烟，这些秘密地点包括监狱建筑物的底层。他说他曾经在吸大麻吸到兴奋的时候进行审问，甚至跟他将要审讯的犯人们一起吸食大麻。

他说他当时处于亢奋状态，上头命令他一遍又一遍地审问那些阿富汗人。显而易见，那些人所知道的信息，都在先前的审讯当中无数次地交代过，除此之外他们再不知道别的了。“你必须不停地说，过一段时间之后，你就会觉得自己的工作简直就是儿戏。”柯塞蒂说，“你会想，我今天的工作没意思。我要抽两口，晕晕乎乎地进去干活。你的一天就这样度过了。嘿，我甚至跟几个囚犯一起抽过大麻。”

但当他回到布拉格堡之后，他转而开始吸食海洛因，而且很快就不能自拔了。因为他当时还身在军队之中——军队是不会在对他起诉时放他出去吸毒的—— 所以他学会了非常熟练地把海洛因注射到针孔不容易被发现的身体部位。他同时还尝试过其他猛烈的毒品，包括普斯普剂（PCP），但这些毒品都没能够控制住他内心日益疯长的魔鬼。

海洛因可以麻痹他的痛感，但却不能够控制他暴怒的心。曾经有一次，在布拉格堡所在的费耶特维尔市（Fayetteville）的街道上，柯塞蒂遭遇了交通拥堵。一时间，他竟怒不可遏，以至于走出车外，径直跑到他前面的车旁，把司机拽出车外开始拳打脚踢。柯塞蒂说，他在警察赶到现场之前就溜之大吉了。当一个人患有创伤后应激障碍的时候，“你就会觉得自己好像成了代替上帝在全宇宙中执掌因果报应的使者了，”柯塞蒂说，“你就觉得自己需要对那些应该遭到报应的人，一个一个地进行报复，让他们遭到报应。而你做这一切都是没有问题、理所应当的。”

当然，在其他的一些情况下，他也曾经情绪失控，并且在公共场合宣泄自己的暴怒。“问题并不在于我说了那些可怕的话，做了那些可怕的事情，问题在于我在做这些事情的时候竟然感受到了莫大的快乐，现在一想起这件事情我就头疼。”每次柯塞蒂遭遇当地警察的时候，警察们总是一成不变地表现出超乎寻常的耐心，他们意识到这是一名刚从伊拉克战场上回来的军人。他们总会给他时间冷静下来，然后一声不响地开车把他送回家。费耶特维尔市的警察局就是用这种非正式的行为方式对待创伤后应激障碍患者的。

然而，警察却并不能挽救柯塞蒂的婚姻。柯塞蒂是还在军队当兵的时候遇到并迎娶他的妻子的，但从阿富汗和伊拉克战场回来之后，他开始暴虐地殴打并辱骂她。最后，她带着儿子离开了他。他和他的妻子，正如他的父母在2001年写给美国退伍军人管理局的一封信中所说的那样：“不能够待在同一个房间里。这件事最终导致了夫妻之间的彻底隔绝，而他的妻子也开始对他采取禁制令。”

在军队服役的最后的日子里，柯塞蒂的体重飙升到了300磅以上，当时他看起来真的就像一头怪兽。这一点是非常具有戏剧性的，因为别人给他起的绰号就是“怪兽”。奇怪的是，他这个外号并不是在军队服役期间得到的，实际上，给他起这个外号的人是他在十几岁时的一个玩伴，那时远在他参军入伍之前，也远在他变成一个胖子之前。而柯塞蒂在从军前非常喜欢这个绰号，以至于他甚至在肚皮上弄了一个文身，写着“il Mostro”，这是“怪兽”一词的意大利文写法。

而当柯塞蒂这个来自弗吉尼亚州费尔法克斯郡的男孩，在阿富汗巴格拉姆监狱和伊拉克阿布格莱布监狱的昏暗走廊里活生生变成一个令人畏惧的狠角色的时候，怪兽这个绰号，终于完美地契合了他。在巴格拉姆监狱，柯塞蒂经常是那些被关进来的囚犯们第一个要见到的人。柯塞蒂的工作被称为“筛选者”，工作的内容就是给那些囚徒们留下最初的创伤经历，给他们的心理造成一次冲击，这样他们今后才会乖乖听话。他的工作还包括决定哪些犯人接下来需要接受更多的处理。

柯塞蒂有一项本事，那就是在面对新来的囚徒时，他很快就会变身成为一只愤怒的比特斗牛犬，他也愿意这样做。在审理囚犯的时候，他也经常应其他审讯员的要求，扮演穷凶极恶的角色。也正因为如此，柯塞蒂在巴格拉姆监狱成了一个臭名昭著的疯子。他很乐意在审讯进行的过程中突然暴怒，乱扔椅子，大喊大叫，吓唬那些囚犯们。于是，他又得到了另外一个绰号——“刑讯之王”，这是当时和他一起在巴格拉姆监狱工作的一位海军陆战队中士给他起的。

柯塞蒂开始变得醉心于找到新方法去伤害并虐待囚犯，以至于他甚至进行试验，尝试让囚犯们做出不同的姿势，对他们施压。

> 在我所使用的手段当中，有一部分是在接手工作的时候从原先在这里的一帮审讯员那里看到并继承下来的，还有一部分是我自己想出来的。比如说，让一个囚徒的身体笔直地与地面呈45度角，然后让他的头顶在墙壁上，这个办法就是我想出来的。我当时坐着，心想“膝盖式”（另一种审讯的姿势）已经不能再满足我了。那种办法不够快。用“膝盖式”持续二十分钟才能感受到的痛苦，有什么办法能让他们在两分钟之内就感受到呢？于是我就坐到另一间审讯室里，自己尝试不同的姿势，当试到这种姿势的时候，我心里想，哦，这个法子够缺德。所以接下来你就会去跟别的人分享这个方法。这个时候你就会说，伙计们，我刚发现了这个姿势，很不错哦。这就像是监狱里的实验一样，过去让你感到痛苦的东西，随着时间的推移会让越来越多的人感到痛苦。事情的底线被推得越来越远，你自己甚至都意识不到这一点。

★

但柯塞蒂却掌握着第一手的证据，用来证明相比那些正在被其他美国工作人员所采用的刑讯手段，他所在的团队当时所用的手段，并不能算是最极端的。他说他在巴格拉姆监狱目睹过美国特种部队的人对监狱里的犯人实施水刑。在长达数年的时间里，美国政府一直坚持声称，在反恐战争期间，只有三位犯罪嫌疑人（这几个囚徒都是被关押在美国中央情报局监狱里面的基地组织高级成员）曾被作为实施水刑的对象。但柯塞蒂却说他亲眼看到美国特种部队的工作人员们把一个阿富汗囚徒带进了巴格拉姆监狱，然后对他实施水刑。在那个时候，他还非常急切地想要加入中央情报局或者特种部队。还没有任何证据表明，有人因为使用水刑这件事而对美国特种部队进行过调查。事实上，美国军方从未承认自己使用过这种刑讯手段，只有中央情报局承认使用过。但美国特种部队的工作人员在对囚犯实施水刑时能够允许柯塞蒂在一旁观看，这个事实就说明了他们当时并不觉得这种手段有什么稀奇，也并不觉得这种事情需要他们藏着掖着。

柯塞蒂关于目击到有人在巴格拉姆监狱对囚犯实施水刑的叙述，表明美国工作人员对水刑的使用范围远远超过了美国政府曾经承认的范围，然而这还并不是唯一的证据。2012年，美国人权监察站报告称，两名被中央情报局关押过的利比亚人也遭受过水刑。尽管此前美国中央情报局已经正式承认了曾对三个囚犯实施水刑，但新发现的这两个利比亚人却并不在这三人当中。

★

2004年，阿布格莱布监狱虐待囚犯的丑闻终于被抖出来，而美国军方也终于对一些有关于刑讯的案件开始调查。从这时候开始，戴米恩·柯塞蒂的“刑讯之王”这一绰号让他引起了广泛的注意，这并不是他所希望的。他成了这次虐囚丑闻当中的一位标志性人物。柯塞蒂及其团队在被派驻到巴格拉姆监狱执行任务之后，又在2003年接受委任来到伊拉克，他们作为第一批调查员，协助开办了阿布格莱布监狱，专供美国军队使用。2004年2月，柯塞蒂回到了美国，而仅仅两个月过后，就有一批令人触目惊心的照片被公之于众，它们生动地表现了在伊拉克阿布格莱布监狱内发生的刑讯以及侮辱囚犯的种种行径。

这些在全球范围内公布的照片所造成的影响，是其他任何事物都无法比拟的——它们给白宫、美国国防部、中央情报局都带来了突如其来的强大压力，迫使他们不得不解释清楚美国一直以来到底是如何对待那些在全球反恐战争中被俘虏的囚徒的。美国国会以及新闻媒体开始展开调查，这迫使美国军方和美国司法部也采取比以往更为积极的手段去追查那些有关虐待囚犯以及刑讯行为的证据。当然，布什政府心里很清楚，这场虐囚事件到底是怎么开始的：美国总统曾宣称《日内瓦公约》不适用于反恐战争；美国司法部也向中央情报局给出了法律意见书，授权他们使用“强化的”审讯手段；美国国防部长唐纳德·拉姆斯菲尔德对于在关塔那摩湾等地设立的美国监狱内使用这种“强化的”审讯手段，也是采取肯定态度的；而且，并没有任何人采取任何的监督措施，用来防止诸如此类的虐待行为在阿富汗和伊拉克的其他美国监狱内的扩散。此外，在美国政府内部，人们都知道，虐待性的审讯手段的传播范围远远超出了中央情报局的黑牢以及关塔那摩监狱，这已经不是什么秘密了。事实上，在2003年1月，由美国驻巴格拉姆监狱的首席军方律师发表的一份备忘录中已清楚地说明，该监狱中的审讯员们正在采用的审讯手段，正是此前拉姆斯菲尔德授权允许关塔那摩监狱使用的那种。随后，《纽约时报》对此事进行了报道。

但如果把事情一五一十地说清楚——直接承认刑讯行为是由于美国官方的政策造成的——这又是一件让人很不舒服的事情，因为这样做可能会让美国的高层政府官员们面临战争犯罪控诉的危险。所以，没过多久，那些渴求正义的呼声，就促使美国白宫、国防部和中央情报局打算去寻找一些替罪羊了。在阿布格莱布监狱虐囚事件曝出之后，美国军方突然开始对2002年12月在巴格拉姆监狱发生的两名在押囚犯死亡的事件重新燃起了兴趣。当时，柯塞蒂以及美国陆军第519军事情报营刚好被委派到这家监狱执行任务。有两名在押囚犯，迪拉瓦尔（Dilawar）和哈比布拉（Habibullah），被发现死在了牢房当中。此前，他们曾在审讯时被拷锁，并且连续数日遭到殴打。迪拉瓦尔是一名年轻的阿富汗出租车司机，他只不过是在错误的时间出现在了错误的地点，他的案子最终成为了纪录片《驶向阴霾的出租》的故事基础，而柯塞蒂也是在这部纪录片中第一次走进了公众的视野。

关于这两名囚犯死亡事件的质询，引发了一场针对巴格拉姆监狱内虐待囚犯行为的更大范围的调查，最终还导致了对柯塞蒂的控诉。当这两名囚徒死亡的时候，柯塞蒂并没有直接参与审讯，而且关于他的起诉也不是跟两名囚徒死亡事件直接挂钩的。但其他美国审讯员们所做出的关于柯塞蒂行为的陈词，以及巴格拉姆监狱中被柯塞蒂审讯过的其他囚犯们关于他的叙述，促使美国军方的公诉人将矛头对准了他。在2005年，柯塞蒂遭受了数量繁多的一系列起诉，这些起诉是关于传闻中他曾对囚徒们所采取的行为的。在针对柯塞蒂的起诉所列举的虐待囚犯行为当中，包括坐在囚犯身上，殴打囚犯，朝囚犯身上扔垃圾，在他们身上弹烟灰，揪扯他们的胡子，强迫他们在女性囚徒面前暴露身体。此外，最令柯塞蒂感到羞辱的就是，他还被指控掏出阴茎放在一位囚徒的脸上，然后说："这就是你的上帝。"最后，柯塞蒂还被指控酗酒和吸毒。

尽管柯塞蒂同他团队中的其他在职工作人员面临着军事法庭的审判，可那些军队的高级军官及政府的高级官员们，却没有任何一个人被要求对发生在巴格拉姆监狱以及随后发生在阿布格莱布监狱的事情做出解释。（陆军上尉卡洛琳·伍德是柯塞蒂所在的审讯团队在巴格拉姆和阿布格莱布监狱时的长官，她受到了调查，但却没有遭到起诉，此后一直留在军队中任职。）

正如针对阿布格莱布监狱事件的调查一样，针对巴格拉姆监狱事件的调查也还是把目标锁定在一些在职的美军工作人员身上，然而这件事却给美国军方带来了事与愿违的结果。2006年，在得克萨斯州的布利斯堡，当柯塞蒂的案子被送交军事法庭开审的时候，出席的还有军方的陪审团。在商议了不到半个小时之后，陪审团竟然认为柯塞蒂无罪，不应该受到上面的任何指控，甚至连酗酒和吸毒的指控都是无效的。很明显，陪审团向美国军方发出了一个清楚的信号，那就是让其不要再继续寻找替罪羊了。

但就在虐囚丑闻渐渐地淡出人们视线的时候，柯塞蒂的生活突然失控了，他的创伤后应激障碍症状急剧加重，吸毒也开始变本加厉，这一切都困扰着他。最终，他在一次门诊药物康复治疗项目的帮助下戒掉了海洛因。但要想得到有效帮助，以消除创伤后应激障碍症状，就难得多了。在接受起诉期间，柯塞蒂害怕公开见到军队的心理学家和精神病学家，因为他知道在军事法庭审判时这些人会被传唤，然后做出一些不利于他的证词。在离开军队后，柯塞蒂被送到了美国退伍军人管理局位于弗吉尼亚州西部的一家医院，这家医院有一个专门进行创伤后应激障碍治疗的住院部。他说，接受治疗的病人们分为两拨，一拨是年龄大一点的越南战争退伍军人，另一拨是稍微年轻点的伊拉克和阿富汗战争退伍军人。他还说，每到晚上，当医院的工作人员下班回家后，这两拨人之间（他们代表着不同的两代人、不同的两场战争）就会爆发激烈的争吵与斗殴。这里的治疗并没有对柯塞蒂产生多大的帮助，经过了三个月的治疗之后，他离开了医院，又开始了漂泊的生活。

在2009年，柯塞蒂的父母亲给美国退伍军人管理局写信，请求管理局帮帮他们的儿子，信中悲痛、细致地描述了柯塞蒂在离开军队后的数年之中是如何不断沉沦的。他的父母写道，由于不能胜任任何一份工作，柯塞蒂最终失去了自己的房子和车。

在那个时候，柯塞蒂还和父母生活在一起，正因如此，他们才得以跟柯塞蒂朝夕相处，目睹他每天的行为。“他曾很多次在上班的时间给我们打电话，语气中充满了恐惧，情绪完全失控。有很多次，他说他再也受不了了。我们于是就立刻离开办公室，回到家里，然后带他去退伍军人管理局的医院去。当然，每次走到半路上，他就会问，你们为什么又要带我去医院，我有什么不对劲么？”

他们还补充说：“他曾经在一个星期里两三次出现急性焦虑症发作症状，这使他不能够乘坐公共交通工具，也不能在人多的地方待着。……在电视房，他坚持要把所有的百叶窗关上，为的是防止有人会偷窥他。整个房间里都是一片漆黑，一盏灯也没有亮。每当我们放一点光线进入房间，他要么会出现急性焦虑症发作症状，要么就会整个人变得狂躁。……他有很多次都试图结束自己的生命，幸运的是他还没有成功过。然而我们却无时无刻不生活在恐惧之中，我们每天都担心回到家里会看到什么样的景象。”

柯塞蒂的父母不得不跟美国退伍军人管理局之间展开一场旷日持久的斗争，为的是给柯塞蒂争取到创伤后应激障碍百分之百的精神残疾补贴。但毫无疑问，那些挥之不去的创伤以及幽灵一样的疾病，已经让柯塞蒂成为一个彻底的残疾人了。柯塞蒂在一定程度上还是取得了进步的，他通过努力让自己慢慢接受了曾经的所作所为，他还想办法改过自新。在2010年，这样的一个机会到来了。当时，他为奥马尔·卡德尔（Omar Khadr）出庭作证，这是一个十五岁的加拿大小伙，在阿富汗被捕，并在巴格拉姆监狱接受审讯，随后又被送到关塔那摩监狱。

柯塞蒂最终得到机会证实，在他的团队成员被派驻到巴格拉姆监狱期间，他们一直都承受着巨大压力，因为他们要通过审讯得出新的情报信息。他说，压力是从上自下的，其源头可追溯到国防部长。而这种压力层层下来，最终在巴格拉姆监狱形成了一种风气，在这种风气中，对于新的情报信息报告的需求，已远非用人道主义手段对待囚犯所能及。

这种压力，直接导致了对囚犯实施的虐待行为。

不过，即便如今柯塞蒂已经可以坦然地谈及他此前在阿富汗和伊拉克的所作所为、所见所闻，即便他还能够跟别人讨论他的创伤后应激障碍的发病症状以及后果，他也还是不相信自己将来有一天能够彻底摆脱掉这种病。他只是更加清楚地认识到了自己的困境而已。他觉得自己再也没有能力去做任何一份工作了。在他最糟糕的日子里，他甚至都没想过要离开他所居住的公寓；而现如今，当面对一位商店售货员或另一位司机而突然进入愤怒的冲突状态时，他至少可以分辨出那是不是自己的责任。反恐战争给他留下了残疾的后遗症，毫无疑问，就好比他曾被路边简易爆炸装置炸伤留下疤痕一样。

★

美国所进行的一系列刑讯行为，戴米恩·柯塞蒂曾经深陷其中。而这些刑讯行为被编造成了另一个虚构故事，尽管存在着强有力的证据指向反面，这个虚构故事依然在被编造着。而帮助编造这个故事的，是一大批经过授意的专家们，他们当中的很多人如今都承认，他们知道更多的内幕。这个虚构故事又是如此强大，以至于它牵引着人们去相信。因为人们心里都明白，同意这个虚构故事的人可以有机会升官发财。也正因如此，许许多多人尽管从一开始就知道这是一个谎言，但他们还是选择了随声附和与同流合污。正如古往今来许许多多的虚构故事一样，这一次的虚构故事，又让那些有权有势的人们能够为自己想做的事找到合理的论证，这才是其真正的意义所在。

这个虚构的故事版本是这样的：美国发表了一项声明，称政府可以对美国军队进行的“生存训练”展开逆向工程研究，以此来创造出“强化的审讯手段”，这将使美国人能够在不使用刑讯手段的情况下让囚犯们老实交代出准确的情报信息。

美国军队的“SERE（Survival，Evasion，Resistance，Escape：生

存，躲避，抵抗，逃脱）训练计划”最早被设计的时候，是面向美国飞行员以及其他军队工作人员的，为的是让他们意识到，一旦在战争中被捕成为囚徒，那么等待他们的可能会是什么样的遭遇。SERE训练计划的其中一部分，就包括使用仿真的刑讯手段，这些手段都是在20世纪50年代的朝鲜战争期间朝鲜对美国战俘使用过的。当时，他们遭到刑讯，被迫变节，然后在电视镜头前进行游行，喊出反美的宣传标语。

在“9·11”事件过后，有两位曾担任过美国空军SERE训练计划教练的心理学家詹姆斯·米切尔（James Mitchell）和布鲁斯·耶森（Bruce Jessen）——他们当时正作为中央情报局的外部承包商，工作就是帮助情报局将仿真的刑讯手段变成军事上的武器，强化审讯技术，用于从中央情报局关押的囚犯口中获取情报信息——声称，他们的审讯方法可以让顽抗的犯人开口说话，同时又不会是法律上所认为的刑讯手段，因为美国军队曾用同样的手段训练自家的士兵。

米切尔和耶森都提倡使用刑讯手段，这些手段最开始的设计目的是击垮人的心理，迫使他们说出一些谎言及宣传标语。但他们却声称这些手段并不是刑讯，还声称这种手段让犯人说出的是真话，而不是谎言和宣传标语。在全球反恐战争所造成的黑白颠倒的大环境下，他们的这种解释居然被广泛地接受了。

通过他们建立在华盛顿州斯波坎市的一家公司——米切尔和耶森联合公司（Mitchell and Jessen Associates），他们在跟中央情报局签订的标准的合同契约中拿到了数百万美元；作为美国刑讯项目的设计师们，他们还在美国情报界得到了权力和声望。

他们之所以成功，是因为得到了非常多的帮助。有一些参与SERE训练计划的专家们知道此事的真相。然而在长达数年的残酷岁月里，他们还是保持了沉默。当时，中央情报局在米切尔和耶森的带领下，正沉迷于那种审讯手段。如今，人们已经广泛地承认那的确是刑讯行为。事实上，有一些SERE训练计划的专家们甚至也参与到了其中。

那些同样知道事情真相的美国心理学家们，也都保持了沉默。心理学家们明明知道，大量的行为科学调查研究都一致表明刑讯是不管用的，但他们却并没有提出反对的意见。

更糟糕的是他们选择了同流合污，他们悄无声息地篡改了职业道德规范，为刑讯行为大开方便之门。作为回报，政府也向这些心理学家们抛撒了大量的金钱及其他好处。

正因为SERE训练计划的专家及心理学家们都保持了沉默，米切尔和耶森才得以就强化审讯手段发表更为大胆的声明，并且成功让这些声明被布什政府、新闻媒体、好莱坞、社会公众所接受。

那些最了解事情真相的专家们都知道SERE训练计划其实就是刑讯手段，他们还知道用这个手段是不可能收集到准确的信息的，这是大家的共识。然而这一点在此前却从来没有被解释过。

米切尔和耶森的一项重大成就，就是歪曲了此前被大家所接受的关于SERE训练计划对人们身心造成何种影响的叙述。他们发表了两个重要的相关声明：第一，SERE训练计划的手段可以迫使囚徒们讲出真话；第二，SERE训练计划的手段并不包含刑讯。

SERE训练计划是安全的，正是部分基于这一想法。中央情报局对美国司法部称，强化审讯手段也是安全的。而反过来，正是基于上述的种种保证，美国司法部向情报界提供了秘密的法律意见书，声称这种技术手段并不包含刑讯，是合法的。

美国的心理学家及行为科学家们很快地让自己适应了这一新的现实。有一位和中央情报局有联系的科学家，后来因为成为了一名告密者而死于非命。他的电子邮件存档让人们有机会得以窥见一个由心理学家及其他行为科学家们组成的紧密的关系网络。这些人帮忙开发了一整套的审讯结构设施，随后又帮忙维护。他们是如此急切地为中央情报局和国防部效力，以至于他们对此几乎没有表现出良心上的不安。这些电子邮件向人们展示了这个国家的一些顶尖的心理学家同中央情报局和国防部的官员们之间建立的秘密又紧密的纽带联系。这些电子邮件还揭示了这个国家最大的心理学家专业组织，美国心理学协会（APA：American Psychological Association），是怎样默许了这些秘密关系的存在——进而也间接地默许了刑讯行为的存在。

★

SERE训练计划的从业者们——那些曾在生存训练学校工作的教练及工作人员们，还有支持他们的那些心理学家和行为科学家们——在美国军队内部已经结成了一个高度团结的群体。在这个圈子里，毫无疑问，只有在SERE训练计划当中那些最为严酷的刑讯技术手段才可以被称作是刑讯。而大家也普遍达成一个共识，那就是这样的技术是不能用来从囚犯口中获取准确的情报信息的。这些刑讯技术即便在最开始为朝鲜及苏联人所使用的时候，其目的也并不是收集情报。

这些手段过去被设计的用途就是让人们变节。它们被用来使不同政见者缄口不言，强迫政治敌人及战俘们讲出违心的话来。人们完全没有理由相信这些手段会被用来让囚徒们讲出什么真话来。在遭受刑讯的时候，只要能让人停止拷打，那么囚犯们什么都愿意说。更糟糕的是，在忍受拷打的过程中，囚犯受到严重的创伤，这会损害记忆力，进而导致他们说出更加错误的供词。

关于SERE训练计划的手段本身及其对于人脑产生的影响，没有人比耶鲁大学的心理学家查尔斯·“安迪”·摩根（Charles “Andy” Morgan）知道的更多了。多年以来，摩根得到军队的特别允许，得以深入研究美军的工作人员经历的SERE训练计划项目中的仿真刑讯手段对他们造成的心理与生物化学方面的影响。作为研究的一部分，摩根得到准许，在受训新兵刚接受完拷问之后就立刻向他们提问。他还得以收集血液和唾液样本，用来研究他们对实施刑讯手段的生物化学反应。他曾经在SERE训练计划心理学家会议上定期发表他的研究成果，而人们也普遍认为，他的研究成果是迄今为止SERE训练计划研究成果中最具有说服力的。

然而，在中央情报局伙同米切尔和耶森两人在创立他们的刑讯项目的过程中，摩根以及他的研究成果都被抛到了一边。而他所进行的研究，从此也被那些曾试图为在强化审讯项目中使用SERE训练手段作辩护的现任及前任的政府官员们无视了。摩根的研究成果表明，使用SERE训练计划中的仿真刑讯手段，会对人的记忆力造成影响，并且使接受刑讯的人更倾向于说出不准确的答案。摩根说，米切尔和耶森两人的手段会产生某种精神状态，这种状态让人们很难记住准确的信息——这样受审者无论做出什么样的供词都是可疑的。

“如果让人们充满恐惧并感到压迫，他们就会供出更加错误的信息，”摩根对米切尔和耶森两人的手段如是评价道，“如果你让我感到焦虑、恐惧并且警惕，那么你想听到什么，我可能就会说什么。我会给你提供错误的证词。高压手段对于获取好的情报来说，并不是有益的。”

“刑讯在有些方面还是有作用的，”摩根补充说，“它有助于让你的敌人们闭嘴。”

摩根还说，长久以来，在SERE项目圈子里的人形成了传统的共识，那就是仿真刑讯手段是不能用来收集确切的情报信息的。那根本就不是SERE手段的目的所在。“这项研究已经进行得非常完善了，”摩根说，“参加SERE训练计划项目的心理学家们都意识到了关于记忆损害的研究成果。”

事实上，摩根还记得他跟米切尔一起讨论过自己关于SERE手段如何对人们造成记忆损害的研究。“我有一次在SERE项目的会议上无意中遇到了米切尔，然后提到了我的记忆损伤研究，他说他知道这个。”摩根回忆说。

笔者曾向詹姆斯·米切尔提出请求，请他对摩根的科学研究发表自己的看法，并谈谈在SERE圈子内人们是否普遍知道SERE刑讯手段不能被应用于审问活动以获取确切的情报信息。作为回应，米切尔一开始要求看一看摩根科学研究的正式书面结果。我回复他说，我当时的报告是对摩根及其他心理学家还有SERE前任工作人员们的采访写出来的。米切尔就再也没有给过我进一步的答复。

“我无论如何也想不通的是，他们到底是怎么想到这方法能管用的，”摩根评论道，“这根本就说不通。”（摩根说，他为中央情报局工作过一段时间，他所在的团队负责的是卫生情报工作，他们对外国领导人及其他外国杰出人物的身体和精神健康状况进行分析，却并没有参与审问相关的工作。他说，当初将他带入中央情报局的那些情报局行为科学官员们误导了他，让他以为他们并没有参与审讯项目。而当他发现他们确实参与其中的时候，他退出了。）

然而，仍有相当多的人一方面认为米切尔和耶森两人所推行的东西就是刑讯手段，他们还认为这种方法是行不通的。都柏林市三一学院神经科学研究所的一位教授谢恩·奥玛拉（Shane O'Mara）曾经发表一份报告，证实了摩根的研究成果。在2009年，《认知科学趋势》（*Trends in Cognitive Science*）杂志上发表的一篇文章中，奥玛拉得出结论，没有任何理论依据能够证明美国可以使用以SERE训练计划项目为基础的强化审讯手段；文章还说，这种手段所造成的冲击及创伤会对审讯对象的记忆力形成损害。

由美国参议院情报特别委员会撰写的一份延宕已久而又细致入微的报告也证实了上述研究成果，并最终得出结论：使用“强化的审讯手段”并不能得出有用的反恐情报信息，也并不能够帮助美国找到奥萨玛·本·拉登。事实上，参议院的这份报告还表明，中央情报局为了让它所创立的刑讯项目能够继续运行，不得不在关于该项目的效力问题上欺骗全国人民；同时，为了确保从中央情报局走出去的任何一个人都不会因为参与过刑讯活动而担负责任，它又不得不向全国人民隐瞒它全部的暴行。

参议院的这份报告得出结论，中央情报局在关于它所创立的刑讯项目的问题上，向美国司法部提供了不确切的信息，为的是赢得司法部在法律上的认可与支持；同时，中央情报局在关于该项目的效力的问题上也欺骗了白宫、国会，甚至还有中央情报局内部的监察总长；另外，中央情报局也隐瞒了它所使用的刑讯技术真正残忍的一面。参议院的这份报告的主要结论还表明，中央情报局关于其所关押并刑讯的人员，从来没有进行过一次全面彻底的解释，此事最早被《麦克拉奇报》所披露。此外，中央情报局还设计了一些计算漏洞，为的是让他们的刑讯项目呈现出比较漂亮的假象，以此来操纵新闻媒体。根据《麦克拉奇报》披露的调查结果，这份报告还证实，有两位“签约的心理学家”开发了这个审讯项目，并且作为这个项目运行的核心人员。

参议院发表的这份报告是如此致命，以至于它遭到了来自中央情报局的激烈的争辩，也让中央情报局和参议院情报特别委员会之间结下了不小的仇怨；这也进一步导致了参议院情报特别委员会主席黛安娜·范斯坦（Dianne Feinstein）提出控诉，说中央情报局曾经对委员会中负责撰写这份报告的工作人员进行监视。参议院发表的很多报告得出的结论都与摩根的科学研究成果相一致，同时也和行为科学家们所持有的共识一致，它们都表明：刑讯的法子是行不通的。

“毫无疑问，在心理学专业人士心中都有一个共识，那就是刑讯根本就不是收集准确情报信息的方法。”纽约市约翰·杰伊司法学院（John Jay College of Crminal Justice）的一位心理学教授索尔·卡辛（Saul Kassin）也对此表示了同意，“显然也没有任何科学依据能让我们相信这种说法。”

“这个法子完全就是根据电影《发条橙》想出来的。”斯坦福大学的一位荣誉教授菲利普·津巴多（Philip Zimbardo）补充道。在美国心理学界，津巴多是一个传奇人物，他因为进行过著名的“斯坦福监狱实验”而获得了全球范围的声望。在20世纪70年代的这场实验中，有一些学生被任命在一座位于斯坦福的模拟监狱中扮演狱警，而另一部分学生则扮演囚徒。这场实验最终不得不突然中断，因为事态出现了明显的趋势：这种角色扮演的游戏导致了那些扮演狱警的学生们很快开始变得惯于实施暴行。所以说，在关于拘留和审讯的心理学问题上，没有任何人的言论能够比津巴多的话更具有权威性了。

不过，津巴多对于米切尔和耶森来说是没有用的。在津巴多看来，“他们两个简直是丢人现眼”。他还说：“从来没有任何证据表明那样的方法会奏效。”（在2010年，来自各方面的指责终于形成了一份针对米切尔正式的投诉案，该投诉案以得克萨斯州心理学家董事会的名义，试图吊销米切尔进行心理学工作的许可执照，因为他在开发中央情报局的审讯项目过程中扮演了重要角色。这份投诉案最终获得了成功。）

记者凯瑟琳·埃班（Katherine Eban）于2007年在《名利场》杂志上发表了一篇关于米切尔和耶森两人的富有开创性的文章。文中写道，她发现米切尔和耶森两个人的成功神话，是在对阿布·祖贝达（Abu Zubaydah）——“9·11”事件过后第一个被抓获的基地组织重要人物——的抓捕及审讯行动后开始被构筑起来的。联邦调查局的特工们首先对他进行审问，使用的是美国执法部门常用的、传统的建立亲和关系的审讯技巧，以期从他口中得到情报信息。中央情报局随后派遣米切尔和情报局自己的团队接手了审讯工作。而他们使用的，正是后来臭名昭著的强化的审讯手段。米切尔努力打击祖贝达的精神，并让他进入一种无助的状态，而事后米切尔坚称，这种状态会迫使他为了重获自尊而选择坦白。

那样的方法最终没能取得突破，但关于祖贝达案件的种种事实真相，由于保密工作的层层保护，很快就变得模糊不清、无人知晓了。祖贝达向联邦调查局交代过情报，而他随后又成了第一个接受强化审讯手段的囚犯。随着关于此案的消息在华盛顿的传播，美国国家安全工作圈竟然将这两件事情联系到了一起。米切尔和耶森所采用的方法被认为是取得了巨大的成功。因此，强化审讯手段得到了传播，每当其他具有高价值的犯罪嫌疑人被抓获时，中央情报局和美国军方就开始应用这种手段。知识的局限性以及审讯工作的保密性都助长了这种强化手段的传播。由于这些技术最开始的使用都是非常秘密的，所以批评者们很难发现事情真正的进展，也就很难阻止事情的发生。认知局限性同时也使得其他人相信，一定存在一些秘密的情报用以证实这种审讯手段确实有效，只是他们不会被允许接触到那些情报。

在2003年美国入侵伊拉克行动的准备阶段，美国情报界在对伊拉克可能拥有的大规模杀伤性武器进行评估的时候，也同样被这样的问题所困扰着。当时美国政府中的很多人都猜想，肯定存在一些顶级机密的情报信息，用以证实美国总统、中央情报局局长以及布什团队中的其他人关于伊拉克可能拥有大规模杀伤性武器的公开断言。而那些位于中央内部权力圈之外的人，是根本没有机会接触到这些情报信息的。

不过，促使虐待性审讯手段传播扩散的最重要的原因，可能还是由于这种手段完美地契合了布什白宫想要进行一场新的“全球范围的反恐战争”的动作。从一开始，布什总统和切尼副总统就把针对基地组织的这场斗争看做是一个国家安全问题，而不是一个本应通过法律手段来解决的犯罪问题。对布什来说，这个决定让他得以区别于比尔·克林顿这位民主党的前辈政治家。但切尼甚至还有着更为深层次的动力，他想要对20世纪70年代施加于行政部门的改革举措进行一次反攻。20世纪70年代的时候，他正在杰拉尔德·福特（Gerald Ford）总统手下任职。尽管刑讯在美国从来都是不可饶恕的行为，切尼还是希望向人们证明，在战争时期，总统的权力实际上是没有边界的。

最终，米切尔和耶森得以大行其道，就是因为知道事情全貌的人和站出来反对的人都太少了。政府当中的很多人都选择了随波逐流，因为他们仅仅是奉命行事，或是因为参与其中就意味着有机会升官发财；再或者，作为反恐战争的一位参与者，这件事本身就足以让人激动不已了。

津巴多相信，一旦米切尔和耶森的那些理论被中央情报局及国防部的人当做真理而接受，“他们就会找来”其他的心理学家们，尤其是在军队中供职的那些。“他们会让这些心理学家们找到高价值嫌疑犯内心的弱点，比如他们对蛇或者狗有恐惧症。我就认识这样的几位心理学家，不过他们都不是专家。他们只是对人们的心理弱点略懂一二，但对审讯学却一窍不通。”

“你可能会接受诱惑，去做这样的事。”津巴多补充道，“人们往往很容易自我哄骗，让自己认为自己会成为以正确的方式做事的人。自我欺骗，是让人堕入邪恶的一种强大的力量。”

★

马尔科姆·南斯（Malcolm Nance）是一位前任海军高级军事长，会说阿拉伯语，他的职业生涯中有大量的时间都用于从事情报工作。他在“9·11”事件爆发之前数年的时间里，担任美国海军SERE训练计划项目在圣地亚哥的科罗纳多海军基地的训练主任。南斯说，SERE训练计划的训练员们都知道，SERE的手段是不能够用来收集确切的情报信息的。南斯称：“你只是让他们进入了一种服从的模式，而不是一种能让他们向你提供情报信息的模式。”他说，在美国海军的SERE训练计划中，每回训练期间都会有一次用幻灯片为学生们演示出来的报告，其中都会明确强调一点，那就是他们在SERE训练学校中所承受的这些刑讯手段对于寻找真相来讲是极其不适用的。

海军SERE训练的幻灯片展示内容里说得简直不能再明白了：

为什么刑讯是最糟糕的审讯手段？

它产生不可靠的信息

它形成消极的世界观
它在战争审判中是一项罪过
它被用作使人驯服的工具

“我们的第一张幻灯片就告诉学员们，这些手段中没有一条是奏效的。”南斯说。由于长期目睹SERE训练计划中的仿真刑讯场景，无论是训练员们还是参与这个项目的其他工作人员们都“百分之百、完完全全地反对这种刑讯手段的使用”。南斯继续说：“如果你经历了SERE训练计划项目，那么你就不可能不成为一位人权倡导者。你会再也不想看到这个项目。它简直是一颗致命的毒草。”

但在“9·11”事件之后，在米切尔和耶森赢得了布什政府的信任，并在同中央情报局的合同契约中拿到了数百万美元收益之后，SERE训练员们对此事的观点改变了，南斯如是说。那些明明知道这种技术不可能用于收集准确情报信息的训练员们，居然开始同意参与到美国新建立的刑讯系统当中来了。那时南斯早已离开SERE项目多时：“从我在SERE训练项目的同事们口中听说，他们正在对一些东西进行调整，要使它们变得更加大胆。”南斯说，当时他的一位正在美国海军SERE训练学校工作的朋友告诉他，在2003年，联合囚犯复原局（Joint Prisoner Recovery Agency）的官员们来到了科罗纳多海军基地的海军SERE训练学校，为的是获得海军SERE训练项目的“红皮书”——也就是这个项目的行动指南手册。联合囚犯复原局是美国国防部里的一个联盟组织，负责监管所有的SERE训练计划项目。

美国军队内部的人们都知道海军所进行的SERE训练计划项目——在科罗纳多海军基地，还有圣地亚哥附近的北岛海军基地，以及缅因州布伦瑞克海军航空站进行的训练项目——远超在任何其他军事基地进行的SERE训练的强度。正因如此，米切尔和耶森劝说中央情报局的人采用美国海军的SERE训练手段作为他们研发的强化审讯手段的基础。美国海军的“红皮书”关于如何实施水刑、撞墙、掌掴面部、拳击腹部以及其他刑罚手段做出了指导，而这些刑罚如今都已经是臭名昭著了。“红皮书总的来说就是教人们做一切坏事的指导说明。”南斯如是回忆。那些来访的官员们，在北岛海军基地内甚至对SERE训练计划场所中的水刑设施进行了测量，而这些设施建造的原型，正是当年北越南对美国战俘实施水刑时所使用的那些设备。通过被俘的美军老兵的生动回忆，美国海军严格按照原来的尺寸，在北岛海军基地打造了一套一模一样的水刑设备。（中央情报局最终在其黑牢中使用的并不是这种水刑设备，而使用轮床来代替。）

★

那些来访的官员们从海军的SERE训练计划中学到了一些方法，其中有一个令南斯尤其感到不安：审讯员会谈论强奸一个儿童的事情，然后强迫囚徒一遍遍没完没了地听一本录音带，里面播放着被强奸的孩子的哭喊与尖叫。“我觉得这是最糟糕的方法，”南斯说，“对于我们的工作人员来说，这都是很难熬的，我们会戴上耳栓。”南斯说，有一些刑讯手段最后成了强化审讯技术项目的基础部分，而这些手段无一例外都直接取自美国海军版本的SERE训练计划；强化审讯项目是唯一一个使用了上述所有手段的地方。

南斯说，海军进行的SERE训练计划项目处于非常严格的控制之下，并且受到美国海军最高官员们非常密切的监督，以至于如果该训练项目决定把一些训练手段从方法论层面直接变成虐待性审讯行为中的实际操作，必须要在海军最高级部门知情的情况下，并且还要经过海军作战部长的同意。南斯说：“SERE训练计划是处在严密的控制之下的。无论进行什么操作，都必须让海军作战部长办公室知道。”

在SERE训练计划内部几乎没有什么人提出反对意见，很大程度上是因为他们相信这是一次令人兴奋的机会，他们可以处在反恐战争中的先锋地位，并且可以近距离地接触到那些内部人员口中所说的一级行动人员——就是中央情报局的机构官员和美国特种部队的工作人员们。“他们请了一位来自SERE训练计划项目的顾问到关塔那摩监狱。”南斯说，“我想你可能会发现，在全世界各地都有SERE训练计划的教员们在为如何处置囚犯提供着他们的建议。”

事实上，根据参议院武装部队委员会的一份关于虐待囚徒事件的报告显示，在2002年12月下旬，两名来自海军SERE训练学校的教员来到关塔那摩监狱，并开始训练那里的审讯员们，教他们如何掌握SERE训练项目的种种技术手段。

★

“他们把他们所知道的一切本领毫无保留地都展示了出来，”南斯补充说，“他们全都齐心协力，想要挤进‘一级行动圈子’里面。”

至于美国司法部的法律意见书中声称这些审讯手段不能被认为是刑讯，因为数以千计的美国军队工作人员同样经受了这种技术手段，而且也并没有留下什么持久的创伤。关于这一说法，摩根和南斯都认为是不正确的。

美国司法部2005年发布的法律意见书已经解密，因此可以发现，在意见书的一则脚注中，当时担任美国司法部办公室的法律顾问的斯蒂芬·布拉德伯里（Steven Bradbury）写道：多年来，这种审讯技术已经被安全地应用于SERE训练计划项目的学员们身上了。这份法律意见书由布拉德伯里以备忘录的形式写给当时正担任中央情报局副总法律顾问的约翰·里索（John Rizzo）。意见书的脚注中写道，里索已经告诉布拉德伯里，至少有两名前任SERE训练员（他们的名字不便透露）确认SERE训练计划项目从来没有对受训者造成过任何重大的身体或心理损害。

“通过对一些负责这项训练项目的工作人员的咨询，你们掌握了一些关于他们亲身经历的事实，正如你们已经向我们报告的这样。”布拉德伯里在脚注中写道，“你们向我们提出建议说，这些技术早已作为一项训练课程的一部分被使用，而且迄今为止并没有收到任何报告说它们造成了持久精神损害，也没有人报告说有任何严重的身体损害、创伤以及病痛。至于心理上的影响，来自SERE训练学校的某人（真名隐去）称，他在这个岗位上做了三年半，在这段时间里，他训练了一万名学员，其中只有两名在经历了这样的训练技术手段之后中途退出了。而某人（真名隐去）有超过十年的SERE训练工作经验，他说至今还不知道有任何一个学员在完成了训练项目后，精神健康遭受任何负面影响。”

这些表明SERE技术手段安全的断言，为美国司法部的法律意见书提供了一个至关重要的基础。为了能够授权使用强化的审讯技术，司法部的律师们当时正努力绕开那些禁止刑讯的美国法律及国际法。为了做到这一点，他们就必须有能力将这些技术手段定义为并非刑讯的其他事物。

摩根说，法律顾问办公室备忘录中描述的来自前任SERE训练员们的那些断言，尤其是关于SERE是否会给人造成心理伤害的那些说法，他认为都是假的。他们之所以这么说，就是为了得到政府的许可，好让他们使用强化审讯手段。“其实，在他们当初写作这份备忘录时就一定意识到其核心主张是错误的。”摩根补充道，无论是谁向布拉德伯里提供的那些信息，“只要他们称SERE训练计划的手段不可能导致身心损害”，他们所说的都是不准确的。“当时在心理学界，这一点是众所周知的。”

除此以外，摩根还说，在接受SERE训练计划的军队工作人员当中，只有为数很少的一些人曾被施以水刑，而水刑正是SERE训练计划项目中最为严酷的一种手段，它是由中央情报局通过反向工程研究出来的。在SERE训练学校里，水刑是专门为那些极少数企图以“约翰·韦恩”[1]式的硬汉风格通过训练课程的学生们准备的，他们会努力拒绝同他们的审讯员们进行任何合作。这并不是SERE训练计划通常想要的教学方式。通常，这样做的学生都是美国海军海豹突击队的队员，要么就是其他特种部队的战士，他们想要向人们证明自己是多么富有男子气概，然而他们接受水刑的结果却证明，任何人都是可以被击倒的。摩根称：“他们说在接受SERE训练计划中有数以千计的人经受了水刑，那是不对的。”除此之外，在SERE训练计划项目中使用的水刑及其他各种刑罚部分，都是经过了严格控制的仿真手段。最关键的是学员们心里都清楚，训练员们仅仅是在假装扮演审讯员的身份而已。（2008年下半年，一份由参议院武装部队委员会撰写的报告也证实了摩根的说法，这份报告得出结论说，使用SERE的训练手段来审讯囚犯“与收集准确情报信息的初衷是相矛盾的”。）

在法律顾问办公室的备忘录公开之后，摩根曾试图劝说SERE训练计划项目中的心理学家们和他一道通过讨论备忘录中的内容，以便发出正确的声音。“国防部的那帮心理学家们让我最感到失望的一点是他们本来可以作出反证，但他们害怕说出真相，因为他们会因此丢工作。他们都觉得，说出真相就意味着不忠。我曾经在SERE项目的一次心理学家会议上说到了这件事，但他们还是不愿意说出真话。”

阿布格莱布监狱的虐囚丑闻引发了一场针对布什政府使用刑讯手段的大规模抗议，不久之后，美国人就知道了第一手的真相：为什么在这个体系内有如此多的人害怕说出事实，因为美国白宫正在密切地监视着SERE训练计划项目。

摩根曾通过同事收到一则消息，称迪克·切尼的一位助理萨曼莎·拉维奇（Samantha Ravich）（同样也是这位助理会见了丹尼斯·蒙哥马利）想要拿到他进行的医学及心理学机密研究的数据，该研究是关

① 注：约翰·韦恩（John Wayne），好莱坞明星，以演出西部片和战争片中的硬汉而闻名。

于水刑对SERE的学员们造成影响的。摩根说，他当时就得出结论，切尼办公室仅仅是想要寻找一些信息，好拿来为他们使用水刑做政治上的辩护，所以他拒绝回应这个请求。

他说他总是拒绝公布他的任何关于水刑的特别研究数据，因为这些数据由于在SERE训练项目中被选拔接受水刑的人的偏见已被严重歪曲了，接受水刑的是美国海军海豹突击队少数几个队员，这些人“是木头脑袋”，还总故意跟他们的SERE训练指导员们作对。“这些研究数据表明我们发现了海豹突击队员在经受水刑之后会出现反应。我不会发表这些数据的，因为这些数据所涉及的人已经把数据弄歪曲了，他们所处的情境也让这些数据产生歪曲。”摩根说，“因为数据都被歪曲了，所以真正让人感兴趣的并不是科学数据。我意识到，发表这些数据就好像点燃一根火柴，仅仅是一个引子。我不知道拉维奇是怎么得知我手里有这些数据的，但我不想把数据交给切尼办公室。”很有可能，一些SERE训练计划项目的官员们急切地想要和强化审讯技术项目合作，所以就告知白宫说摩根有一些还没发表的研究成果。

在SERE训练计划的圈子里，尤其是在SERE训练计划的心理学家中间，有很多人认识到，如果能够参与到布什政府进行的审讯技术项目中，那就有升官发财的机会了。在SERE训练计划的圈子里有那么多的人，他们都乐意参加到刑讯项目中去，这一事实让南斯感到深深的不安。因为他比其他任何人都更清楚地知道，他们所做的事情是错的，而且这根本就不会有效果。他现在相信，他的那些曾经在SERE训练计划项目里、后来参与刑讯项目的同事们，其实也成了战争犯罪的共犯。“作为老师，我们讲课的时候就说过这些手段是战争犯罪。”南斯说，“我们给学生们讲到智利的皮诺切特（Pinochet）[①]。我们所使用的手段被以色列最高法院列为刑讯手段。”

---

① 注：皮诺切特，智利政治家，曾用酷刑镇压异己。

★

斯科特·格韦尔（Scott Gerwehr）在2008年去世的时候，还是个谜一样的人。他是一个秘密人物，过着高度隔离的生活，没有人知道他的全部，或许甚至连他自己也不完全了解自己。在四十岁那年，他在洛杉矶日落大道上骑着摩托车，钻到一辆卡车底下死了。他的死亡引起了广泛、沉痛的哀悼，因为他对于许多人来说都有着非常重大的意义。在圣塔莫尼卡，有一群多年老友，他们组成了一个高度紧密的小团体，而斯科特·格韦尔正是这个小团体的社交核心人物。在这群活像《老友记》演员阵容的人的回忆中，他是一位彼得·潘（Peter Pan）[①]一样的人物。他身材矮小而结实，光头，是个懒鬼兼计算机奇才，喜欢呆在家里通过一台电脑完成工作。他是一个沉迷于《魔兽世界》游戏的成瘾玩家，同时也是一个自由主义者，曾在加州大学洛杉矶分校校园附近和海边小咖啡店的一次次长谈中，表现出对乔治·沃克·布什的厌恶。

但他还是一个行为科学研究者，曾作为兰德集团的一名分析师，后来又在防务集团（一家国防与情报承包商公司）担任分析师。在此过程中，他和中央情报局及国防部之间建立了紧密的纽带关系。他拥有最高绝密/隔绝情报的官方许可，而他所从事的科学研究，其中心就在于寻找新的途径，以判断一个人在什么时候是撒谎的——即“欺骗检测”研究。他经常会从他在圣塔莫尼卡的工作部门里消失，乘飞机到华盛顿，与来自中央情报局、国防部、国土安全部以及国家安全局的官员们进行会晤。他也曾与美国国防部长唐纳德·拉姆斯菲尔德的高级助理们会晤。他和副总统切尼的助理萨曼莎·拉维奇一起参加了一个由中央情报局支持的专属研讨会。他是中央情报局里一位顶级心理学家的得意门生，这位心理学家悄悄地叫他搬家到兰利市去。他曾考虑过和米切尔和耶森一起接手一份工作，但他决定不这样做，因

① 注：苏格兰作家詹姆斯·巴里的作品《彼得·潘：不会长大的男孩》的主人公。

为他不想搬家到斯波坎市。

格韦尔在死前不久，迎来了人生的最后一次大转折，那就是他犹豫不决地尝试着成为了一名告密者。他开始向一家人权组织的一个调查员和一位记者透露了他所知道的一些情报，涉及米切尔和耶森，还涉及大规模的用以助力布什政府进行其强化审讯手段项目的开发与使用的行为科学研究基础设施。在透露情报的时候，他是小心谨慎、犹豫不决的，他从来没有像一个真正成熟的告密者那样，兑现过自己所做出的诱人的承诺。直至今日，人们也并不清楚，关于中央情报局的整个拘留以及审讯项目他到底知道多少东西；也没有人知道，他到底有没有想过要把他知道的所有情报都透露给人权调查组织或者新闻媒体。

一位中央情报局前任高级行为科学家柯克·哈伯德（Kirk Hubbard）和格韦尔关系比较亲密，他说格韦尔并没有参加过中央情报局的审讯项目，也没有任何实际操作方面的背景。哈伯德说："正如我先前已经说过的，我不知道他一直以来可能还会为其他的什么人做什么工作。"

很有可能，格韦尔的所作所为仅仅是出于对其他外部承包商们取得成功的一种嫉妒。例如米切尔和耶森，他们拿到的政府订单越来越大，也越来越深地参与到反恐战争的秘密环节中。但还有一种可能，那就是随着步入不惑之年，他觉得自己再也不能忍受双重身份——一个在圣塔莫尼卡，一个在华盛顿——造成的撕裂感了。他曾经私下里告诉一位心理学家说，他想出了一个创造性的主意，可以保护囚徒。他还提议在关塔那摩监狱进行审讯的过程中现场架设一架电影摄像机，这样就可以起到确保囚犯们不会遭受刑讯折磨的作用，但他说这个主意被拒绝了。芝加哥市路易斯国家大学的心理学家布拉德·奥尔森（Brad Olson）回忆说，尽管他表示了担忧，但格韦尔还是"狂热地坚持这个想法"。奥尔森同时也是一个布什政府审讯手段的批评者。奥尔森跟格韦尔交谈过，并随后向他引荐给了一家人权调查机构。他说，格韦尔非常急切地想要进行关于囚徒以及刑讯方面的研究。“他跟我谈的时候，谈到的不是审讯手段的罪恶，而是对这项工作的潜力的乐观估计。他觉得通过审讯问题可以验证心理学的理论，他似乎对此很乐观。他从来没有透露过自己到底是为谁工作的，但有一次他说：‘哦，他们那么做事情是不对的，他们必须要这样做才行。’但他从来没有向我提供过任何细节。”

格韦尔对于用录像机拍摄审讯过程的兴趣在中央情报局注定是要碰壁的。此前至少有三位高价值的囚犯在中央情报局的秘密监狱里接受审讯的过程被录成了影带，而当时中央情报局私下里对这些录像带并没有统一的看法，可说处于混乱状态。这些录像带在2005年被秘密销毁了；而在2007年，《纽约时报》揭露了这次销毁录像带的行为。随后，美国司法部指派了一名特别检察官去调查此次行为有没有违反任何法律。

★

在格韦尔去世数年之后，我得到了一份他的电脑文件的拷贝，其中包括一份个人电子邮件的档案。在格韦尔电脑文件中，并没有找到有爆炸性的猛料新闻用以说明他在临死前有可能做出对布什政府和中央情报局的重大的揭秘行动。他的电子邮件以及其他文档都表明，他无论在整个情报界还是在反恐战争中都是处于极其边缘的地位的。对于政府官员及企业用户们来说，他的欺骗检测研究很深奥，有一定程度上的利用潜力。有一段时间，他研究的中心根本就不是审讯，而是如何利用欺骗检测的技术手段保护电脑系统免受高智商网络攻击。

然而，格韦尔的电脑文件还显示，他认识了对的人。他隶属于一张范围广泛的关系网络，这个网络包括心理学家、高校科研工作者、承包商、智囊团分析师、情报工作人员以及国防部官员，他们在“9·11”事件过后突然发力，组成了用以支持布什政府进行反恐战争的行为科学研究的基础力量。

格韦尔的电脑文件的真正重要性并不在于它对这个人本身及其所从事的工作的揭示。相反，这些文件真正的价值在于帮助揭示了一个紧密的网络，网络内的行为科学家们所参与的团体在利用假冒的行为科学去残忍地虐待囚徒；然而他们是如此急切地想要为中央情报局及国防部的合作承包商们效力，以至于他们几乎不会表现出良心的谴责和不安。这些档案还揭示了行为科学家与政府之间的紧密关系，这样的关系帮助了中央情报局和国防部，使之迅速而又轻而易举地开发出了一整套庞大的关押和审讯设施体系。

而在众多的电子邮件中，最令人震惊的一点还是他们平常交流当中的琐碎细节，它们向人们显示出情报工作圈子和行为科学业界之间在大大小小的方面都存在着各种联系。

比如说，美国心理学协会的一位前任董事长马丁·塞利格曼（Martin Seligman）在“习得性无助”的研究方面也是一位专家，而这一领域正是中央情报局的强化审讯手段背后的核心理论基础。格韦尔的文档所包含的一封电子邮件中显示，塞利格曼此前与柯克·哈伯德有过专业上的联系。哈伯德是中央情报局的一位高级行为科学家，与格韦尔关系很密切。哈伯德在2004年3月30日写给格韦尔及其他人的邮件中抱怨道：“我想给马丁·塞利格曼的五个孩子买印有中央情报局标志的T恤衫和球帽，可我们办公室的主任甚至连这一百美元左右的钱都不愿意给我报销！在过去的四年中，塞利格曼帮了我们大忙，所以我觉得给孩子买点东西也是理所应当的。但这事儿无论如何也用不着我自己掏腰包吧！现在人们反而还都纳闷为什么我会这么小家子气！”

根据《纽约时报》的报道，2001年12月，塞利格曼在位于费城外面的家里召开了一次会议。与会的有一帮高校学者，还有国家安全官员，其中就有詹姆斯·米切尔和柯克·哈伯德，会议讨论了一些用来对付穆斯林极端分子的方法。塞利格曼告诉《纽约时报》的记者说，米切尔在会议上做了自我介绍，并且表示自己对塞利格曼的关于习得性无助的研究论文表示非常钦佩。塞利格曼说，后来发现自己关于习得性无助的研究成果竟然被用来作为审讯项目的学理基础了，他对此感到非常惊恐。在2002年，塞利格曼和哈伯德再度见面了，这一次是在圣地亚哥的SERE训练计划项目会议上，他们在圣地亚哥还一起吃了午饭，两人都这样回忆道。

塞利格曼说，自己从来没有收到送给孩子们的帽子和T恤衫，“也没有任何来自中央情报局的表示感谢的象征物品”，他还说他从来没有为中央情报局工作过。哈伯德也证实，塞利格曼并没有为中央情报局工作过，还说他最后也没有买那些帽子和T恤衫。

★

在“9·11”事件过后，欺骗检测的研究开始迅速发展起来，而斯科特·格韦尔也开始在这一领域脱颖而出。在2003年，他积极参加了一个会议，这个会议同时也吸引了兰德集团、美国心理学协会及中央情报局的所有顶尖专家们，这就足以表明格韦尔已被深深地容纳进了一个由行为科学专家们组成的高度紧密的关系网络中，他们在反恐战争中都扮演着角色。米切尔和耶森当时在中央情报局内部的影响力正达到前所未有的高度，他们也和哈伯德一起参加了该会议。

哈伯德给格韦尔发了一封电子邮件，是关于中央情报局派人参加欺骗检测研究会议的。在这封邮件中，他用一种特殊的方式来介绍前来参加会议的中央情报局心理学家们以及米切尔和耶森一行人。哈伯德写道，中央情报局有几位负责操作的心理学家们将要来参加会议，他介绍这些人用的仅仅是“赫布、阿丽莎、约翰、戴夫”这样的称呼，陪同参加的还有“中央情报局的合同承包商们”，对他们的称呼只是“吉姆”和“布鲁斯”。

格韦尔开始主动逢迎国家安全部门内部的一小派心理学家们，跟他们搞好关系，他们在遍布华盛顿的各家核心机构中都有着巨大的幕后影响力。在和格韦尔走得最近的众多关系人物当中，有如下几位：首先是哈伯德，他是美国中央情报局行为科学参谋部的主任；然后是苏珊·布兰登（Susan Brandon），她是一位心理学家，以一位行为科学专家的身份在布什白宫的科学和技术政策办公室工作，随后又在国家安全部门中担任过其他几个心理学相关的职务；还有一个叫杰弗里·曼福特（Geoffery Mumford），他是美国心理学协会的科学和技术政策主管；再有一个就是柯克·肯尼迪（Kirk Kennedy），他是反间谍活动国家安全心理学中心的主任，该中心是国防部下属的一个团队，后来因为参与了国内窃听计划而被揭发，因此解散了。2003年的一封电子邮件提到了一个由中央情报局支持的欺骗检测研讨会议，参加该会议的还有米切尔和耶森；而该会议当中还有一个“正在组建之中的委员会”，布兰登、哈伯德、曼福特以及格韦尔等人作为该委员会成员在邮件中被提及。

★

尽管心理学界内部一致认为刑讯手段是一种低效率的手段，美国心理学协会，这个全美国最大的由心理学家们组成的专业组织，还是在不遗余力地为那些参加过刑讯项目的心理学家们辩护开脱。

在2002年，美国心理学协会对自身的伦理准则进行了微妙的调整，而这一点调整，实际上为那些一直以来都在帮忙监控并审查强化审讯技术的心理学家们提供了更大的专业上的庇护。或许其中最重要的改变莫过于一项新的指导方针：如果美国心理学协会的伦理章程与一项合法的政令或法规之间存在着冲突，而某一位心理学家正面临着这场冲突的话，那么这位心理学家可以选择服从法律或者服从“政府的合法权威”。换句话说，一项活动，只要美国政府宣称它是合法的，那么心理学家们就可以参与其中——比如说强化审讯技术项目——即便是在他们触犯了美国心理学协会自身职业道德的情况下。美国心理学协会对伦理章程做出的这一调整，对于布什政府来说是不可或缺的，这样一来，政府又有能力将强化的审讯手段施加于囚徒身上了。

如果美国心理学协会的伦理章程没有做出这样的改动，那么更多的心理学家们或许还会抱着这样的看法：他们由于自己职业准则的约束而无法参与到刑讯项目中去。那样一来，美国司法部也就更难以为中央情报局量身定做那份法律意见书，进而提供其继续开发审讯手段所需要的种种法律支持了。可一旦心理学家们参与到审讯项目中，这就帮了司法部律师们的大忙，那些律师们就可以辩解说强化审讯项目是合法的，因为有健康方面的专业人士正监督着审讯的进行，以确保这些审讯不会超越布什政府此前设定下的种种限制。

如果美国心理学协会和它的心理学家会员们当初没有跟布什政府同流合污的话，我们还真不清楚会不会有其他地方的健康专家代替他们做同样的事。事实上，在2006年美国国防部与记者们召开的一次电话会议上，当时正在担任国防部健康事务助理秘书的威廉·温肯维尔德（William Winkenwerder）博士明确表示，在关塔那摩监狱审讯中，美国国防部对心理学家们的倚重，已经远远超过了精神病学家们。根据一份由国防部提供的文字记录，温肯维尔德说："有的时候，心理学家所进行的工作和精神病学家是相类似的。""我们把行为科学咨询的重要性放在第一位，同时我们看到，在关塔那摩监狱历史上的大多数时间里，似乎——事实上也是如此——一直都是心理学家们在承担着行为科学咨询方面的工作，这已经成了一个不可变更的事实。我们的政策并不是要阻止一位精神病学家来执行同样的任务。我们只是认识到，这种工作一般情况下都应该是由心理学家来进行的。"

"还有一个因素影响到了我们的考量，那就是当我们分别同美国精神病学协会和美国心理学协会进行协商要求帮助时，后者很明显支持心理学家们通过为我们提供行为科学咨询的方式参与到审讯项目中来。"温肯维尔德补充道，"而另一方面，我认为美国精神病学协会当时对这件事有了巨大的意见分歧，其中还有一些人对此事感到不太高兴。我不会也不能向你们形容，关于精神病学家们参与审讯项目的这个政策，他们到底怀有什么样具体的想法。但我们在对待他们各自擅长的领域的时候，还是尽量地保持敏感度——与专业领域内对他们的看法一致。”

美国心理学协会之所以选择合作，并不仅仅是因为有像米切尔和耶森这样的少数几位心理学家参与其中（米切尔和耶森并不是美国心理学协会的成员）。事实上，有评论说，心理学界之所以选择合作，是因为和美国政府内部的国家安全部门之间有着太多利益相连的关系急需去维护。很多批评人士都认为，对于美国的心理学家们来说，与政府合作参与审讯项目的主要目的，就是为了金钱和地位。

在整个20世纪的进程中，美国军方一直注重心理学专业的发展，而这两个群体的合作则可以追溯到第一次世界大战和第二次世界大战期间，当时的心理学界参与了美国士兵的能力倾向测验。美国国防部和美国退伍军人管理局最终成了心理学家们在全美国境内最大的两个雇主，同时，这两个机构都向心理学家们提供外包的合同订单。

长期以来，相比于精神病学家，很多心理学家对他们的声望地位已经感到一种深深的不安。精神病学家们是专业的医师，因此他们有权给病人们开具药品处方。由于拥有着开具处方的特权，精神病学家们一度比心理学家们占有着巨大的竞争优势。在那段时间，市场上对精神病治疗药物的需求——无论是像左洛复和百忧解这样的抗抑郁药物，还是像氯丙嗪这样的抗精神病的抑郁药物——都开始猛烈增长。

然而，与此同时，美国国防部又一次出面挽救了这一危局，它开始向在一些军队医院中治疗病人的心理学家们授予开具处方的特权。在各种精神病药物呈现出巨大的产业增长的当时，这对于心理学界是一项相当重要的专业领域的突破。在津巴多看来，当时整个心理学界求之不得的，就是“开具处方权”。而如果心理学界做出了不利于审讯项目进行的选择，这个行业与国防部和中央情报局的各种合作关系都将处于危险之中。

★

在2004年，阿布格莱布监狱虐囚丑闻曝光，公众由此第一次得知了中央情报局和美国军方进行的虐待囚犯行径的相关消息。此后，有证据表明，参与这次行动的，还有一些心理学家及其他一些行为科学家，于是美国心理学协会不得不对这些证据做出回应。美国心理学协会成立了一个委员会用来调查此事，该委员会在2005年发表了一篇报告，这篇报告为那些先前参加了审讯项目的心理学家们提供了专业方面的辩护。美国心理学协会的心理道德和国家安全董事长特派委员会得出结论说，对于心理学家们来讲，他们参与审讯过程是恰当而道德的，因为他们的目的正是为了让这些审讯过程保持安全、合法、道德以及有效。该委员会使用的措辞，与美国军队在关塔那摩监狱的行为科学顾问团所使用的话语技巧几乎如出一辙。

美国心理学协会还为布什政府提供了其想要的辩护。

来自美国政府的国家安全部门的行为科学专家们，在美国心理学协会心理道德和国家安全董事长特派委员会的形成过程中究竟发挥了怎样的作用呢？格韦尔的电子邮件第一次向人们揭示了问题的答案。这些邮件显示，美国心理学协会的官员们当时正同中央情报局以及国防部的官员们一起进行幕后的合作，他们讨论如何操纵这个组织，使它能够对那些参与了审讯项目的心理学家们给予支持——甚至远在这个董事长特派委员会成立之前，他们的行动就已经开始了。

格韦尔的电子邮件显示，2004年7月，就在那些记录着阿布格莱布监狱虐囚事件的生动的照片被公之于众后几个月的时候，美国心理学协会的官员们召开了一次私人会议，与会的心理学家们当时都正在中央情报局、国防部及其他的国家安全部门工作，会议的目的是为了商讨美国心理学协会应该用什么样的方法应对日益喧闹的舆论。在接受了私人邀请来参加这场头脑风暴会议的人当中，有来自中央情报局的柯克·哈伯德及来自国防部的柯克·肯尼迪。斯科特·格韦尔也通过史蒂芬·贝恩克（Stephen Behnke）发来的电子邮件收到了邀请，贝恩克当时正担任美国心理学协会的道德标准办公室主任。

会议的邀请函中写道，美国心理学协会的道德标准办公室及它的科学技术董事会将要为那些参与到政府的国家安全机构中的心理学家们举办一次私人的午餐会议，会议的目的是讨论随着阿布格莱布监狱虐囚事件的公布而摆在心理学家们面前的一些“独特的道德问题”。贝恩克在邮件中写道：

> 这次会议的目的，就是要把那些对国家安全事业相关调查的伦理道德层面抱有兴趣的人们聚在一起，为的是确定一些需要重视的问题，并讨论作为一个国家级的组织，协会用什么样的方法可以更好地帮助心理学家及其他精神健康专业人士区别心理学的恰当使用与不恰当使用。我们想要向那些参与了国家安全工作的心理学家们询问：最突出的问题在哪里，是否还需要更多或更好的指导，以及如何提供最好的指导。我想要强调的一点是，我们不会在发给与会者的邀请函之外对这次会议做其他的宣传；也就是说，与会者的名单及这次讨论的主题，我们不会公开发布，也不会以其他任何方式让公众知道；我还要强调一点，那就是我们这次会议不会对任何特定的个人和团队所做的工作进行评价或者调查。

贝恩克富有同情心地主动表示，美国心理学协会想要采取一个积极的方式，“我们以这种方式传达出我们对精神健康专业工作者们正在为国家安全事业所做的重要工作的高度敏感关注以及感激之情”。

在国家安全部门供职的心理学家及行为科学专家们都非常乐于

利用心理学协会提供的这项帮助，这样他们就可以及早地参与到这个组织为应对相关的调查问题而采取的一系列行动中来了。

来自中央情报局的柯克·哈伯德给贝恩克回信说，他将会出席会议，并且代表的是中央情报局和国防部两个机构对这次会议的关注。“我刚刚同柯克·肯尼迪进行了沟通，”哈伯德在一封同时抄送给格韦尔的电子邮件中写道，“国防部的所有精神病学家们都会忙得不可开交。他和我都认为，与其将这场会议的初定时间推迟，倒不如直接去参加会议。他和我将会就中央情报局以及国防部所关心的一些问题进行咨询；我还会在7月20号代表我们两个出席会议。那时我会转达他的意见。”

这次午餐会议发出的邀请函向人们显示，美国心理学协会已经向政府的国家安全事业部门的心理学家及其他行为科学专家敞开了大门，在关于如何应对由于心理学家在刑讯事件中扮演的角色而引起的争议这一问题上为他们提供建议和指导，然后心理学协会才会派自己的会员组成委员会进行调查。那些内部人员由此被提供了一个机会，可以抢在其他任何人的前面对美国心理学协会的立场产生影响。

事实上，这次政府顶尖心理学家们召开的秘密会议过去几个月之后，美国心理学协会才开始在它的会员中间启动一个公开的程序，用以确定围绕着心理学家参与强化审讯项目这一问题存在的争议。2005年1月3日，格韦尔及其他在2004年7月应邀参加这次秘密会议的人收到了一封电子邮件，邮件中包括一份提议草案，该草案旨在成立美国心理学协会的一个特派委员会，用来处理心理学家参与进行审讯活动的相关问题。而在与会人员收到提议草案后足足一个月的时候，这份草案才对美国心理学协会的成员们公开发布。

珍·玛利亚·阿里戈（Jean Maria Arrigo）是一位独立的社会心理学家，当时也是美国心理学协会心理道德和国家安全董事长特派委员会的成员，她说第一次听说心理学协会想要处理审讯问题的计划，是在

2005年2月，当时心理学协会发布了一份公开通知，表明了该协会想要建立一个特派委员会的计划。而时至今日，阿里戈相信，她当初之所以被任命为心理道德和国家安全董事长特派委员会的成员，就是为了让这个委员会看起来更加公正一点，这样就为那些受到中央情报局和国防部支持的心理学家们提供了他们所需要的掩护。她说："让我参与这件事，完全是有预谋的，我就是一个上当受骗者。"

事实上，关于这个特派委员会，似乎早就有人精心布置了一个局。在组成这个委员会的十位心理学家中间，有六位是跟国防及情报圈子有联系的人，有一位成员是美国特种部队的首席心理学家。除此之外，美国心理学协会的一位高级官员参加了该特派委员会的各次会议，而这位官员的爱人则是一位被委派到美国军方的某个行为科学顾问团里的心理学家——这些顾问团也参与了审讯行动的团队。

阿里戈说，罗司·纽曼（Russ Newman）当时担任美国心理学协会实践理事会的领导，同时也是在心理学协会内最有权力的官员，以一名观察员的身份出席特派委员会的各次讨论会议，但后来她又认定他来这里的目的实际上是为了帮助设定该特派委员会的会议议程。阿里戈回忆说，他告诉委员会的成员："我们必须让愈演愈烈的争论平息下去，而且我们的行动必须要快。"随后，阿里戈又进一步地了解到，纽曼的妻子竟然参与了军队的行动。纽曼的妻子是陆军中校黛布拉·杜妮芬（Debra Dunivin），她是关塔那摩监狱的行为科学顾问团里的一个成员。"在特派委员会成立一年之后，我和我认识的两三个反情报活动人员进行了交谈。他们告诉我说，这其实就是一个合法化的程序。"阿里戈补充说道，"这只是布什政府做出的一次努力，为的是通过美国心理学协会获得合法性。"

行为科学家也为这次辩护行动出了一份力，他们成功地让心理道德和国家安全董事长特派委员会支持了心理学家们继续参与审讯项目的行为。于是，那些与国家安全事业圈子有关系的少数行为科学家们，就开始进行庆祝活动了。在2005年7月，杰弗里·曼福特发给哈伯德的一封电子邮件（这封邮件又被抄送给了格韦尔），曼福特向哈伯德表示感谢，因为他帮助影响了特派委员会的最终结论。“我还想要半公开地答谢您的个人贡献……您让这次努力得以有成效，”曼福特写道，“您通过精心挑选的特派委员会成员，非常巧妙地表达了您的观点。”曼福特还解释道，苏珊·布兰登此前也作为一名“观察员”参加了心理道德和国家安全董事长特派委员会的各次会议，并为特派委员会的报告“巧妙安排了一些与科学研究有关的措辞”。

★

在心理道德和国家安全董事长特派委员会的报告公布的时候，哈伯德刚刚从中央情报局退休并当起了米切尔和耶森两人的顾问。“现在我为米切尔和耶森联合公司担任顾问一职。”哈伯德在2005年6月发给他众多朋友和同事的一封群发邮件中写道。

哈伯德还曾经试图招募格韦尔跟他一起过来工作。在2006年5月发给格韦尔的一封电子邮件中，哈伯德告诉他说，米切尔和耶森的公司正在招募心理学家，还说格韦尔将会是理想的人选。“我在邮件的附件中加入了一份岗位介绍，以备你推荐一些能够适合这个职位要求的人。”哈伯德写道，“其实你自己就是绝佳的人选，但你可能不愿意搬到斯波坎市来住！很显然，这个职位要求的应聘者不可能像一些心理学家看起来那样的极度自由化。”

即便格韦尔当时心里很清楚这个公司到底在干着什么勾当，这个职位还是引起了他的兴趣。他回复道：“我不得不说，这份工作听起来简直就像我梦想中的那样，简直就是为我量身定做的！我非常愿意进一步商谈，尽管搬家到斯波坎市可能会不太容易。不过，如果他们能允许我继续住在洛杉矶的话……”

但到了2006年年末的时候，格韦尔接受了凯瑟琳·埃班的采访，后者将要在《名利场》杂志上发表文章。采访当中，格韦尔透露了关于心理学家们在审讯项目中所扮演的角色的信息，尤其是关于米切尔和耶森两个人的。接着，格韦尔迎来了人生中最后一次重要的转折：杰弗里·曼福特和苏珊·布兰登当时都在想尽一切办法严格控制住埃班所写的报道，他们甚至还授意格韦尔如何最好地回答埃班的提问。然而，在一封邮件中，格韦尔却让曼福特和布兰登彻底放弃了努力。他非常愉快地回应这两个人，说他已经跟埃班交谈过了。“记者们有时总会从事情的来龙去脉中寻章摘句，或是用某种追求轰动效应及暗示一些险恶事情的方式来编排事实，既然如此，我在这也就没有什么好隐瞒的，我觉得在这个话题上开诚布公是件好事。”

Pay Any Price

第八章

不再正常的生活

赫斯克尔图书馆歌剧院建成于一个多世纪以前，其建立是为了纪念美国和加拿大两国之间持久的友谊。这座维多利亚时代晚期的建筑拥有两种不同色调的表面，分别由灰色的花岗岩和棕褐色的砖块组成。之所以这样建造，是为了让这座建筑不偏不倚地跨立在两国交界线上。这座建筑的前门位于美国，而图书馆的图书借还台和剧院的舞台都位于加拿大。赫斯克尔图书馆歌剧院的建立，正是为了鼓励两国的人民坐在一起阅读书籍及欣赏音乐表演。

在美国佛蒙特州的德比莱恩（Derby Line）和加拿大魁北克省的斯坦斯特德（Stanstead）这两个边境小镇，赫斯克尔图书馆歌剧院是最为人们熟知的一座地标性建筑。而在持续几代人的时间里，这座建筑极其古怪的形态——有一条标志着国境的黑线沿着地面穿过整栋图书馆——也让这个图书馆与歌剧院的双子联合体平添了特别的魅力。赫斯克尔图书馆歌剧院的工作人员来自美加两国。图书馆的藏书包括英文和法文书籍，而这座建筑无论在美国还是在加拿大都有一个官方地址，这两个地址各自所在的街道，正是图书馆旁边两条相交叉的街道——德比莱恩境内的卡斯韦尔大道和斯坦斯特德境内的教堂大街。

毋庸置疑，赫斯克尔图书馆歌剧院作为一个象征开放、象征两国共同的民主主义价值观的标志，屹立在这条全世界最长的不设防的国境线上，其历史地位可想而知。然而正是如此，才有2010年的德比莱恩斗争。这次斗争是按照经典的美国式情节开始的——一个并不是很知名的小人物突然爆冷，引发了公众的强烈关注。这件事刺激了德比莱恩整个小镇的居民们，并且引发了一场当地草根阶层的暴动。该暴动针对的是反恐战争中的放纵行为，以及美国在“9·11”事件过后的时间里由于恐惧而产生的对国家安全的过度关切。

★

持续长达十年的兜售恐惧的行为，给那些曾最擅长大肆宣扬恐怖主义威胁的人们带来了权力和财富。恐惧，成了可以被出售的商品。正是恐惧，驱使着美国白宫和国会将数以千亿美元计的资金——这些钱多到足以让任何一个人都不知道该怎么花——源源不断地倾注进了反恐事业及本土安全项目中，而这些投资经常处于几乎没有任何管理或监督的情况下，还经常对白宫和国会本应去保护的美国人民造成损害。恐惧，是很难被质询的。这一点对于不计其数的要获得经济利益的联邦政府官僚主义者、外部承包商、二级承包商、顾问人员、分析师及专业学者们来说，是至关重要的。正是恐惧，导致了各种各样的花销的产生。

恐惧一旦与金钱结合，就产生了众多险恶的后果，而在“9·11”事件过后的年代里，这些后果中最为险恶的一个，就是美利坚合众国整体风貌的萎缩。行动的自由——这个在美国崛起的过程中对人民最为重要的一个价值——已经被剥夺了。大量的资金从华盛顿政府、美国大企业的手中源源不断地飞出去，换来的是安保人员、安全闸门、金属探测器，还有新泽西护栏。不知不觉中，美国这个国家已经一点一点地改变了模样，如今它的口号是：“未经允许，不得擅入。”

单是这一点，就足以让相当多的美国人患上幽闭恐惧症并感到愤怒了。而来自佛蒙特州德比莱恩的巴兹·罗伊（Buzz Roy），正是这样一个愤怒的美国人。

巴兹·罗伊在德比莱恩是一位有名的人物。他出生于1942年，事实上，他终其一生都生活在乡村，除了曾有五年的时间以一个学生的身份在马萨诸塞州药学院度过。从1964年开始，他就成为了布朗药店的老板。药店原来是他爸爸的。人们可以经常看见罗伊亲自往药店柜台里加入凭处方购买的药物。他来上班的时候，总是穿着高贵的、领尖钉有纽扣的牛津衬衫，还打着领带，看起来整整齐齐，比他本人的实际年龄要年轻许多。长期以来，他一直身为一个活跃的社区领袖。他是德比莱恩民众选举的村庄信托董事会的一名成员，同时还担任着赫斯克尔图书馆歌剧院的信托人。

罗伊是在20世纪中叶的德比莱恩长大的，这也就意味着他早就习惯了自由地往来于美国与加拿大的边境线两侧，无论何时，随心所欲。美国与加拿大的边境线对他来说无非就是地图上画着的一条线而已，没什么大不了。沿着主干道走过去，国界线距离他的药店仅有两个街区的距离。美国人常常跨越国界线到那边去买日常生活用品，或者去理发店和美容院；而加拿大人则穿越国境线，到这边来买价钱便宜些的汽油和牛奶。在德比莱恩的主干道上，坐落着一家美国海关办公室，里面人很少，距离布朗药店仅有一个街区的距离。事实上，国境两侧的德比莱恩和斯坦斯特德已经融为一体了。“在‘9·11’事件以前，这里是非常开放的，大家彼此往来购物，只需要跟海关办公室的官员们挥一挥手，打个招呼就好了。”罗伊如是回忆说。

但“9·11”事件的爆发改变了这里的一切。在华盛顿，在国土安全部的一大帮官僚们眼中，美国与加拿大之间这条长达5500英里的国境线是一个非常脆弱的地带，有必要进行封锁。其实，并没有任何证据表明这一段国境线造成过什么实质性威胁，不过这不重要，国土安全部的官僚们可以从统计学数据中找出证据来证明危险的存在。更何况，现在国土安全部手里面有的是钱，他们总得找到地方把钱花出去才行。

与此同时，很多反恐专家们要么与政府之间存在着利润丰厚的合同契约关系，要么正在电视新闻网络担任顾问工作。简而言之，他们有足够的动机增加公众的恐惧与不祥预感。于是他们与热心的反移民政策拥护者们同心合力，发出警告称美国与加拿大的国境线是一扇极不安全甚至充满危险的后门。连反移民组织“义勇军”（Minutemen）的成员也出现在了德比莱恩。“他们当时并不受欢迎。”巴兹·罗伊回忆说。

政治上的压力很快增加了。国土安全部将目光瞄准到了美国与加拿大的边境线，开始了全新的政策。如今在德比莱恩，跨越国境的行为必须要在指定时间内、遵循新的规定进行了。居住在国境线两侧的加拿大和美国居民们，几个世代以来都是一起居住一起工作的，如今却被当成了疑似的基地组织恐怖分子对待。国土安全部强行介入，硬生生地把德比莱恩和斯坦斯特德分割开来，这在过去一个多世纪的时间里都是不曾有过的事情。官员们要求将联通德比莱恩和斯坦斯特德的街道封锁起来。新的国境大门又建造了起来。新的海关人员、边境巡逻队开始蜂拥而至，进入小镇。想要到对面去办差，两个小镇上的人们不得不出示通行证——为此，很多当地居民平生第一次不得不申请这玩意儿——还要接受漫长的盘问。

★

巴兹·罗伊是一个传统的佛蒙特州人，他老家所在的地方，当地人称之为东北王国（Northeast Kingdom）。像他这样的人，大多数都一点也不喜欢官僚主义作风，他也如此。所以当国土安全部下令在德比莱恩进行改革和采取新措施的时候，罗伊开始了抵制行动。他和当地的几位社区领袖一起反抗街道封锁行为。在当地领袖们的眼中，他们自己最终还是向国土安全部做出了妥协：联通德比莱恩和斯坦斯特德的三条街道中有两条是要关闭的。在这些街道上，会建立起新的边境巡逻哨卡，用来限制人们跨越边境的行为。但第三条街道——也就是跨越国境线并刚好经过赫斯克尔图书馆歌剧院的教堂大街——还会继续保持开放，并没有设置安全哨卡。人们如果步行或开车沿着教堂大街跨境，只需要遵守当地的传统程序，随后在当地海关办公室检查一下就好了。这条路保持开放，对于美国人和加拿大人来说，意味着他们今后都还可以进入赫斯克尔图书馆歌剧院；这一点也标志着这座地跨德比莱恩和斯坦斯特德两个小镇的地标建筑有着重要的历史地位。

罗伊其实是不喜欢让步的，毕竟让步就意味着在主干道上要建立一座新的国境哨卡，那里离他的布朗药店还不到两个街区的距离。但至少，德比莱恩的人民还是从国土安全部手里争取到了一点保留特权。

然而接下来，事情变得更糟糕了。

国防部向国土安全部提供了数以十亿美元计的资金用于反恐事业以及边境安全，所以国土安全部总得想办法把这些钱花出去才行，于是奥巴马政府就想出了一个主意，就是人们所说的“石头园行动”（Operation Stonegarden）。国土安全部会向美国北部边界和南部边界的沿线各州的执法机关提供大量的拨款。作为交换条件，当地的警察、州郡治安官助理及其他官员们将要协助当地海关和边境巡逻队一起进行边境巡查工作。在2009年6月，国土安全部宣布，将要向十三个边境州提供6000万美元的财政拨款用于当年开销，其中就包括佛蒙特州以及波多黎各地区。国土安全部长珍妮特·纳波利塔诺（Janet Napolitano）说，石头园行动将会有助于确保“我们的第一线救急人员掌握着他们所需要的各种资源，以便去应对我们边界线附近存在的复杂而多变的种种挑战。”

对于佛蒙特州及其他各州的警察部门来说，石头园行动所提供的大量财政拨款是难以拒绝的。对于警察长官们来说，这些钱简直就是可以自由开销的。他们需要做的事情，就是把一个警官派到边境上一段时间，然后联邦政府就会签下他们迫切需要的支票。在2009年的财政预算中，佛蒙特州因为石头园行动总共得到了501079美元的拨款。

石头园行动最早期的目标之一，就是位于佛蒙特州的德比莱恩。不久之后，来自佛蒙特州各地的执法人员（他们所有人都来自各地警察局，有大城市警察局的，有渔业地区和野生动物保护区警察局的）开始如潮水般涌进德比莱恩。一时间，小镇上到处都是面容严肃、剃着标准头型、戴着太阳镜的陌生人。看起来，就好像联邦政府决定要在德比莱恩进行一项实验，用以研究如何创立一个小型的警察国家一样。

国土安全部大举进入德比莱恩的行为造成了一些明显可以预见的、灾难性的后果。好几十名外地来的警官突然一股脑地挤进了一个有八百名居民的小镇子，他们没有进行边境工作的经验，也没有经受过这方面的训练，可又不得不找点事情来做一做，找些人来逮捕一下。于是没过多久，他们就开始对德比莱恩交通中的一些微不足道的违规行为开具罚单，并且几乎是经常性地造成交通中断，这让当地的居民们叫苦不迭。“他们把所有的规章制度，事无巨细地执行了一个遍。他们总会用各种各样的理由叫你停车，无论是卡车上没有安装挡泥胶皮，还是后视镜上挂了一串念珠。”德比莱恩镇政府的会计凯伦·詹内（Karen Jenne）如是说，“人们再也不会到德比莱恩来旅游了，因为这里的警察实在太多了。”

警察们潜伏在小镇中心区的街道上，朝着那些出来散步时走得离国界线太近的当地居民们大声呵止。他们闯入赫斯克尔图书馆歌剧院四处搜寻，如果有加拿大人胆敢在该建筑门前停留（在美国境内），而不是老老实实待在魁北克地界内的话，就立刻逮捕。在新建立的各处边境哨卡，外地来的警官对待加拿大人和美国人都是一样粗鲁，他们要求当地人接受冗长的盘问，哪怕他们越境只是为了到当地的小超市去买汽油和牛奶。

“他们在边境一带轮流值班，瞪大了眼睛等待着，看是不是能抓到你。”金姆·普朗里（Kim Prangley）说。他是斯坦斯特德当地的一位居民，经营赫斯克尔图书馆歌剧院已经有二十四年的时间。“人们对石头园行动是不太高兴的，”布朗药店的一位活泼开朗的收银员弗洛伦斯·乔亚尔（Florence Joyal）补充道，“但这些警察并没有吓到我。”

★

故事的情节在某一天终于进展到了一个爆发点，因为那天巴兹·罗伊很想吃比萨饼。

在2010年2月的一个周六，罗伊决定从史蒂夫2002比萨饼店（Pizzeria

Steve 2002）点一份熏肉比萨，这是他最喜欢的比萨店之一。而这家店恰巧又位于斯坦斯特德的圣母路，在两个街区外的加拿大境内。

罗伊步行到比萨店，打包好了比萨。回家的时候，他决定沿着教堂大街走回去，这是小镇上唯一一条不设边境关卡的街道。但就在罗伊经过赫斯克尔图书馆歌剧院时，一位佛蒙特州的警官开车尾随着他，一边还亮着警灯。这位军警是因为石头园行动而被部署到边境巡逻队中的，他命令罗伊停下。这位州警官下了车，要求查看罗伊的身份证并告诉他说，利用教堂大街进入美国境内是非法行为。

罗伊知道这说法是不对的——因为保持教堂大街开放正是德比莱恩镇与美国国土安全部所达成协议的一部分。但这位警官无视他的抗议，并坚持要查看他的身份证。罗伊当时站在佛蒙特州寒冷的夜色中，手里还拿着打包的比萨。他让警官帮他拿着比萨，这样好腾出手来在钱包里找身份证。但这名警官拒绝了。于是罗伊把比萨放在巡逻警车上，并终于找到了身份证。

罗伊最终成功地回到了家，但当他坐在家里吃着比萨的时候，却越想越觉得生气。每吃一口，他都会想起刚才在自己的镇子上被一个外来人所施加的种种羞辱。正如住在德比莱恩镇上的其他任何人一样，他受够了石头园行动，受够了外人对他们小镇原本生活方式的野蛮践踏。大概在晚饭吃到一半时，罗伊终于决定不再隐忍，要采取行动了。

他回到了当晚在教堂大街上被阻截的地方，又沿着街道步行，再次穿过了国境线。然后，他又沿着教堂大街走来走去，这样又一次穿过了国境线。最终，一位副治安官开车出现了，叫他停下，并且告诉他这是在触犯法律。罗伊咬紧牙关，告诉副治安官说这是他作为一名美国公民的权利。他说他在这里生活了大半辈子了，他还说教堂大街保持开放是德比莱恩和联邦政府之间达成的协议。这位副治安官指了指一块新立起来的牌子说，穿越教堂大街是违法的。罗伊之前从来没有看过这块牌子，于是他变得更加恼火。美国国土安全部根本没有跟小镇上的居民说起过关闭教堂大街的事情；他们没有告诉任何人，就一声不响地把这事情做完了，还竖起了一块牌子。罗伊告诉这位副治安官，德比莱恩小镇从来没有准许过这种做法。就在他们说话的时候，一帮边境巡逻队员正沿着教堂大街走来，他们包围了罗伊，给他戴上了手铐，将其逮捕，然后把他塞进了一辆巡逻警车的后座。

罗伊的一位长期合作伙伴桑德拉（Sandra）从自家后窗通过双筒望远镜目睹了事情的全过程，随后在罗伊被带走的时候，又对警察的无线电通话进行了侦听。

“我因为在一个未经指定的地点进入美国境内而被逮捕了，”罗伊回忆说，“这真是荒唐。”

他被送到了91号州际公路上设立的一处边境巡逻队拘留站内，然后被关押在一间小牢房里长达三个小时。最终，一位与罗伊认识的多年来一直驻扎在该地区的边境巡逻队员弄清了事情的来龙去脉，并开车把罗伊送回了家。

★

关于这次逮捕事件的新闻很快像野火一样传开了，于是一夜之间，罗伊成了德比莱恩小镇上的英雄人物。这个宁静的小镇已经忍受了国土安全部和石头园行动太久，人们终于愤怒了，他们集结起来，要为罗伊讨回公道。至少两百名来自德比莱恩的居民，还有一些来自斯坦斯特德的加拿大人一起在教堂大街的国境线处举行了一次集会，抗议逮捕罗伊的行为。接下来，他们在小镇内进行游行，来到了当地一家公园，很多人都戴着面具，面具上画着罗伊的照片，身上还佩戴带着纽扣，上面写着“还巴希（Buzzy）自由”。（德比莱恩的很多人都把他叫巴希，即便他的本来名字叫巴兹。）

当地一位女性达莉亚·蒙蒂赛尔（Daria MonDesire）演唱了她为巴兹·罗伊临时创作的一首歌曲，歌中道：“联邦政府说德比莱恩是一个长久的大隐患……‘为了安全，放弃自由’，可是巴希不会这样做。”

德比莱恩的这次抗议活动通过电视新闻传遍了整个佛蒙特州，而罗伊的案件也成了全州境内的著名事件。佛蒙特州各地的人们开始给罗伊寄钱来，为的是帮他支付500美元的罚金，并且助他与政府进行抗争。罗伊把钱都送回去了，而这一做法又一次提高了他的形象。这样一来，罗伊在佛蒙特州的知名度甚至超过了大多数的政治人物，与此同时，在罗伊的老家东北王国，国土安全部以及边境巡逻队简直被视为恶人。

国土安全部的官员们努力装得就像什么事情都没有发生过一样，但他们无法忽视一个事实，那就是罗伊已经被大家当作一个殉道者来看待了。在没有经过任何公共声明的情况下，当地边境巡逻队的一位高级管理官员被调离了岗位，换上了新人。新任的管理官员要求德比莱恩的官员们道歉。“新来了一个家伙，说我们做得不对，我们不应该再做那种事了。”德比莱恩镇政府的会计凯伦·詹内回忆说。在德比莱恩小镇实施的石头园行动于是突然就结束了，而国土安全部又把该项目转移到了边境沿线的其他市镇。留下来的海关人员及边境巡逻队员们做事风格变得柔和了，并摒弃了一些恼人的行事方式。“他们不再像以前那样经常找人麻烦了，”詹内说，“我觉得巴希的抗议真的有了效果。”

★

但德比莱恩仍然还是不能恢复旧日的模样——国土安全部是不会答应的。在教堂大街上穿越国境线仍是被禁止的。在巴兹·罗伊采取抗议行动之后，政府部署了一辆巡逻警车到教堂大街上。就在赫斯克尔图书馆歌剧院门外的位置，日日夜夜都有一位边境巡逻队员坐在车里，以防止有人企图效仿罗伊穿越国境线的行为。如果有当地居民在通过边境哨卡之后没有马上到海关进行检查，那么边境巡逻队员们还是会冲他们大喊大叫。而那些面容严肃、剃着标准头型、戴着太阳镜的人还是没有完全撤离这个小镇。穿过国境线的行为仍然要出示护照，随后接受盘问甚至搜身，于是住在国境两边的人们还是一直尽可能地试图回避这种情况。凯伦·詹内愤怒地说：“他们对待当地人并没有比对外地人更好。”

随后事情出现了戏剧性的转折，在2012年年末，加拿大方面的一位官员采取行动，将教堂大街在加拿大国内的部分进行了封锁，为的是防止人们从美国非法进入加拿大。加拿大皇家骑警在街道上安放了一排花盆，阻断了街道，因为有些身在美国的非法移民正试图到加拿大寻求避难。毕竟，相比之下，在加拿大那边获得政治庇护要容易得多。

★

这种像堡垒一样严防死守的心态显然损害了国境线两侧的商业往来。愿意跨越国境到德比莱恩闹市区来购物的加拿大人越来越少了，而跨境到斯坦斯特德去办公的美国人也越来越少。“我们店接到的来自美国那边的生意正在急剧地减少，”史蒂夫2002比萨店店主的女儿安布尔·施特雷米拉尔（Amber Stremmelaar）说，“对于美国人来讲，想要过境来这边简直就是自找麻烦。如果把吃剩的食物打包的话，他们（边境巡逻队）是不会允许你带着食物越过国境线回家的。”

来布朗药店买药的加拿大顾客数量也越来越少了。巴兹·罗伊认定，美国国土安全部的所作所为正在慢慢扼杀他的小镇，而他们竟然还打着“绝对安全”的荒谬的幌子。“这些人根本就不会跟你谈判，”罗伊说，“这一切完全就是愚蠢的。他们做事都不动动脑子。可以说基地组织的确胜利了，因为他们已经改变了我们的生活。”

★

位于马里兰州中部贝塞斯达市的美国国立卫生研究院有着树木茂密的校园，并且靠近华盛顿特区内最为繁华的一片市中心商业区。在过去长达数十年的时间里，这里一直是一片安静的公共绿洲。这片面积达

300英亩的土地是对外开放的。校园中有长长的曲折的街道，给人的感觉好像美国国立卫生研究院是一座时时在不规则延伸着的州立大学。科研工作者们在街道上散步，从一座红砖科研建筑走到另一座。校园附近建有一座地铁站，这让华盛顿各地的人们都能够很方便地来到这座校园中。卫生研究院的学术氛围使它具有了巨大的魅力，吸引着世界级的科学家们；同时，这种氛围也使这座学校成为了周边社区当中的一个文化瑰宝。学校时常有露天电影节、野餐活动以及戏剧和乐队表演，这些都吸引了来自周边社区的众多热心观众们。

对在附近一座大学预科学校任教的一位计算机兼音乐老师盖里·多姆（Gary Daum）来说，美国国立卫生研究院给了他一个机会，让他得以实现自己想要组织一支乐队的梦想。在20世纪90年代末，多姆的妻子在卫生研究院工作，于是帮助他建立了美国国立卫生研究院社区管弦乐队。这个乐队对任何的业余音乐家都是开放的，无论对本校雇员还是非本校雇员，都一视同仁。这支乐队进行排练，并且在研究院校园内演出。很快，这支乐队的音乐会就成了研究院每年文化日程表上的一项保留节目。每到12月，校园内都会迎来一个高潮，因为这时候多姆的管弦乐队和卫生研究院社区合唱团就会一起在研究院的马舒尔大礼堂表演汉德尔（Handel）的作品《弥赛亚》，其中还包括《哈利路亚大合唱》。每次表演都会吸引大批的观众满心欢喜地到来，其中也包括美国国立卫生研究院的最高领导们。

然而在2001年9月11日发生的一些大事件却突然而永久地改变了美国国立卫生研究院的校园生活。研究院开放的校园文化传统突然走到了尽头。新上任的安全官员下令，将这座学校封闭起来，不再对公众开放。很快，人们就意识到，这些新的规则意味着研究院再也不会欢迎学校外面的像管弦乐队这样的组织进来表演了。随着安保政策的日渐加紧，美国国立卫生研究院将不会允许外来人员（比如非本校雇员的业余音乐家们）在晚上或周末的时候进入校园表演。同样，这所学校也再不会敞开大门让那些非本校雇员的大批观众们来到大礼堂里听音乐会了。研究院此时采取的是一种壁垒森严、谨防死守的心态，与国土安全部在佛蒙特州德比莱恩的情形如出一辙，而一些意想不到的后果也在悄然滋生。

“我们听说，马舒尔大礼堂今后不会对校外团体开放了，”多姆回忆说，“我们没有机会了。我们再不能每逢12月表演《弥赛亚》了。”

多姆根本没有机会去询问或者讨论这个决定。先前，每到他们乐队表演的时候，国立卫生研究院校园临床医学中心里很多正在接受治疗的病人们也会前来欣赏，而那些宣布禁止乐队进来表演的研究院高级官员们甚至都没有考虑过这一点。

美国国立卫生研究院在周边建起了高达十英尺的钢铁护栏，随着时间的推移，该学校已经彻彻底底地与周边的社区隔离起来了。学校的每一个入口处都设立了安全闸门，在闸门处，警卫员们会让车子停下，并且经常搜查清理汽车以确保没有炸弹。这样一来，周边社区内的居民们就再也不能够在校园里散步了。此外，安全官员们还在国立卫生研究院地铁口附近设立了大门和封锁设施，以确保走出地铁口的任何人在没有经过授权的情况下都不能进入校园。即便是前来访问的外国科学家，都被当成犯罪嫌疑人一样对待。

在这样一个封闭的学术孤岛中进行科研，不可避免地违背了美国国立卫生研究院建立时的初衷，那就是聚集全世界最顶尖的科学家来进行最前沿的医学科研。现在研究院的校园被弄得好像中央情报局的总部一样，这意味着医学研究者们再也不能从原来宽松、自发的学术氛围中获得灵感了，那种氛围可是经常让人产生创新思维的。

很快，科研工作者们就被这种小题大做的安保措施给激怒了。在很多人眼中，仿佛那些安保管理官员们（这些人在晋升之前和各地高中校园里的纠察队长并无二致）现在要跳出来掌权并改变这座学校原有的面貌似的。科学博客创作者马克·胡夫纳格尔（Mark Hoofnagle）抱怨道，美国国立卫生研究院里的那些“被害妄想症一般的过度安保措施”是“没有必要的，而且对思想的自由交流起到阻碍作用，科学研究正需要这种交流才能变得开放、国际化并具有协作性”。

管弦乐队被拒之门外，类似的还有一个在校园里表演了很多年的戏剧团体。这样的做法到头来只能让研究院的封闭孤立状况变得更严重。

国立卫生研究院新出台的安保政策，让这个可以演奏六十支乐曲的乐队一下子没有了排练和表演的地方，而盖里·多姆身处“9·11”事件刚刚过后的余波当中，甚至不知道还能不能让这个乐队继续存在下去。他取消了乐队在2001年9月和10月的排练。

但正如德比莱恩的巴兹·罗伊一样，多姆决定奋起反击。他可不想坐视自己的乐队成为“9·11”事件后惊恐癔症的牺牲品。他下定决心要让乐队顺利举办圣诞节音乐会，再一次为观众表演汉德尔的《弥赛亚》和《哈利路亚大合唱》。“这已经成为我们的一项必需品了。”哈罗德·赛弗里德（Harold Seifried）如是说。他是国立卫生研究院的一位科学家，现如今已成为了乐队的队长。

多姆勉强地拼凑起了几个排练场地，要么在教堂的地下室，要么在位于华盛顿周围的马里兰郊区的一些高中里面。截止到2001年11月，这个乐队已经进行了一系列紧张的排练集会，为的是把“9·11”恐怖袭击之后损失的时间都补回来。最终，多姆在马里兰州罗克维尔市的一家高中校园里找到了一个舞台，在那里，这个乐队可以利用假期的时间进行表演，而他也放出话来，说该乐队的《弥赛亚》演出会按照之前所安排的日期准时举行。

2001年12月进行的这场音乐会吸引了来自华盛顿周边地区的大批观众。这些观众几个月前刚刚经历了“9·11”恐怖袭击，现在都非常渴望能够感受到一点节假日的欢乐气氛，并且都被《哈利路亚大合唱》的表演所深深打动。“这件事情对我的鼓舞是巨大的，”多姆回忆起那一晚的演出时说道，“因为我以为那会是我们乐队最后一次表演那些节目了。我们当时根本没有计划好接下来要做什么。”

在2002年夏天，这个乐队中的一些成员组成了一个委员会，他们开了几次会，讨论还要不要将这个乐队继续做下去。最后，他们决定继续前行，尽管当时仍旧不可能说服国立卫生研究院的安全官员们允许他们的乐队回到校内演出。于是多姆不停地四处奔走，为的只是能够及时找到一些教堂和高中接纳他们，好让他们的乐队继续维持下去。那年秋天，就在“9·11”袭击事件过后一年的时候，这支乐队表演了一部由多姆创作的忧伤的合唱与管弦乐作品，名字叫做《9–11赞美诗》，不过场地还是一所高中的礼堂。终于，乔治敦大学预科学校，也就是多姆任教的那所私立学校，同意为乐队的各种演出提供演出场地，并且可以一直持续数年。这个管弦乐队终于可以活下来了。

然而，尽管这个乐队的名字还是叫美国国立卫生研究院社区管弦乐队，但在“9·11”事件过后的十几年时间里，他们从来没有获准回到研究院去排练或表演。结果，这个乐队同研究院之间的纽带关系渐渐地就消亡了。时至今日，这个乐队中只有25%的成员是国立卫生研究院的工作人员，而大多数新加入的成员都是和研究院没有关系的年轻的音乐家们，他们加入乐队纯粹是为了能够有机会和一帮天才的业余音乐家们同台表演。至于这个乐队跟国立卫生研究院之间的那段已经遗失的纽带关系，他们对此几乎一无所知；他们也不知道在“9·11”事件过后的那段时间里，有一些人为了让乐队存活下来，进行了多么艰苦的斗争。

但直到今天，盖里·多姆依然感到愤怒：国立卫生研究院的官僚们竟然那么想要阻断研究院和周边社区之间的联系，并在此过程中将自己孤立起来，而这所有的行径全都是打着安全的旗号。“每年我都会问，我们还能不能回到校园里，到马舒尔大礼堂去表演。”多姆说，“而每年他们给我的答复都是，这件事我们正在研究。”

★

在一系列狂热的行为之后，美国从一个开放的社会变成了一个铜墙铁壁的堡垒，这一切是由“9·11”恐怖袭击事件诱发的，也是由数以十亿美元计的国土安全财政支出推动促进的。尽管本·拉登已被击毙，可这场狂热的浪潮却并没有遏止。美国这位重要的死对头消失了，可令人惊讶的是，这几乎没有影响到人们仍在进行的争论：到底该如何平衡安全、公民自由以及行动自由三者的关系呢？其实这个问题早就没什么好争论的了——每次都是安全占上风。只有很少数的一些美国人，像巴兹·罗伊和盖里·多姆这样的，才愿意奋起反击，才不肯屈服于那些迫使人们安于幽闭生活的强权。

杰里米·内梅特（Jeremy N é meth）是丹佛市科罗拉多大学的一位策划与设计专家，他开始统计美国人为了安全到底愿意放弃多大的生活空间。他发现，在纽约市中心区域，有35%以上的面积——这些地方主要包括弗利广场周围以及联邦政府建筑还有法院大楼——如今都已经列入了安保地带范围，因此这些地方只有那些获得授权的人才可能进入。在洛杉矶，整个城市有23英亩的面积都被划进了安保区域。内梅特把美国大城市中的这些安保飞地描述成是“恐惧建筑学”的产物。

“国家安全机关已有点接管一切的感觉了。”内梅特说，“安保专家们现在开始接管城市规划以及设计工作了。”的确，现如今的建筑设计行业已被一些人（客户、律师、保险公司还有政府管理者们）强迫着将安全性而不是高雅性作为设计的最高准则了。甚至出现了一些建筑设计公司，比如纽约的磐石十二公司（Rock Twelve），专攻安保建筑设计，已经开发出了新型的轿车和卡车护栏。

而机场当然也注定成了被糟蹋的对象，成了安全迷信崇拜的最大受害者。这些机场现在给人感觉更像是一个临时的拘留中心，而不是通向全世界的门户。更有甚者，美国的地标建筑甚至也遭受了冲击，它们从自由与勇气的象征物变成了偏执狂与政府管制的标签。我们看看美国国会大厦的例子吧，大厦原本和选民之间就有着天然的联系，可是法律制定者们却将这种联系给生生割裂了。他们搞出了一些名叫“参观访问者中心”的建筑物，建筑风格像极了美国运输安全管理局，以此来严格地限制并掌控公众接近国会大厦的权利。

而在与国会大厦一街之隔的最高法院那座高大而庄严的前门按照传统应该一直敞开着，为的是让美国人能够聆听司法论证，但现在也已永久地关闭了。这个决定，“正如那些数不清的简单归因于安全考虑的、不动脑子的决定一样，是一项巨大的冒犯——无论是从建筑学意义、象征意义上，还是政治意义上。”《华盛顿邮报》的建筑学批评家菲利普·肯尼卡特（Philip Kennicott）如是写道，“这一决定将会让这座城市里最引人注目、最成功的一座公共建筑产生人们并不希望看到的新的含义。”

新的过度安全政策的一个典范作品，当然就是纽约双子塔之后的继任者——世界贸易中心一号大楼。这座建筑在地上200英尺高的部分将会采用整体轴承技术，这样就可以防御卡车炸弹的袭击。然而这些强化的设计还不足以让纽约警察局心满意足，他们拒绝接受这个设计，除非再加上一些额外的安全措施，并让大楼的地基位置更加远离人行道和大街才行。《纽约时报》报道说，这栋大楼将会装备总价值达200万美元的电子安防产品，其中包括化学、生物、核辐射方面的侦查仪器，以及“监控录像分析设备”。这些设备会利用电脑，不断地对从大楼摄像头传来的监控录像进行扫描，如果有一辆附近的汽车逗留时间太久或有一个人走路速度太快的话，该设备就会向安保人员发出警报。世界贸易中心一号大楼将会成为全美国最高的堡垒。

而在国境之外，美国在世界其他国家最具代表性的延伸产物——美国大使馆，如今也成了这个星球上最令人望而生畏的一类建筑物。世界各地的美国大使馆一起发出了一个信号，那就是不欢迎外国人。坐落于伦敦格罗夫纳广场的美国驻英国大使馆，现如今已经换成了城市另一端的一座全新的、防恐怖袭击的建筑物，这座大楼引来了英国人的各种冷嘲热讽。其中一位文笔生动的英国小说家沃伦·埃利斯（Warren Ellis）的批评尤为严厉。他在博客中写道，这座新建成的大使馆，是“一座十二层的立方体金属壳子，外面包裹着防爆炸冲击的玻璃和塑料墙面，再外围的则是一片30米宽的爆炸缓冲带。这座建筑看起来无异于一座高端的堡垒，与伦敦的城市空间格格不入，就像美国建立在这儿的一座难以攻取、与世隔绝的堡垒。尽管安全是眼下一个显而易见的需要关心的问题，但我还是觉得这个建筑所传达出的信息比起它原本想要表达的，真的有点过头了。不过我们还是接受它的存在吧。这就是一座有护城河的堡垒，它传达出的信息不是欢迎到这一小片美国的领土来——这是全世界最棒的想法，这片国土欢迎疲惫的旅人，欢迎穷困者，欢迎因恐惧而寻求保护的人。相反，这座建筑传达的信息是，如果你敢嬉皮笑脸地盯着我们，我们就从你家房顶上倒沸油烫死你。拉起吊桥！放出恐怖的蒙古哲罗鱼！”

纽约大学的一位教授理查德·森尼特（Richard Sennett）说，建筑学家们都不喜欢现在的美国建筑设计和建造的样子，但几乎没有人站出来公开发表反对意见，因为身处经济危机和衰退的浪潮之中，他们更需要保住自己现在的工作。“没有人愿意设计出一座堡垒来。”森尼特说，“人们对这样的作品会感到非常沮丧。这与建筑学专业想要达到的目标是背道而驰的。在‘9·11’事件之前，城市建筑设计的潮流是让大型建筑变得更加亲近街道。”可是如今，森尼特认定，美国文化中长久以来一直存在着的心胸狭窄的一面已经被“9·11”事件给严重放大了。“安全方面的过度做法，已融入美国人今后更加长远和广泛的居住方式当中了。”

★

现如今，美国还停留在全球反恐战争的积极备战状态中，殊不知这场自“9·11”事件之后就宣布开始的战争接近尾声了。这场战争中的最主要的对手奥萨玛·本·拉登已经死了，基地组织也解体了。剩下的敌人仅仅是支离破碎的残余组织以及微不足道的小团体。

至于那些单独行动的极端主义分子们，他们通过互联网彼此进行联系，或者追随其他国家的一些伊斯兰反抗组织进行活动。这些恐怖分子的动机，往往是对美国军队不当行为的愤怒。如今，相比于那些目标直指美国政府的有组织的恐怖主义分子，这部分人对美国本土构成的威胁其实是更严重的。2013年，一对兄弟制造了波士顿马拉松炸弹袭击事件，造成3人死亡，约180人受伤。像这样的“独狼”恐怖分子们，通过制造零星的小规模恐怖袭击的方式，可以传播恐惧，可以引起整个国家的高度关注，但他们缺乏一个恐怖主义组织所具有的势力以及能力。尽管类似这样的恐怖袭击事件的确还有发生的可能，而这意味着美国仍要继续保持小心谨慎的状态，但却不会导致当初在“9·11”事件的浪潮中人们所担忧的那种生死存亡的威胁了。这些案件最好还是当作刑事犯罪案件来处理。

“伊斯兰国（ISIS）”在伊拉克突然取得的成功，吸引了外国战士们的加入，这似乎增加了新的恐怖袭击的潜在风险，但该组织的首要目标是针对他们目前在巴格达的敌人。奥巴马总统2014年夏天做出的对伊斯兰国发动空袭的决定，倒是增加了一场全新的反恐战争爆发的潜在可能性，可美国还没有宣布上一场反恐战争的结束呢。于是事情又进入到了一种非常值得质疑的“打地鼠”模式。在这种模式下，那些伊斯兰的好战暴乱分子还没有真正要攻击美国，美国就已经先发制人，将他们列为自己的攻击目标。这样做，为的是防止他们将来有一天真的动手。但这样的模式几乎可以保证那些组织到最后一定会与美国势不两立，同时也会让原本就无休无止的反恐战争继续无休无止地进行下去。

波士顿恐怖袭击事件之所以造成了巨大的恐慌，很大程度上是因为美国人在“9·11”事件过后，心智仍然保持在一个脆弱的状态。当然，在波士顿事件过后，少不了有很多政治领袖人物跳出来重新唤起后

“9·11”时代的恐慌，然后开始再次呼吁采取更严厉的措施以限制美国人民的个人隐私、行动自由及宪法所规定的其他公民权利。事实上，在针对犯罪嫌疑人进行搜捕行动期间，波士顿曾有一天的时间是全部戒严的，这也是一次史无前例的行动，再次引发了人们关于后“9·11”时代的安全限制的争论。

在波士顿事件刚刚过后，美国职业棒球大联盟发出指令，要求联盟内的所有球队对持票进入国家棒球场地的观众们要采取新的严格的安全程序，还要求在2015年之前，每一支球队必须配备手持式金属探测仪或过道式金属探测仪。对于这项美国最传统的全国性娱乐项目的广大粉丝们来讲，去看一场球赛现在变成了和去机场一样糟糕的经历了。

投入到反恐斗争中的资源的数量一直居高不下，远远超过了恐怖主义实际上造成的威胁的水平。这也就自然而然造成了一种乱象：美国联邦调查局、国土安全部还有国家及各地的执法部门不得不找一些办法来应付差事。在2012年年末，美国一家人权组织“民事司法合作基金”得到了一些联邦调查局的档案资料，这些资料显示，联邦调查局一直以来都在对“占领华尔街”运动进行监视，甚至把这次行动当做恐怖主义威胁。联邦调查局在纽约和全国各地的特工们对“占领华尔街”运动进行监测，并且将手机信息分享给商业组织、大学、各地警方以及其他执法部门。在印第安纳波利斯，早在那里进行抗议活动之前，联邦调查局甚至就已发布了一份“潜在犯罪行为警报”。在纽约的锡拉丘兹，联合反恐工作小组向这一区域内的驻校警察发出了关于“占领华尔街”抗议运动的情报。

联邦调查局的这些文档，反映了由于反恐设施在这个国家肆无忌惮的疯长所带来的种种危险隐患，同时也反映了目标本来设定为抓捕恐怖分子的一整套体系机制，是可以多么轻易地调转枪口，瞄准其他的目标。而在更多情况下，反恐资源都被浪费了。国土安全部设立的所谓的处理中心，原本应是将联邦、各州及各地方上的执法部门官员们聚集到一起以便收集恐怖主义相关情报的机构，而事实证明这不过是一个耗资数十亿美元的无用工程罢了。这些处理中心所生产的都是些虚假的情报，其作用只是对美国公民的隐私和公民自由造成不必要的威胁。更糟的是，根据参议院2012年进行的一次严厉的调查显示，有10亿美元以上的纳税人资金被标注在这些处理中心的名下但却不能得到合理的用途解释。这些处理中心传出来的很多情报报告质量都非常之差，以至于它们直接就被扣留了，免得在政府内部分享传播。而另外一些传播过的情报其实也本不应该传播。2011年，位于伊利诺斯州的一个处理中心发出警报称，有俄罗斯的黑客入侵到了该州首府斯普林菲尔德市供水管理区的计算机系统内。然而事实上，那只是一位修理工人在俄罗斯度假期间远程检查了一下供水管理区的计算机系统。

★

兰德集团的员工布赖恩·詹金斯（Brian Jenkins）是全美国最有想法的一位恐怖主义分析师。他指出，自从“9·11”事件以后的这些年来，美国受到的恐怖主义威胁实际上已经相当小了，尽管大家的恐惧和焦虑一直还是有增无减。詹金斯说：“从国内的恐怖主义形势来看，这十年是20世纪60年代以来最为平静的十年。”他还指出，在20世纪60年代末以及70年代，国内激进分子进行的暴力活动要远远多于“9·11”事件后美国所经历的。

在“9·11”事件过后，人们一直担心基地组织可能会通过“第五纵队”[①]的方式渗入到美国，然而事实证明这种恐慌是被无限放大了的。“其实并不存在作为卧底的秘密力量，再也没有类似于20世纪六七十年代那样的恐怖主义团体了，再也没有持续不断的炸弹袭击行动了。”詹

① 注：“第五纵队”（the Fifth Column）一词起源于西班牙内战，现泛指隐藏在对方内部的间谍。

金斯在2011年兰德集团的一份报告中如是写道，“少数的恐怖分子、准恐怖分子以及活跃的恐怖主义支持者绝大多数都是单独的个人或规模极小的阴谋集团，这些小集团有的已经联系上了国外的恐怖组织，有的试图联系，而有的小组织认为自己联系到了，可其实他们联系上的人是政府的特工。”

詹金斯曾试图去弄清楚为什么会存在着如此巨大的矛盾现象——恐怖主义在美国已再也构不成重大的威胁了，事实摆在眼前，可国民的恐惧还是有增无减。他说：“毫无疑问，‘9·11’事件留下了深深的心理创伤，而这一创伤造成了长期的潜伏的影响。”他认为，这样的心理创伤已经影响到了情报分析部门，同时也影响了媒体和公众。9月11日这个特殊的日子，甚至可以让一些彼此毫无关联的事物看起来有什么神秘的联系。所有的因素，事无巨细，都不能不考虑到，这也改变了美国判断威胁的思维方式。

“恐怖主义的目的，本来就是通过使用暴力或威胁来制造恐慌和不安。”詹金斯说，“以此观之，恐怖主义的确奏效了。毫无疑问，造成这种局面，我们自己负有重大的责任。我们一直都在自己吓自己。”

★

那些威胁和警报本来不该引起公众如此强烈的共鸣，也不该对国家产生这么持久的影响，如果那些威胁和警报没有被一大帮独立的恐怖主义分析师们添油加醋的话。而这些分析师正是在全球反恐战争前后才形成网络的。他们是反恐战争中最显眼、喊得最欢的鼓吹者，十年来，他们一直竭尽全力让美国人民如履薄冰。他们通过上电视、发表演说、出书、做咨询、当顾问、接政府订单等手段将生意做得风生水起。他们为自己的组织举行筹资活动，同时也鼓吹反穆斯林的行动。他们建立起了个人品牌，并通过不断地警告称美国正处于围攻之中，以此来让自己的个人品牌更加响亮。

他们利用恐惧，建立了一个家庭手工作坊式的产业。

这些人当中，没有谁比史蒂文·艾默生（Steven Emerson）更具有影响力了，他是“反恐调查项目”的创立者兼执行董事。多年以来，艾默生一直坚称，美国处在伊斯兰极端民族主义组织的威胁之下，无论是在国内还是在国外。艾默生一开始之所以获得声望，是因为他早在“9·11”事件发生之前就通过写书、发文章等形式向人们大声警告来自伊斯兰恐怖主义分子日益增加的威胁。

艾默生以记者起家，最早是纸质媒体的记者，后来成了电视记者。20世纪90年代，他开始崭露头角，一部分是由于美国公共广播公司的一部纪录片《前线》（*Frontline*）获奖了，该纪录片详细描述了伊斯兰好战分子在美国的种种表现，称之为“美国的圣战”。艾默生当时所做的工作，给理查德·克拉克（Richard Clarke）留下了深刻印象，此人在克林顿政府执政期间以及布什政府上台初期是反恐方面的一个权威人士。在“9·11”事件之前，联邦调查局缺少关于美国境内的伊斯兰组织的有用的情报信息，克拉克对此感到失望，于是将目光转向了艾默生，把他视为一个编外的恐怖主义研究员和顾问，美国《新闻周刊》杂志的一篇文章如是记载道。

不过从最近的情况看，艾默生似乎变得过于积极，他声称从美国境内各类型伊斯兰组织身上都看到了一连串无休止的本土恐怖主义威胁。他不承认自己是一个反穆斯林主义者，然而他用华丽的辞藻发出警报。他说如今在美国的穆斯林社团中，极端主义者已经占据了主导地位，他还说美国的很多穆斯林团体只不过是穆斯林兄弟会、哈马斯和真主党的前沿阵地而已。这样的讲话方式让他的言论听起来就好像每户美国人的床底下都潜伏着一个恐怖分子一样。在“9·11”事件发生之前，他发出的警告的确具有先见之明；可是现在，他似乎并不想继续保持这种先见之明了。

“归根到底，主流媒体还是没有认识到所谓‘主流的’伊斯兰团体事实上都是激进的极端组织，这些团体向其追随者们传授并灌输对美国、以色列的仇恨。”他在2009年关于美国穆斯林团体的一篇文章中写道，“这些团体表面上是人权组织，但实际上是激进的伊斯兰极端组织，他们向数百万的追随者们散播的一条永恒不变的信息就是，美国是一个向伊斯兰世界发动战争的邪恶的国家。一旦这样的信息被人们所接受成为思维定式——毕竟这些组织团体手中掌握着清真寺、伊斯兰报纸、伊斯兰学校还有伊斯兰阶层领导权，而美国的穆斯林和皈依者们正是通过他们获得关于这个世界的认知的——那么这些团体中的一些人想要发动一场暴力的圣战就不会是了不得的难事了。我们现在所讨论的这种状况，远比政府领导人想要承认的那部分严重得多，因为一旦有任何人声称在穆斯林圈子里面存在极端主义分子，那么伊斯兰团体就会给这些人贴上‘种族主义’的标签。”

艾默生成功地将自己反穆斯林主义的花言巧语及调查研究统统转变成了资金募集的高超技术。《那什维尔田纳西人报》（*Nashville Tennessean*）2010年进行的一项调查发现，艾默生建立的营利性质公司，即SAE制作公司，在2008年接收了339万美元资金，为的是调查在美国境内的穆斯林与国外恐怖主义之间的联系。而这些资金的来源则是短期内建立的非营利机构“反恐调查项目基金会”，该组织接受社会人士的捐赠，捐赠者们都支持艾默生的反圣战工作。艾默生的这家非营利组织在2010年的纳税申报单上报告称，该组织支付了340万美元以上的资金给他的SAE制作公司，名目是管理业务费用。而反恐调查项目基金会在当年的年度募捐活动及财政拨款中所接收的款项一共才只有260万美元，明显少于前者。

在美国的恐怖主义独立分析业界，艾默生俨然成了一个教父式的人物。而当他每一次公开发表声明的时候，他的影响力都会得到巩固。支持他的人有志趣相投的分析师们，有在他领导下的保守派老学究们。他经常利用自己的宣讲会反复重申，政治家们应该准备好发动反恐战争了；同时，他还批评那些他认为尚且不够活跃的公众人物。比如在2012年，他把目标对准了新泽西州的共和党领袖克里斯·克里斯蒂（Chris Christie），说他有"伊斯兰困难症"，还说"他一次又一次地站在伊斯兰势力的一边，与那些居安思危、想要保卫美国国土安全和文明的人们对着干"。根据艾默生的说法，在克里斯蒂的诸多罪过中，有一项是他曾经批评过纽约市警察局。当时美国联合通讯社发表的一系列报道获得了普利策奖，而其中有一部分内容披露称，纽约市警察局一直以来都在单方面地对新泽西州的穆斯林实施监控。

在艾默生的众多信徒之中，最有名的一个要数埃文·科尔曼（Evan Kohlmann），他年纪很小的时候就已参加到艾默生的活动中来，以至于他被人们戏称为反恐领域的"天才小医生"[①]。科尔曼从1998年到2003年期间在艾默生的反恐调查项目基金会里工作，随后则建立了自己的公司——闪点全球合作伙伴公司。他曾经为美国国防部、司法部、联邦调查局以及外国政府和国际组织担任顾问工作。闪点公司向它的客户们提供"关于一系列圣战组织的定制化的在线监控产品"，同时也提供"恐怖分子音频/视频/公报的检索和产品"，还有"对查获的数据媒体进行适用于法庭诉讼的分析工作"，以及"自定义分析报告"。

科尔曼在美国国家广播公司新闻网担任恐怖主义分析师，同时还在美国司法部担任恐怖主义诉讼方面的专家证人，这样的双重身份让他显得出类拔萃。他在美国作为专家证人至少出席了24个案件的庭审，另外在欧洲和澳大利亚又参与了9个案件。2011年在得克萨斯州参与的某一个案件的证词中，他说自己在司法部担任一名专家证人，通常可以拿到每小时300美元～400美元的报酬。他还说自己为联邦调查局担任恐怖主义调查方面的咨询顾问，自2003年开始为他们工作以来，他总共收到过那边支付的大约6万美元的报酬。

① 注：杜奇·霍瑟（Doogie Howser），美国电影《天才小医生》中的人物。

科尔曼的批评者们说，他在诉讼活动中担任专家证人的工作引发了不小的问题。他的批评者们说，尽管政府信任他，让他以一位恐怖主义研究专家的身份参与作证，但他的学识大多数是从上网搜索圣战网站的过程中得来的，而不是真正到中东去亲身经历。所以人们难免会怀疑，联邦的公诉人之所以会邀请他作为案件的专家证人，是因为他们可以依靠他来把恐怖主义的威胁渲染到最严重的程度，这样就有助于让美国陪审团在惊恐之余赶紧定罪了事。《纽约杂志》2010年发表了一份关于科尔曼的精彩的简介资料，其中引用了一位批评者的话，这位批评者说科尔曼所从事的工作是一个“给人定罪的行业”。

艾哈迈德·盖普尔（Ahmed Ghappour）是得克萨斯大学法学院的一位临床护理教师，曾站在恐怖主义相关案件的被告席上，而科尔曼那次刚好被邀请作为一名专家证人出席。盖普尔说，在法庭上，他和其他的辩护律师频繁地试图阻止科尔曼的作证。盖普尔说，在此案中，当真实的证据不能支持起诉方观点时，他们通过让科尔曼站在目击证人的立场上的方式，就可以把跟恐怖主义威胁相关的情报信息引入到一个刑事犯罪案件的审判中来。“他的证词往往会成为决定成败的最重要因素，因为他会把所有的偏见统统都搞进来。”盖普尔说，“如果你是一个起诉人，那么只需要在定罪之前把这个家伙弄到手，接下来就什么都不用做了。至于你不能证明的那些事实，都可以交给这个家伙，让他用自己专业分析的一部分内容来支持，然后你让陪审团听着就好了。这种方式跟你直接说你有证据证明这件事还有很大差别。所以说，他简直就是政府的狗腿子。”

科尔曼受到批评还有一个原因，就是他利用电视台分析师的另一个身份大肆宣传恐怖主义威胁。比如说，在波士顿马拉松炸弹袭击事件刚刚过去的时候，整个传媒界都因为错误百出而受到批评，而微软全国有线广播电视公司的广播节目中也批评了科尔曼，原因是他对事实进行了大胆的不负责任的猜测。根据华盛顿《政治》（*Politico*）报道，当科尔曼描述该案件的一位嫌疑人想要在亚马逊网站上购买的物品时，来自有线广播电视公司的查克·托德（Chuck Todd）打断了他的讲话。托德当时实在忍不了，不得不提醒科尔曼，他尚且不能证明自己说所的那份亚马逊网站的“希望物品名单”真的就是属于那位嫌疑人的。

《政治》记述了他们两人在电话中的这一段对话：

> “我想要强调的是，虽然我们现在还不能确定，但毫无疑问，他的名字……”科尔曼说道。当时他还没有被托德打断。
>
> “我必须得打断你一下了。”托德说，“干我们这一行的人——我们在确定一件事情的真实性之前，是没有必要把事情通过广播发布出去的。”

据《政治》报道，接下来，科尔曼又开始推测起了爆炸案嫌疑人同那些位于阿富汗与巴基斯坦边境地带的恐怖组织之间的关系，而这又促使托德再次打断了他的讲话。“我并不是故意要打断你说话的，但我们不想一下子给太多的事情盖棺定论。”托德说。（事后，科尔曼向《政治》做出了回应，他强调自己并没有向人们暗示过有任何恐怖组织是对波士顿炸弹袭击事件负有直接责任的。）

像艾默生、科尔曼以及其他一些自封的恐怖主义研究专家们，全面彻底地大肆宣扬了对恐怖主义的恐惧，而现如今，竟然又有一批激进主义分子们跳出来试图利用这种恐惧。这些激进主义分子们个个都是“文明斗士”，而不是恐怖主义研究专家。这些人通过他们的草根组织率先行动起来，试图阻挠全国各地清真寺的兴建，他们还努力让各州通过法案，以禁止伊斯兰宗教法的施行。

这些激进主义分子一直以来都在不懈努力，为的是确保反穆斯林的政策能够成为这个国家的保守派更主流的政治主张的一部分。布里奇特·加布里埃尔（Brigitte Gabriel）是一位美籍黎巴嫩人，也是一名基督徒，还是这些激进主义分子当中最为显眼的一个，她所著的反穆斯林主义的图书成了畅销书，而她本人现在还领导着一个组织，名字叫做“行动！为了美国”。这个组织曾参加了一场国家层面的行动，旨在通过法律手段，反对伊斯兰宗教法。加布里埃尔会定期地向她的支持者们以录像带的形式发布募捐动员讲话，号召大家为“行动！为了美国”组织捐款以资助该组织的反伊斯兰宗教法的法律行动。“你只需每个月捐献19美元，每天63美分，就可以提供我们所需的至关重要的资金，用以确保今后在美国的法庭上只允许使用美国的法律（而不允许使用伊斯兰宗教法）。”她在2012年发表的一份为立法行动募捐的录像带中说。

加布里埃尔警告说，恐怖分子及恐怖组织通过秘密的第五纵队行动，正从根本上破坏整个国家。根据2011年《纽约时报》刊登的一份演讲记录记载，她在一次茶话会上说：“现在美国的各级单位都被那些做梦都想要破坏美国的极端分子们渗透进来了。他们已经渗透进我们的中央情报局，渗透进我们的联邦调查局，渗透进国防部，渗透进国务院。这些激进分子正在我们城市中的清真寺里，在美国境内的宗教社团里接受极端主义的洗脑教育。”

★

在白宫，在国会，无论是布什政府任期内，还是奥巴马政府任期内，美国的领导人都认识到，只要让人们对恐怖主义保持恐惧，就可以为自己带来巨大的政治上的好处。因为这样做能够让掌权执政者们看起来更有硬汉气概，也会让他们在处理国家安全问题的过程中赢得举国上下的注意，并拥有政治上的魅力。作为总统，巴拉克·奥巴马很快就抛弃了他在2008年竞选活动时所持有的关于国家安全的诸多观点，转而不遗余力地将自己打造成为一个反恐斗士的总统形象，而这一形象在2011年击毙奥萨玛·本·拉登的时候简直达到了巅峰。他延续了乔治·沃克·布什政府执政期间的大多数国家安全政策，甚至还强化了其中一些最有争议性的政策的使用，包括使用无人飞机进行定点清除行动。在2012年总统大选期间，奥巴马的白宫团队有选择地泄露了一些机密的情报信息，为的就是向选民们释放信号，让奥巴马看起来更像一位鹰派人物，并彻底打破美国民主党人过去在对待国家安全问题上一贯的软弱形象。

在美国国会，关于反恐战争所带来的政治优势，没有人比众议院议员彼得·金（Peter King）了解得更多了。他是一位纽约的共和党人，也是众议院国土安全委员会的前任主席。

彼得·金曾是美国在反恐战争过程中采取过的最严厉也最广受争议的那些措施——无论是强化审讯手段，还是海外定点清除行动——的鼓吹者，不过他并不愿意为此而道歉。彼得·金是一个律师，一个来自长岛的、讲话风格强硬的美籍爱尔兰人。他针对他所认为的美国优秀人才们所秉持的自由主义发起攻击，否定其政治正确性，并陶醉于自己的攻击行为之中。他表现的就像一条愤怒的、富有攻击性的狗一样，时刻准备着袭击美国公民自由协会、美国媒体及其他一切他认为在对待恐怖主义时过于软弱的人们。

当彼得·金还在担任国土安全委员会主席的时候，就一直非常努力地让国土安全部和他一样，主张进行一场富于侵略性的、坚定不移的反恐战争。在这一过程中，他成功地使美国国会在法律上认可了那些独立的资深反穆斯林学者们所宣扬的极端观点。

2011年到2012年，彼得·金担任国土安全委员会主席时，召开了五次听证会，主题是美国穆斯林的极端激进化。通过这样的行动，彼得·金将这个委员会变成了类似于麦卡锡时代[①]的众议院非美活动调查委员会的翻版一样的存在。在彼得·金的历次听证会上都有一位证人反复出现进行作证，他就是M·朱迪·贾瑟尔（M. Zuhdi Jasser）博士。他

① 注：20世纪40年代末到50年代初，美国掀起了以“麦卡锡主义”为代表的反共、排外运动。

是美国伊斯兰民主主义论坛的董事长，也是《第三次圣战》（*The Third Jihad*）的解说员。《第三次圣战》是一部右翼纪录片，该纪录片被认为对穆斯林怀有极大的偏见，以至于纽约市警察局最终不得不停止使用该片作为反恐训练的材料。众议院国土安全委员会内部的民主党人士一次又一次地对彼得·金的听证会表示反对，他们认为，彼得·金决定将目光仅仅聚焦在来自伊斯兰极端主义分子的潜在威胁上，而将国内的其他激进组织全部排除在外，这样的决定会让人们产生这样一种感觉：金以及整个委员会都是对美国穆斯林怀有偏见的。“这些听证会的基本语调，就是要把穆斯林社团孤立出去，这样的基调已经损害了宗教自由的精神，也会造成美国穆斯林公民和其他美国公民之间的分裂。”一位来自密歇根州的民主党人，有着孟加拉人血统的天主教徒、众议院议员汉森·克拉克（Hansen Clarke）在2012年听证会期间这样说道。“这些听证会就是一场攻击行为，不仅仅是对穆斯林，也是对整个南亚裔人民的攻击行为。我过去在国会大厦度过的时光中，从来没有哪一个星期的时间不被叫停并要求出示身份证件。”克拉克说，“够了，让我们停止宗教攻击吧。”

彼得·金则试图为自己的听证会进行辩护，他说批评者们是在要求他对来自那些日益极端激进化的美国穆斯林的恐怖威胁视而不见。“我们这个委员会，联同国土安全部一起，都是为了应对‘9·11’事件及伊斯兰极端主义而建立的，这就是我们的第一要务。”金在2012年的听证会上说，“我们还有一个司法委员会，足以料理国内其他派别的恐怖威胁。”

尽管批评的声音不断，金却并没有因为操办这些听证会而付出政治上的代价。金作为国会中的一名高级议员（同时他也是国会中最好战的议员之一），有资格接触到一些顶级机密的情报信息，他却仍然保留着看有线电视新闻的习惯。在这些新闻里面，铺天盖地的报道向人们宣扬新的恐怖主义威胁。这些报道往往会成为扭曲人们判断事物的指针。

事实上，当彼得·金在听证会上发表完他的反穆斯林主义的花言巧语，另一位极端偏激的众议院共和党人米歇尔·巴克曼（Michele Bachmann）非但没有抗议他的做法，甚至还提出了更进一步的要求。巴克曼声称，穆斯林兄弟会的势力已深深地渗透进了美国政府的内部，他号召大家效仿布里奇特·加布里埃尔曾经提出的一些指控言论，在美国所有的安全事务部门进行一次彻底的调查。在2012年6月写给国务院副总检察长的一封信中，巴克曼和另外四位保守派的众议院共和党议员一起，危言耸听地声称："最近公开披露的一些情报信息让我们看到了关于国务院的政策和行动的一个严重的问题，那就是这些政策和行动似乎已受到了一些跟穆斯林兄弟会有关联的个人和组织团体所采取的行动的影响。"

★

这封信继续发出警告称，时任美国国务卿希拉里·克林顿（Hillary Clinton）的一位贴身助理修玛·阿贝丁（Huma Abedin）的家庭成员中，有三个人是跟穆斯林兄弟会的特务或组织有联系的。这封信引用了华盛顿一个叫做"安全政策中心"的组织的文章作为对阿贝丁家人的不利证据。该组织由弗兰克·加夫尼（Frank Gaffney）经营打理，他是一个保守分子，在各州反伊斯兰宗教法法案以及阻挠各地兴建清真寺的行动中都曾起到突出的作用。

阿贝丁的丈夫安东尼·维纳（Anthony Weiner）是一位来自纽约的前国会议员，曾作为候选人参加过纽约市市长的竞选。这个人因为过于激进地分享数据情报而使自己蒙羞。另外，当年他在下议院与巴克曼共事的时候，还是以色列的一位忠实的支持者。然而这一切在巴克曼看来似乎并不重要。

★

无论是共和党政府执政期间还是民主党政府执政期间，恐惧，一直支撑着美国的国土安全产业，其金额已达数十亿美元。迈克尔·切尔托夫（Michael Chertoff）是国土安全部前任部长，他建立了自己的公司“切尔托夫团队”；而在2010年年初，他又向人们展示了恐惧和财富之间的关联。他当时参加了一次电视新闻秀节目，讨论的是某次未遂的飞机炸弹袭击阴谋。他倡议，为了粉碎这样的犯罪图谋，全美国的各家机场都要安装全身扫描仪；与此同时，他又向人们推介了他们公司代理的一家生产这种扫描仪的企业。

恐怖主义威胁、恐惧以及财富三者之间的联系，在2012年的反恐博览会上被展现得淋漓尽致。在这场为期两天的、华而不实的反恐产品贸易展览会上，有大大小小的一百家公司出钱在华盛顿会议中心租赁了场地用来展示它们的产品。这个展览中心距离它们的潜在客户（联邦调查局、国防部以及国土安全部）都很近，做生意很方便。

美国西南微波公司也参加了这次博览会，并带来了“勇者微型追踪2号”，这是一个地下电缆侦查系统——“通过适应不同地形工作的测定体积的微型感应器来精确定位三米之内试图发出的信号指令”。加勒特公司也参加了博览会，带来的是PD6500i型金属探测仪——“这种过道式金属探测仪适合全世界各地的安保专业机构选购”。Vertx公司也参加了展览会，其出售一系列“专为执行任务的特务人员设计”的衣服，其中包括“OA作业用短裤”以及“战斗罩衫”，这是一种带伪装掩护作用的夹克衫，拥有“隐藏的宽大胸袋可以起到迷惑作用”；还有隔断的口袋，“刚好可以装下一把M-4 mag枪或者一个电话”。Flir公司也参加了，带来的仪器“将化学分析从实验室”带到了“田野工作场”，还可以对你“感兴趣的化学物质”进行“当场分析”，进而“为用户完成任务提供必要的可以作为行动依据的情报信息”。

“人们对于安全工作的空前重视，直接促进了我们生产线的发展。”一位出现在“美洲之星护栏”展示摊位的公司领导人如是说道。这是一家设立在俄克拉荷马州塔尔萨市的公司，出售高科技、高安全性能的防护栏产品。“在‘9·11’事件发生以前，人们只用铁链做成的护栏就觉得很满足了。”

为了确保没有任何人错过利用恐怖威胁售卖商品的机会，反恐博览会还特意举办了一系列关于恐怖主义和国土安全的演说活动及研讨会。除了由美国国家反恐中心前任主任迈克尔·莱特（Michael Leiter）发表的一场用来确定基本格调的演讲外，还举办了一系列的由座谈小组进行的讨论会，会议聚集了政府官员、外部专家以及承包商们。在其中一次讨论会上，一位来自美国运输安全管理局的高级官员用热情洋溢的语调讲述了他的第一个十年时期：“回顾运输安全管理局的十年，看看我们过去的起点及取得的改革成就，是一件很有趣的事。我们有五万人真正密切地关注着航空事业的安全。”鉴于当时聆听这次演讲的很多听众的公司已经向运输安全管理局出售了产品，要么就是他们的公司想要把产品卖给运输安全管理局，所以这次演讲可能是任何一位运输安全管理局官员所能想象的最能引起共鸣的演说了。“下一次，当你通过机场的安检时，请用一点点时间向安检人员表示感谢，他们并不会经常听到这样的话语。”这次座谈会的主持人如是说。

而就在反恐博览会主要展示场地旁边的一个小房间里，进行着另一场座谈会讨论，是关于伊朗和真主党的。在会议室内，史蒂文·艾默生正在滔滔不绝地讲话。

直到2014年，本·拉登死后三年的时节，仍旧没任何迹象表明这个跟恐惧相关的产业有减缓发展的趋势。一家调查与咨询公司预测说，在未来几年内，全球的国土安全市场及公共安全市场还会继续出现激动人心的增长，并且到2022年总产值将会达到5460亿美元。

Pay Any Price

第九章

窃听风暴

美国人民从政府遭受的所有虐待行为之中，最糟糕的一项可能就是对真相的宣战了。一方面，政府的行政部门一直在广泛地搜集着其想要知道的信息：在某种意义上，这种信息搜集行动的对象在以前是被视作隐私的。而另一方面，行政部门为了不让公众有任何机会窥见其所进行的肮脏勾当，甚至不惜草菅人命，以至于发动一场对真相的战争。而这一切，都开始于美国国家安全局。

★

我们这个故事开始的时间是2001年10月初，距离9月11日在纽约和华盛顿特区发生的恐怖袭击事件刚刚过去几个星期。比尔·宾尼（Bill Binney）当时在美国国家安全局的“臭鼬工厂”担任一名高级官员。臭鼬工厂是一个试验性的研究机构，地点在马里兰州的米德堡，在这里，国家安全局里一批最出色、最有脑子的人正在努力寻找应对新的数字化时代的方法。而比尔·宾尼已经在国家安全局工作了三十多年的时间，还有一个月就要退休了。

宾尼说，他当时正在实验室里。这时，一位跟他共同负责这座实验室一些最重要项目的承包商人兰迪·雅各布森（Randy Jacobson）走了过来，并悄悄向他传达了刚刚从国家安全局最高管理层收到的最新秘密指令。宾尼回忆说，雅各布森简直被这些命令给吓坏了，于是不得不找到宾尼来说说这事。（雅各布森并没有响应笔者的要求对此事进行评论。）

雅各布森接到上级命令，让他在操作某一项实验性的监视系统的时候，完全摒弃美国宪法第四修正案[①]的保护条款。这个监视系统也是国家安全局有史以来开发的威力最大的谍报监控项目之一。这个先进的监控系统还仅仅是一个试点项目，但国家安全局的顶层领导们想要把它立即变成可以大面积应用的东西——用它从美国人民那里搜集数据。他们命令雅各布森把这个监控系统中原有的那些小心谨慎而又标准化的限制程序都删掉，而当初之所以设计这些限制程序，就是为了防止该项目被用来从美国公民身上非法搜集信息。

雅各布森找到了宾尼，因为这个试验中的监控系统是由宾尼和他的团队开发的。可宾尼当时已被他的上司抛到了一边，关于将普通美国人作为该监控系统的使用对象的决定，他毫不知情。雅各布森告诉宾尼说，他的监控软件将要被拿去跟美国电话电报公司的电话线路协作，这样就能让这个监控系统窃听普通美国公民之间的通话了。

"我当时正在实验室的情况观察室里看着报纸，这时候兰迪过来说，你知道他们都在干什么吗？"宾尼回忆说，"他说电话电报公司现在正把美国的数据加入到监控系统中，还说将要把对美国人的保护程序从系统中删掉。"

就这样，后"9·11"时代的美国专制独裁政府开始了它的暴行。

我们这个故事中的主人公，是一群从一开始就尽力阻止美国国家安全局进行国内窃听行为的人们，而他们面对的，是金钱、权力还有贪欲的挑战。这个故事还向人们揭示了政府工作的保密性——以及对告密者的迫害镇压——已经让后"9·11"时代的放肆行为不受节制地达到了最大程度，无论是刑讯还是大规模的数据挖掘行为。政府工作的保密性，已经滋生了一大帮新的国家安全企业家及野蛮的盗贼，也为腐败提供了温床。

---

① 注：美国宪法第四修正案是美国权利法案的一部分，旨在禁止无理搜查和扣押，并要求搜查和扣押状的发出有相当理由的支持。这一法则强制规定以非法手段获得的证据不能用于刑事审判，除非是在合法手段下这些证据仍然不可避免地会被发现。

丹尼斯·蒙哥马利、迈克尔·阿西莫斯以及其他人——比如黑水公司的创始人埃里克·普林斯（Erik Prince）——如果没有美国政府保密工作的铁壁高墙的保护，是绝对不可能做到他们那样的地步的。詹姆斯·米切尔和布鲁斯·耶森为了让中央情报局能够刑讯囚徒而对SERE训练计划的反向工程研究，如果不是中央情报局全程做好了保密工作，也绝不可能进行得如此顺风顺水。而在“9·11”事件期间担任美国国家安全局局长的迈克尔·海登（Michael Hayden），如果不敢肯定白宫会尽其所能地为安全局开脱罪责使其免受法律的制裁，并让那些碍手碍脚的告密者统统粉身碎骨的话，他也绝对不敢发起一场未经授权的窃听项目。自从那时起，美国国家安全局进行的各种行动同样也包裹上了一层保密性的神秘面纱，直至后来它继续变本加厉地要求对美国国内公民的日常通讯实施窃听。

美国国家安全局及其承包商们在数据挖掘方面做得越来越大，对网络安全造成的影响也急剧增加。而此时国家安全局却仍在政府工作的保密性的保护伞下，免受各种令人不快的问题打扰。美国民众想要知道国家安全局到底在对他们做什么，唯一的途径就是通过告密者，而那些告密者中，就包括最近出现的一位——国家安全局前任承包商人爱德华·斯诺登。斯诺登泄露了一些档案资料，这些资料显示，国家安全局在奥巴马政府期间进行大规模的数据挖掘行为呈增长态势。为了让反恐战争得以继续下去，美国政府千方百计地让这些告密者们都遭到孤立、放逐。

美国民众喜欢黛安·洛克（Diane Roark），她可能是美国在后“9·11”时代最英勇无畏的一位告密者了，关于她的故事似乎永远都讲不完。她孤身一人进行了一场战斗，而她所面对的敌人是在全球反恐战争中最权势显赫、最放纵的华盛顿势力。然而，她却一直没有得到她应得的认可。

了解了洛克的故事，我们也就能理解何以时隔多年，爱德华·斯诺登不得不逃到体制之外，为的仅仅是让美国公众了解，自从“9·11”事件后，布什政府最先发起美国国家安全局的无证监听行动，直至今日，国家安全局在国内进行的窃听活动已经发展到了什么程度。洛克努力想要留在体制内做一个告密者，她想通过正常的渠道揭露事实。然而，故事最后的结局是她被提起了公诉。

洛克的故事向我们提供了迄今为止最有深度的个人视角，让我们得以观察国家安全局在国内进行的监听行动的发展。同时，她的故事也向人们解释了美国是如何允许它最有实力的国外情报机构将那些情报手段施行的目标转向国内的。她的故事给我们上了值得牢记的一课，尤其在美国政府迫害镇压那些像爱德华·斯诺登一样的人时更有意义。而与此同时，国家安全局还在继续拓展对美国公民数字化生活的监控行为。

★

当兰迪·雅各布森找到比尔·宾尼，向他告知自己刚刚收到新命令，让其对宾尼设计的监控系统进行修改，以便能以美国公民为监控目标时，宾尼立刻就意识到了这些命令将会产生多么重大而又多么危险的影响。当初宾尼创立这个监控系统的时候，还特地大费周章地为这个系统设定了强大的保护程序，就是为了防止它被用在美国民众身上。他知道自己已建造了一个威力巨大的监控系统，以至于一旦这个系统反过来用来监视美国公民的话，它将会成为美国专制主义者的制胜法宝。所以，他努力确保该系统会自动拒绝接收关于美国公民的数据信息，这样就遵循了用以限制国家安全局情报工作的那些反国内监控的相关法律法规。

事实上，早在“9·11”事件发生之前，美国国家安全局的律师们就告诉过宾尼，他们对他发明的新系统是很害怕的。他们坚信，这个系统太危险了，以至于不可能应用到实践中，因为它实在是太强大了。律师们表示担忧，因为这个新的监控系统能够以超高的速度和效率搜集并分析数据信息，这也就意味着该系统同样可以非法地收集到大量的美国国内数据，这样就触犯了《外国情报监视法案》及其他用以限制国家安全局对外国人进行间谍情报活动的法律法规。

宾尼当时还跟律师们争论了一番，他说自己在监控系统里早就建立了强大的保护程序，用来确保任何跟美国公民有关的数据信息都会保持加密状态并被软件拒绝。国家安全局的分析师们永远也别想利用这个监控系统看到美国公民的数字信息。但律师们还是顽固地一口咬定宾尼开发的这个软件项目实在太危险，会将国家安全局置于法律上的险境。在那些律师们的眼中，宾尼简直就是一个疯子科学家，他发明了一个可怕的怪物，这怪物必须要用铁链死死地锁在地下室里永远不见天日才行。正因如此，宾尼的监控系统也从来没有获准脱离过试验项目的阶段。

但“9·11”事件传来的巨大爆炸声改变了故事的走向。现在，国家安全局不但想要使用宾尼的监控系统，还想把宾尼这头怪兽的锁链彻底扯断，让其朝美国公众张开血盆大口。国家安全局想要做的，正是安全局律师们此前曾告诉宾尼的他们最担心发生的事情。就这样，比尔·宾尼的这件试验品，被人改造成了用来监视美国公民的高效率的冰冷机器。

★

雅各布森告诉宾尼，国家安全局新的国内监听指挥部正在设立，就在宾尼的臭鼬工厂大厅楼下一个宽敞的办公地点，也就是国家安全局总部建筑群2B号大楼的第三层。而在那个房间里，早就架设好了美国电话电报公司的电话线路。

雅各布森告知完宾尼这项新的秘密命令，然后就悄悄地离开了。宾尼马上就明白了，为什么国家安全局的高层官员们一直让他蒙在鼓里，什么也不告诉他。这么多年来，宾尼在国家安全局里一直是一个不安分的家伙，大家都知道他是一个我行我素、不顾后果的人，这在安全局一大帮低眉顺眼的遵奉者中间可是显得格外扎眼。宾尼这个人性格外向，很健谈，很有好奇心，也很爱笑，还常常特别急切地想要把自己知道的东西跟安全局里的其他人分享。他坚持认为国家安全局的作风太死板了，已经有点跟不上正在进行的信息技术改革的脚步，所以他被吸引来到臭鼬工厂工作，为的就是想要改变一些东西。事实上，他一直以来都在不停地质疑国家安全局的各种行事作风。这让宾尼在国家安全局的一大帮内向性格的人中间显得十分突出，像个刺儿头一样。

与此同时，在美国国家安全局的员工当中，竟然有80%的人通过迈尔斯-布里格斯性格分析测试（Myers-Briggs personality profile test）被确定为“按部就班的公务员型”（内向型、感觉型、思维型、判断型）人格，这也就意味着国家安全局里绝大多数的人都是那种非常看重传统、秩序和忠诚的人。他们也都是那种有组织有纪律、井井有条的人，还是一群按照程序和计划来办事并尊重规则的人。人们一般相信这样的人会按照书本来做事。有人开玩笑说，如果在国家安全局里有一个人跟你说话时一直低着头看你的鞋子，而不是一直低头看他自己的鞋子，那他在局里就算得上是个外向的人了。

国家安全局在面试筛选环节决定雇用哪些人的时候其实并没有用到迈尔斯-布里格斯性格分析测试。不过，因为要寻找的是那些愿意在一个秘密的、高度隔离的组织里干活的数学和计算机专家们，他们需要进行高深的、分析性的工作，没有机会跟其他任何人讨论工作内容，种种原因，也就造成了国家安全局员工性格的高度一致性。在国家安全局中的“按部就班的公务员型”员工里面，有很多人都是折中主义的怪人，就像“雨人”① 那种类型的一样。这其中有一个比较著名的例子：有个人每天都在国家安全局的同一片停车场里的同一个停车位停车——不管这片停车场是车多还是车少——停完车，他会从停车位走到自己的办公室，每天的步数竟然也

① 注：雨人（Rain Man），指社交上笨拙不得体，而在某一特定领域具有才华的人。

完全相同。还有一个人，他经常买二手的内裤，并连续两周每天穿着同一条内裤上班，两周之后就扔掉，再买另一条二手内裤，这样他就永远不用洗了。

在国家安全局内部，这种单一的人格类型占据绝对优势，除了会造成这样一种令人毫无戒备的奇怪氛围外，还存在着一个负面的影响，那就是安全局里内向性格的员工们从来不会向掌权者提出任何疑问。他们都只是低头干自己的事情，对于安全局里那些秘密的东西从来都不过问，无论那些秘密是好还是坏。很多员工的爱人也在国家安全局里工作，而且他们的孩子长大后也往往来这里，这也就更加重了国家安全局的与世隔绝程度。本来国家安全局所在的米德堡就位于马里兰州的郊区，距离华盛顿的其他国家部门都很远，在地理上便具有孤立性。

这支安安静静服从命令听指挥的工作团队，造就了一个完全秘密的隔离空间，有时候给人的感觉好像他们是某个宗教的一群狂热的信徒，对外面世界的一切都感到深深的怀疑。而这些也为国家安全局创造了腐败和滥用职权的成熟条件，这个机构浪费了数十亿美元资金，还拒绝承认错误。同时，它也成为了领导人眼中非常诱人的一个目标，他们可以以自己认为合适的任何方式，利用这家机构令人生畏的强大技术力量。

★

在国家安全局里面，还有另外20%的员工，他们并不是“按部就班的公务员型”人格，却依然选择来到这个秘密的世界工作，这其中就有一个叫做比尔·宾尼的人。宾尼从小在宾夕法尼亚州中部长大，后来在宾夕法尼亚州立大学主修数学，随后参军。1965年，他被派往美国陆军安全局，在那里学会了话务量分析技术。很快，他就被派往在土耳其的一处军事基地，当时正值冷战中期，他负责分析苏联阵营的通话。1967年，他被美国军队派到了美国国家安全局总部工作。1969年，宾尼从军队退役，1970年又以一个平民的身份回到国家安全局。于是，他职业生涯剩余的时间就一直在那里了。截至20世纪90年代末，他在体制内的官衔已经晋升到了国家安全局负责全球地缘政治及军事分析的技术主管，这也使他成为了国家安全局重大行动董事会里的一位顶级的技术人才。他还受委派加入了一个座谈小组，该小组负责管理国家安全局同全世界各国情报机构之间的技术关联。

在整个职业生涯中，他一直都对国家安全局的官僚主义作风感到非常失望。过去几十年里，这一缺陷一直都被掩盖着，因为国家安全局最主要的对手——苏联——是一个笨拙的、行动缓慢的目标，也就让美国国家安全局看起来相对敏捷灵巧了些。但在冷战结束之后，国家安全局就变得漫无目的，处于寻找新的任务的状态，而这时候，互联网正在引发一场数字化的革命。

宾尼接管了国家安全局的臭鼬工厂，它的正式名称是“信号情报自动化研究中心（SARC：Sigint Automation Research Center）”，其设立就是为了给国家安全局臃肿的体制增加一点灵活运转的力量。20世纪90年代，在臭鼬工厂工作的宾尼意识到，对国家安全局来说，最大的问题在于它依然不知道该如何应对互联网时代，应对网络数字通讯的急速增长。20世纪90年代初正处于互联网的开端时期，那时候的国家安全局对网络还保持着非常轻蔑的态度。安全局传统的工作重心是破译密码，以及秘密侵入到别国政府和军队的安全通讯当中。当时新兴的众多网站正在将全世界连为一体，而美国国家安全局却看不到监控这些网站所带来的任何价值。如果这些信息不是秘密的，那就不能引起其太大的兴趣。

然而宾尼却意识到，国家安全局正面临着一次重大的转型，只是他们自己尚未察觉。互联网产生的数据就像汪洋大海，而国家安全局面临的新的挑战，不再是如何入侵别国机密机关并搜集为数甚少的情报数据用来揭示苏联的军事部署，而是如何去筛选和分析那些从公开途径就可以得到的、在全世界各地的计算机里滚滚流过的数据信息。

美国国家安全局对秘密情报的态度却让事情变得更糟了。国家安全局搜集的那些信息的确流入了散布在安全局内各处的几百个不同的数据库里，可这些数据库却都被严重隔离，彼此并没有任何联系。其中至少有四十个主要的数据库是分析师们经常使用的，每一个数据库都连接着世界某地特定的、高度秘密的信息收集项目。比方说，如果国家安全局成功地通过谍报手段得到了俄罗斯军队的高频电波通信的话，那么得来的数据就会被存到一个单独的数据库里，跟通过其他情报项目渠道得来的数据完全隔离。国家安全局至少有四十个不同的储存通话数据的数据库，彼此互不相干。

想要从这些数据库中查找些数据，是很不方便并费时间的。美国国家安全局最大的一个数据储藏库就是人们所熟知的“灯芯绒数据库”（Pinwale），人们把这个数据库的搜索功能称作“字典搜索”。灯芯绒数据库里的数据庞杂繁多，且组织性极差，“字典搜索”功能也是初级未经改进的那种，以至于有时系统对一些基本的问题给出答案，也得花上几个小时的时间。

在20世纪90年代末，宾尼和艾德·卢米斯（ED Loomis）以及其他几位信号情报自动化研究中心的专家一起，开始进行了一些项目，为的是能让国家安全局跑步进入数字化时代，尽管这个过程伴随着很多人的抱怨。他们的第一次尝试，是做了一个搜索程序，名叫“超级大师”，后来经过改进又发展成了一个叫做“细线”的电脑程序。“细线程序”其实是把四个电脑程序合并成了一个，四个程序中最为重要的一个叫做“主干道程序”。主干道程序是细线程序中最基础的分析工具，也是一个制作图表和建立社区网络的程序，比它所处的时代领先了很多年。主干道程序被用来把分析单位串联起来并连接到那些流经细线程序的数据上，于是就创造出了当时国家安全局所拥有的最为强大的搜索程序。这使得国家安全局可以直接进行以网络为基础的强化数据搜索工作，而用不着非得先把数据存进数据库里再进行搜索。

也正因为如此，比尔·宾尼和艾德·卢米斯在政府的一间小小实验室里开发着一个程序，他们认为这个程序将会给美国情报界进行秘密情报收集和数据分析的方式带来革命性的变化。而几乎与此同时，斯坦福大学的两位研究生拉里·佩奇（Larry Page）和谢尔盖·布林（Sergey Brin）也在着手开发一个搜索引擎程序，他们后来将这个搜索引擎做成了一个创业公司，就是著名的谷歌公司。

就在世纪之交的时候，宾尼、卢米斯以及他们在信号情报自动化研究中心的团队开始坚信，细线程序已经让国家安全局向前迈出了关键的一大步，足以让这个机构在基于网络的技术领域重新回到世界领先的地位了。他们当时满心希望国家安全局的高级管理层会张开双手拥抱这个神奇的程序，并且给他们提供适当的财政拨款，好让他们能够把这个项目在整个国家安全局体系内进行推广。

可是事情并没有如愿，他们的项目被否决了。一开始是安全局内部的法务部律师提出了反对意见，他们说细线程序会触犯美国的法律，因为它从美国公民身上搜集到了太多的信息。宾尼提出保证说该系统内已经植入了保护程序，让整个系统完全遵守美国法律，但律师们完全不理会这套说法。紧接着，国家安全局的管理层又说，细线程序不可能“规模化应用”，换句话说，他们永远不会让这个程序来接管大规模的数据搜索工作，这些都是国家安全局的分析师们在日常工作的基础上进行的。最后，宾尼和他的团队终于弄明白了为什么细线程序会遭到如此强烈的反对，原来国家安全局的高级管理层早就开始支持另外一个应对互联网的处理途径了——那是一个巨大的新程序，名为“开拓者”。毕竟，细线程序仅是由国家安全局的少数内部员工以非常廉价的成本开发出来的一个小小的、内部的实验项目。但开拓者程序就不一样了，它可是一个有很多大型的外部承包商参与其中、支系庞大、耗资数十亿美元的巨大工程。而这个工程的领导者是科学应用国际公司（Science Applications International Corporation），它是一家国家安全顾问公司，与国家安全局及安全局的管理层人员之间都有着很深的盘根错节的关系。科学应用国际公司在开拓者程序项目中是头号承包商，而在2000年，科学应用国际公司的总裁比尔·布莱克（Bill Black）被任命为国家安全局的副局长。

由于在管理层那里碰了壁，宾尼于是决定绕过国家安全局的大佬们，直接把他的细线程序的案子交给国会，尤其是黛安·洛克。

★

黛安·洛克是众议院常设情报特别委员会的一名职员，她的职责就是负责监督国家安全局。洛克于1949年出生在俄勒冈州的一个农场，她毕业于华盛顿的天主教大学，又在佛罗里达大学拿到了政治科学博士学位。在那之后，1981年，她加入了美国能源部，从此就开始为政府工作。在接下来的几年里，她一路飞快地晋升，先是升迁到了国防部，然后又到了白宫的国家安全委员会，当时正值里根政府时期。从1985年开始，她就成为了众议院委员会的成员。到20世纪90年代的时候，她负责对美国国家安全局进行监督工作，这让她越来越怀疑国家安全局，怀疑安全局以应对数字化革命为名聚集起来的这一大堆杂七杂八的承包商。而国家安全局当时也并没有制定任何战略计划，用以确保他们的这次技术研究就一定可以生产出能够用于情报工作的有用的工具来。

“当时并不存在什么协调一致的途径用来应对互联网以及数字化时代，”洛克回忆说，“每个人都在各自为政，做着他们自己感兴趣的事情。在技术人员和实际操作人员中间，存在着巨大的分歧，而且技术人员似乎也并不关心他们正在做的东西到底会不会对实际操作人员产生帮助。没有人去追问他们到底是怎么花钱的。这非常糟糕。”

但还有更糟糕的，那就是洛克意识到国家安全局其实并不想做出什么改变。“他们早就习惯坚信他们自己在技术上遥遥领先，他们根本就没意识到自己其实已经落后了。当时，国家安全局和硅谷之间几乎没有任何交集。他们的故步自封到了相当严重的程度，我对此感到非常警惕。但他们还是不停地说：我们很好，给我们拨钱就行了，一切都会好的。”

2000年1月，美国国家安全局的电脑系统发生了一次持续三天的大规模崩溃事故，这一切更加重了洛克的怀疑，也让她意识到这个单位必须要来一次根本的变革才行了。

洛克所抱有的疑虑让她和像比尔·宾尼这样的杰出的异见人士结成了天然的同盟关系。她第一次见到宾尼，是在他向她介绍信号情报自动化研究中心的工作的时候。他当时给洛克留下了深刻印象，在她随后调查国家安全局的不作为现象时，还跟宾尼保持着联系。正因如此，当宾尼在“9·11”事件发生之前的数年时间里为了挽救细线程序而不惜与安全局管理层进行斗争的时候，他决定寻求洛克帮助。

在听了宾尼的简单介绍后，洛克对细线程序的潜力产生了兴趣，于是她开始向国家安全局的高级管理层提出了一些关于细线程序的具体情形的问题，这让他们很不舒服。让她感到失望的是，这个程序直到千禧年之前都还没有应用，当时已有报告表明恐怖主义分子可能正在策划新的行动了。

于是洛克开始更加密切地注意开拓者项目的动向。她惊恐地发现，国家安全局之所以这么喜欢开拓者项目，一部分原因是这个项目的设计目标就是努力将安全局原有的老一辈的模拟技术与新的数字化革命联系到一起。洛克于是坚持要求开拓者项目的管理者们向她做出汇报，之后她更相信，这个看似蓬勃发展的项目最终会成为一件昂贵的失败品。

“开拓者项目的目的是要在原有模拟硬件系统的基础上建立一个以软件为基础的互联网系统，那样做是根本行不通的。”她回忆说，“他们对自己现有的那些系统老是感觉良好。他们想要把前互联网时代的技术应用到互联网时代中。我当时马上就告诉他们：这是要失败的。这是常识。”（事实证明，洛克是有先见之明的。数年之后，美国国家安全局还是放弃了开拓者项目。在花费了数十亿美元用于该项目开发之后，国家安全局最终不得不承认，该项目无效。）

★

2000年年初时，洛克的介入，惹恼了美国国家安全局局长迈克尔·海登。他早就决定了同科学应用国际公司合作开发开拓者项目，而不是做什么细线程序，并且想让美国国会给安全局拿出做开拓者项目所需要的几十亿美元资金来，什么问题都不要问。他当然不愿意向国会里面的一个低级别的小职员解释自己的计划。

海登怀疑宾尼一直在背后给洛克通风报信，所以他把宾尼叫来大骂了一通，斥责他不服从领导。随后他又在整个国家安全局内部颁发了一项指令，确保今后再也没有人跟宾尼一起到国会去打小报告。在2000年4月14日发送给国家安全局全体员工的一条短信中，海登要求大家做到忠诚、服从以及沉默。他的话摆明了就是把美国国会当成了敌人，而任何人只要向国会的监督人员提供未经筛选的情报，那就是反叛行为。

“某些人，趁着跟国会监督人员会面的机会，跟局里唱反调，我们一致决定遵循的一个立场，他非要站在对立面去。”海登写道，“这样的行为，对国会如何看待我们的决策产生了误导。我们大家的决议，是在经过了大量的数据采集、分析、论证以及思考之后一致决定的。任何反对决议的行为都会对我们实现国家安全局伟大转型的努力造成极为恶劣的影响，这也是我本人绝对不能容忍的。我已经处理了参与此事的人。……这是对我们大家共同作出的决策的无视，像这种行为，是绝对不能容忍的。”

“我并不是要让大家都唯唯诺诺，唯命是从，”他补充说道，“但我希望咱们有问题可以关起门来讲，那些对改进我们工作有必要的问题最好在咱们局内部提交。我还是要坚持一点，大家一定要有个人道德，要维护我们共同做出的决策，哪怕是那些不同意这个决策的人，也要做到这一点。”

★

宾尼试图绕过海登的这一次努力，直接让他在国家安全局的职业生涯提前画上了句号。现在，国家安全局上上下下所有的人都对他拯救细线程序的游说行动充耳不闻。随后，尽管洛克一直不停地催促，宾尼的项目还是被叫停并一下子废掉了。宾尼继续坚持了一年的时间，但到了2001年秋天，他和信号情报自动化研究中心的另外两位专家——艾德·卢米斯和柯克·维贝（Kirk Wiebe）——终于受够了这一切。他们决定一起退休，开设他们自己的公司。既然国家安全局不想要细线程序，那么他们或许可以拿到市场上公开售卖。

★

然而就在宾尼、卢米斯和维贝准备逃离国家安全局的时候，“9·11”事件爆发了。正如整个美国情报工作界一样，国家安全局也没能成功阻止这场恐怖袭击，于是，负罪感和羞耻感在国家安全局员工们中间迅速蔓延开来，因为他们知道安全局这次失败的真正原因到底在哪里。在“9·11”事件发生前，国家安全局并没有把恐怖主义作为一项重要任务来抓，他们当时还依旧专注于监听外国政府的秘密通讯。在“9·11”事件发生之前，他们一直抱有漠不关心的态度，认为对公开的通讯信息进行监控并不能得到什么有价值的情报。而事实证明，这种态度的后果是灾难性的。

在“9·11”事件刚刚结束的时候，布什政府歇斯底里地叫喊着要得到答案。中央情报局局长乔治·特内特则向局内的每位特工发出了一项指令，要求他们采取更大胆的行为，把能够得到的任何工具全都调动起来，用来对付基地组织。而此时在国家安全局，其长期以来为了应对数字化时代而进行的开拓者项目，还没有什么进展，甚至几乎仅仅停留在幻灯片上的一项提议的阶段。

然而当时他们已经有了细线程序。

三天之后，当艾德·卢米斯正在信号情报自动化研究中心工作的时候，他接到了一个电话。来电的是莫林·巴金斯基（Maureen Baginski），海登的一位高级副手。她当时正在找宾尼，但宾尼一早就出去了，所以她打电话叫卢米斯过来参加一个紧急会议，卢米斯回忆说。当卢米斯来到国家安全局法律总顾问办公室的一间会议室时，他见到了国家安全局整个律师团队的所有成员，其中的几位律师之前曾认为细线程序会从美国人身上非法搜集过多信息，于是从根本上否定过细线程序。卢米斯还见到了本·冈恩（Ben·Gunn），他是国家安全局里一位很熟悉细线程序的高级分析师。

律师们向卢米斯询问道，信号情报自动化研究中心是不是有什么程序本来可以发现“9·11”恐怖袭击的犯罪图谋的。卢米斯立刻就向他们提起了超级大师程序和细线程序，还提醒他们当初是怎么从法律角度否定这些程序的。律师们然后就转向冈恩，向他询问关于主干道程序的事情，主干道是细线程序的一部分，本来可以帮助他们把基地组织的作战人员的蛛丝马迹联系起来。在那以后，巴金斯基以及国家安全局的律师们再也没有会见过卢米斯，也没有跟他讨论细线程序或主干道程序的问题。但卢米斯后来意识到，对于冈恩来说，这次会议就好像一次求职面试一样。因为后来冈恩得到升迁，成为了国家安全局无证监听及数据挖掘项目的一位技术指导官。

在10月份，就在兰迪·雅各布森找到比尔·宾尼的时候，柯克·维贝也开始看到了一些苗头，觉得有一些不寻常的事情正在身边发生着。一开始，他看到一排一排的大箱子码放在信号情报自动化研究中心外面的门厅中，里面装的全是戴尔电脑的服务器。这些服务器好像是要送到大楼楼下的一个常年上锁的神秘的房间里去，根据过去的经验，维贝知道，那个房间至少可以容纳一百人同时工作。接下来，维贝有一次无意中走进了信号情报自动化研究中心的一个会议室，当时冈恩正在里面主持一个会议，他们立马告诉他这个会议是秘密的，他必须马上出去。这在维贝看起来是非常奇怪的，因为他自认为对信号情报自动化研究中心内部发生的一切事情都了如指掌。

最终，宾尼把雅各布森告诉他的事情又告诉了维贝，这时候维贝才意识到，他当初无意中走进的那个会议室，里面召开的正是一个技术小组的最初几次会议中的一次，而该技术小组负责的，就是启动国家安全局的无证监听项目。维贝还意识到，堆放在门厅里的戴尔服务器正是要在那块上锁的办公场地里将主干道程序和美国电话电报公司架设进来的电话线路连接起来。于是，主干道程序就要成为美国国家安全局国内窃听项目的核心了。

★

当初，在“9·11”事件发生之前，比尔·宾尼的细线程序曾被美国国家安全局否决，这让他很是沮丧，当时他还找到了黛安·洛克寻求帮助，并因此断送了职业生涯。而如今，在“9·11”事件以后，宾尼却发现国家安全局正要拿走细线程序中最为关键的组成部分——主干道程序——并将它邪恶地应用到一个违背宪法的项目中去。正因为如此，他又一次找到了黛安·洛克。就在雅各布森第一次把国家安全局进行国内窃听行动的决定告诉宾尼后没多久，他就打电话给洛克，表示有必要跟她见一面，但在电话里并没有提到任何细节。下班之后，他开车来到洛克位于马里兰州海厄茨维尔的住所，那地方距离国家安全局总部只有几英里的路程。接下来，他把知道的关于国家安全局将要秘密进行无证窃听项目的所有消息都告诉了她。

在听过了宾尼的叙述之后，洛克坚信他所描述的这项行动是违背宪法的。同时她也意识到，这样的做法与国家安全局的最核心原则也是背道而驰的。自从当年“丘奇委员会”[①]展开对情报工作滥用现象的调查及随后进行改革起，国家安全局就被明令禁止监视美国公民了。在国家安全局的文化中，已经深深植入了一个原则，那就是国家安全局只关注国外，而不会监控美国国内。但如今，宾尼正在告诉洛克的事实是，国家安全局的秘密行动几乎直接从根本上触犯了这一原则。

一开始，洛克认为这一定是某种程度上的流氓行为，完全就是在国会或布什政府的授权下进行的。“他告诉我的事情真的让我震惊。”洛克回忆说，“我认为这是一次流氓行为，我不相信这种行为能被允许，因为它根本就是违法并且违宪的。重要的是，程序中的保护机制被移除了。国家安全局先前对保护程序可是非常严格的。”

洛克知道，她必须要对此采取一些行动了。然而她当时并没有意识到，她所做的努力可能会让自己在华盛顿政府圈子里沦为一个贱民。

★

黛安·洛克作为一个告密者，并没有什么经验。她在美国国会负责监督工作的整个职业生涯中，都是人们主动过来找她汇报问题的，而不是她自己主动过去。所以，当宾尼向她告知国家安全局将要进行的无证监听行动时，她顺理成章地进行了下面的举动——把这件事报告给了众议院情报委员会。她很确定这个组织里并没有人知道这件事情。

洛克撰写了一份备忘录，讲述了她所知道的关于这次无证窃听项目的信息，并把它提交给了提姆·桑普尔（Tim Sample），也就是众议院情报委员会的共和党幕僚长；还提交给了该委员会中一位地位同桑普尔相当的民主党人士迈克·希伊（Mike Sheehy）。桑普尔直接把这件事汇报给了众议院情报委员会的主席波特·高斯。高斯是一位来自佛罗里

① 注：即20世纪70年代由弗兰克·丘奇（Frank Church）领导的美国参议院特别委员会（United States Senate Select Committee）。

达州的共和党议员，也是中央情报局的一位前任案件负责官员，后来成为了中央情报局的局长。迈克·希伊直接负责的上司是南希·佩洛西，这是一位加利福尼亚州民主党女议员，后来成为白宫的新闻发言人，但她当时还在情报委员会中担任一个民主党高级成员的角色。洛克当时在备忘录中写道，她想要警告情报委员会中的两党领袖，国家安全局正在进行着一场非法的活动。

洛克胸有成竹地认为她的这份备忘录引来的会是国会领导层的震怒。然而事与愿违，她的这份备忘录提交上去，换来的仅仅是死一样的沉寂。在读完了洛克的备忘录之后，希伊还非常忠厚地回复她说，尽管自己对这件事情一无所知，但如果国家安全局正在进行秘密监控行动的话，这也就能够解释为什么高斯和佩洛西最近都被叫到副总统切尼的办公室去参加一个秘密会议了。他随后就把这件事情搁到一边，再也没有跟洛克进一步讨论过。

桑普尔对此事的反应甚至更为冷淡。他明显已经跟高斯聊过洛克的这份备忘录了。桑普尔奉劝洛克放弃追查这件事，告诉她不要再谈论国家安全局的这个项目了。桑普尔还提出要求说，她并不应该把知道的东西告诉给任何人，甚至不应该告诉给众议院情报委员会中的任何其他成员。现在洛克终于意识到，真正让她和宾尼震惊的，不是这桩流氓行动本身，而是这个违背宪法的国内监视项目竟然被美国政府的最高层领导人接受了，并且至少是被国会里面的一部分领袖们所庇护着的。可在得知了这一切之后，洛克却更加坚定要阻止这件事情。

尽管桑普尔警告她不要跟众议院情报委员会里的任何其他成员谈起这次监视项目的事情，可洛克还是私下里找到了克瑞斯·巴顿（Chirs Barton），他是众议院情报委员会信任的法律总顾问。洛克向巴顿说："国家安全局正在进行一项有法律问题的项目，而且这个项目会对其形象造成毁灭性的影响。"在2002年年初，洛克还秘密地安排了一次会面，会面的一方是宾尼、卢米斯和维贝，另一方是众议院议员理查德·伯尔（Richard Burr），众议院情报委员会里一位北卡罗来纳州的共和党人。宾尼把自己所知道的关于国家安全局进行窃听行动的所有消息全都告诉了伯尔，但伯尔几乎没有说一句话作为回应。伯尔再没有继续跟洛克研究过这件事情，也没有任何证据表明他后来采取过行动试图调查国家安全局的这个项目。后来，他被选拔到了美国参议院。

在与伯尔的合作无疾而终之后，在接连被桑普尔和希伊拒之门外之后，洛克终于意识到，如果想要阻止这项非法的项目，那么她就必须跳出她在体制内的归属地——众议院情报委员会的小圈子。这也就意味着，她不得不尝试一些冒险的做法了。在她开始利用她在整个美国政府内部的人脉关系的过程中，她渐渐惊恐地意识到，有一层保护伞暗中包庇着国家安全局的这个非法项目，而参与到这个项目中的人数，远远多于她能够想象的数量——那些人中包括很多她当时熟识并信任的人。

洛克最先找到了国家安全局的一位前任执行官员，这个人一直在努力地帮助洛克改善她与海登以及与国家安全局其他顶级管理人员的关系。当洛克向这位前任官员告知这项无证窃听项目的时候，他表现得似乎很震惊，并且同意跟国家安全局的领导们说说这件事。但洛克后来就再也没有听到过他的回音。

接着，洛克努力联系上了美国地区法官科琳·科拉尔-科特利（Colleen Kollar-Kotelly），她当时也是所谓的“外国情报监视法庭”（FISC）的首席法官。该法庭是建立在华盛顿的一个秘密联邦法庭，其职能就是管理全美范围内的国家安全案件中的电子监控行为。既然布什政府进行无证监听项目的目的就是要避开由1978年《外国情报监视法案》所建立的法律程序——并且绕过这个依照本法建立的秘密法庭——洛克因此断定，如果科拉尔-科特利知道了这件事一定会非常震怒。所以洛克给科拉尔-科特利在华盛顿的办公室打了电话，并给她的秘书留下了一条信息，介绍了一下自己，还要求进行一次会面以讨论“美国国家安全局的非法项目”。这位法官的秘书给洛克打回了电话并告诉她说，法官大人不会见她，也不会跟她讨论这件事情。这位秘书还冷冷地补充道，法官已经向美国司法部致电，向那里的官员们报告说，有一个叫洛克的人来问问题了，还说洛克应该准备好接听司法部律师打来的电话。洛克一时惊慌失措，她认定科拉尔-科特利法官出卖了她。随后，美国司法部的律师的确给洛克打来了电话，但洛克怀疑有陷阱，于是就拒绝了跟他谈话。让洛克万万没有想到的是，科拉尔-科特利其实早就知道这个监听项目，而且是白宫告诉她的，并且她已同意将国家安全局绕过她的法庭擅自行动这件事保密，就算是对该法庭中的其他法官也不能说。后来，当美国国家安全局的监听项目终于大白于天下的时候，外国情报监视法庭的另一位法官詹姆斯·罗伯森（James Robertson）为了表示抗议，愤然辞职。

再然后，洛克又找到了查尔斯·艾伦（Charles Allen），这是美国中央情报局里面的一位传奇人物，也是中央情报局这么多年以来少数几个真正对国家安全局及其存在的问题感兴趣的高级官员之一。在一起吃午饭的时候，洛克向艾伦告知了无证监听项目的事情，并说她认为这个项目是非法的。艾伦什么也没说，而在午饭快要吃完时，洛克终于意识到，艾伦恐怕早就知道了这个项目，并且也没有表示反对。

接下来，洛克进行了一项行动，这可能是她所有行动中最为幼稚的一次，她打电话给在众议院情报委员会工作时一起共事的老朋友戴维·阿丁顿（David Addington）。不过，阿丁顿很久以前就离开了委员会，成了副总统切尼的一位最有能力的助手。当时正在担任切尼左右手的阿丁顿，已成了布什政府反恐战争政策制定者中的一位，并且还是国家安全局国内窃听项目的一个强烈的支持者。

洛克没能够单独见到阿丁顿本人，于是她在白宫留了一条语音留言，告诉他有重要的事情要和他当面讲，还称她现在正在负责为众议院委员会进行对国家安全局的监督工作。另外，她还说自己对“9·11”事件之后发生的一些事感到非常困惑。不过，阿丁顿从来没有给她回过电话。

★

洛克因为自己没能够阻止国家安全局的窃听项目而感到沮丧，而她发现有那么多她所熟知的人都在保守着这个秘密，又感到很失望，于是在2002年4月，她决定从众议院委员会退休。但她还想为阻止国家安全局的这个项目做出一点最后的努力。2002年3月20日，就在离开委员会之前，她邀请委员会的主席波特·高斯一起吃早餐。在简短的谈话之后，洛克提到了国家安全局的无证监听项目。他告诉高斯说，她知道一定有人向他介绍过了这个项目，但她希望让他知道的一点是，该项目“合法性上是有问题的”，并且是不可持续的。“这种事情不可能一直做下去。”她告诉高斯说，“这种事早晚会败露的，而我们委员会的形象也会受损”，因为他们没能阻止该项目，洛克如是发出警告。

高斯毫不迟疑地为自己辩护起来，他说当初在和佩洛西一起听取关于这个监听项目的秘密介绍时，白宫并没有允许他随身带任何一个员工同去；他补充说，他还没有收到一份独立的法律审查。他说他已经接受了白宫关于这个项目合法性的保证，并且，就算纯粹站在国家安全的角度上，他也是支持这个项目进行的。洛克随后告诉他说，国家安全局并没有任何理由把对美国公民的保护程序从信息采集系统中移除出去。洛克称，有了这些保护程序甚至会让整个情报收集工作变得更加高效。她还敦促高斯，请他设法让国家安全局把这些保护程序重新加回去。

高斯的确承认这个秘密项目最终会败露，他也承认这对委员会的声誉会产生不好的影响。他还补充说，布什政府一而再再而三地扩大国家安全局的职权范围——白宫和司法部现在每隔四十五天就会重新对其授权一次——这一切都让他感到担忧。洛克提到了她最近得到的一些信息，说国家安全局已将用于国内监听项目的大型计算机服务器的数量翻了一番，也就把整个项目的规模给扩大了。然而受命负责分析筛选这些海量数据信息的国家安全局分析师却只有少数的一些人，因为国家安全局的高级领导们正在努力将知道这个项目存在的人数降到最少。洛克告诉高斯说，这样的结果就是布什政府尽管冒着巨大的法律风险在进行这个项目，但这个项目却不会被高效率地利用起来。

洛克给高斯留下了深刻的印象。就在那一天，高斯公开地表彰了洛克所进行的工作。当他来到众议院的议员席并宣布她的退休时，他表扬了她为监督美国国家安全局进行的富有建树的行动："如果不是洛克女士做出的努力，我相信我们为监督和支持美国国家安全局而进行的努力，其效率将会大大降低。正因为如此，我谨代表我个人向她表示感谢。"

"最近，"高斯又补充说道，"在我们委员会里有一位高级管理官员评论起了洛克女士的表现，说我们的员工在他们的监督工作中是非常敢于作为的，并且对我们所负责的项目有一个非常严肃而深入的了解，有时候甚至比我们个别高级管理官员们理解的还要好。我认为，这就是美国人民应该拥有、并有权要求拥有的监督工作人才。"

而在私下里，高斯也开始向国家安全局询问更多关于无证窃听项目的问题了。高斯后来告诉洛克，海登并不喜欢自己向他施压这件事。

★

就在洛克与高斯会面五天之后，她决定直接找到海登谈谈，于是她和这位国家安全局局长进行了两次会谈，讨论这次国内监听计划。在两次秘密会谈的过程中，海登和洛克围绕国家安全局实施的这个项目进行了激烈的争吵——而这种争吵，正是布什政府不顾一切地想要避免让人民大众知道的。

洛克利用托词，得以与海登进行了第一次的会面。等她刚一到会面地点，海登就赶紧说起了关于无证监听项目的问题，因为高斯早就跟他说过洛克是反对这个项目的。海登为这个项目的合法性做了辩护，他声称这项目是由“来自三个部门”的律师们认可的，尤其还是被戴维·阿丁顿认可的。

然而对于洛克来说，他们的第二次会面才真正更加具有戏剧性，令人印象深刻。在那个时候，洛克已经更多地了解了国家安全局的这个项目，也做足了更好的准备去挑战海登。

海登可能怀疑高斯之所以越来越多地过问关于这个项目的事情，是因为受到了洛克的挑唆。海登自从当初跟洛克争论过关于细线程序和开拓者项目的问题之后，就一直不信任她。所以，2002年7月，在她从众议院委员会退休之后，海登又打了电话，让她到国家安全局总部来进行一次会面。

洛克感到吃惊，于是向高斯寻求建议。他鼓励她还是要见一见海登，“因为你们毕竟还说着同一种语言”。7月26号，当洛克一来到国家安全局总部海登的办公室里，空气中就弥漫着紧张的气氛，一部分原因是两人在权力上的不平等。海登当时是一名空军上将，并且还是美国情报工作界最大的一个机关的局长，此外还是布什与切尼两人的知交密友。与此形成鲜明对比的是，洛克仅仅是一名政府退休人员。但从海登的视角来看，这位退休人员知道的太多了。

他们一开始还是从老话题谈起——还是细线程序和开拓者项目的有关争论——但很快他们就转到了对国内监听项目的细致的讨论上来了。洛克率先发难，她问海登他们为什么要把对美国公民的保护程序从主干道系统中移除出去，但他拒绝回答。她又重复了一遍自己的问题：他们为什么把保护程序给删了？终于，海登不假思索地说出了令人惊骇的事实。“他说我们不需要这些保护程序，因为我们有权力。”洛克回忆说，“他说这些话的时候并没有看着我的眼睛。”

“我跟他说，这些保护程序并不会造成损害，相反甚至还会帮助他们进行分析，因为它们会使系统变得更加合法、更加自动化，尤其是在国家安全局只派遣了少数的分析师们参加这个项目，而项目本身的数据量又十分庞大的情况下。”根据洛克保留的她对这次会谈的笔记记载，她就是这样告诉海登的。她在三月份会面的时候就已经提出了同样的问题，很明显，海登并没有继续就她的这一观点进行进一步讨论以获得更多的信息。

“我继续努力地、不停地追问，为什么把（对美国公民的）保护程序给删掉了……他拒绝回答我的问题，到最后终于又重复了一遍，说他们不需要这些保护程序，因为他们有权力。”洛克被海登的这种官僚主义做派的率真回答给震惊到了。

洛克随后又告诉海登，她听说这项国内监听项目的规模还在扩大之中，海登称这是真的。这次规模上的扩张，与洛克先前听说的将应用到该项目中的计算机服务器的数量翻一番的事情正好吻合。这也向她表明，国家安全局正在走向一条全面获得对美国人民实时监控的权限的道路。在这份对该会议的非正式记录中，洛克记载到，海登向她确认，更大规模的数据搜集活动还在进行当中。然后，她重复说道，如果扩大了该项目的规模的话，那就意味着他们比以往更加有必要将保护程序重新安装回去。

由于受到洛克一再的刺激，海登最后承认“我们正在进行的工作并不是要将作为对象的美国公民的数量降到最少”。那也就意味着，其实国家安全局现在正在进行的就是对美国本国公民的监视行动了。随后洛克问海登，这个项目将会持续多长时间，什么时候会结束。他摇头表示否定，然后说：“它现在已经在我们身边进行了。”

洛克还继续向他追问这个项目的界限，海登则暗示道，这个项目唯一真正的界限是受到众议院议员南希·佩洛西左右的。作为交换条件，佩洛西同意协助这个项目的进行，并保持对此的沉默。海登告诉洛克：“佩洛西已经再三地警告他不要超越打击恐怖主义的目标范围，而且迄今为止他们都还是遵守这一原则的。”换句话说，布什政府以及国家安全局最终想要利用这个国内监听项目达到的目的，其实跟全球反恐战争之间并没有什么关系。

洛克问海登到底有没有得到法院的判令允许这个项目的实行，海登说没有。洛克反驳说，如果国家安全局得到了法庭的授权允许，那么他们将会更加容易地在整个情报工作界内部传播这些数据信息，也能将它们进行更广泛的分析及更有效率的利用。但海登再次说“他们不想引起（人们对该项目的）注意”，而无论是向新的国会立法机关还是法庭寻求法律授权，都会造成这样的后果。海登告诉她说，律师们已经同意了这项无证监听项目，他们的理论依据是总统作为最高长官的战时权力。他还补充说，就算这个秘密项目有一天被公之于众，他也仍然能够“得到九票的多数支持”。洛克把这句话理解为，海登相信最高法庭在这个项目的问题上最终会以宪法范围内的方式支持他和布什白宫。

“我坚持说他需要得到法庭的授权，他对该项目符合宪法的观点及关于美国最高法院的观点，都仅仅是个人观点，并不是事实。我还说他这样做是把自己及整个安全局放在一个十分危险的境地。他再次表现出了非常大的自信，他说他们有权力。他已经意识到事情会败露了，但还相信他最后会毫发无伤，而且他到时候会愿意主动坦承自己所做的一些事情。”

最终，海登向洛克解释了他之所以把她叫到办公室来的真正原因。他告诉她，他想要让这个项目尽可能长久地运转下去，他需要更多的时间。换句话说，他想要让洛克在关于这个项目的问题上保持沉默，不要向人们泄露这个项目的存在。作为回应，洛克看着海登，平静地告诉他自己不会把事情告诉给媒体。她当时并没有打算要把所知道的消息告诉给哪一个新闻记者。

但这样对海登来说还不够。他说他也不想让洛克跟国会里的其他任何人提到这个项目。洛克于是意识到，海登已经把向国会议员透露消息看做是一项泄密行为了。他希望知道这个项目存在的仅仅局限于少数的几位国会领导人，而这几个领导人早就被正式地介绍过这个项目了。他坚持认为，他很有把握自己是“拥有宪法范围内的权力的”。

洛克离开海登办公室的时候，她比以往更加感到警觉了。她还觉得，海登声称自己相信最高法庭将会协助进行国家安全局的项目，这话尤其令人寒心。洛克于是下定决心，她需要努力比海登抢先一步接触到最高法院。

★

比尔·宾尼和柯克·维贝告诉洛克，他们认识政府的一个承包商，这位承包商曾向他们提到过他认识最高法院首席法官威廉·伦奎斯特（William Rehnquist）的女儿。洛克利用了这个机会。她写了一张便条给这位首席法官，还特地使用从众议院情报委员会弄来的官方信纸用来证明自己的身份。洛克在信中声称她想要与这位法官见面，告诉他一些关于国家安全局正在进行的似乎是违反宪法的项目的信息。她随后安排那位承包商亲手将这封信转交给伦奎斯特法官的女儿，并要求她将这封信转交给她的父亲。但洛克没有收到伦奎斯特的回信。

于是洛克感到更加绝望了，她终于意识到，自己正在挑战的是华盛顿的整个权力机构。她向美国政府的三个主要权力分支（国会、白宫以及最高法院）都求助过了，然而她终于发现，在整个美利坚合众国里最有权力的官员们之间存在着一场串谋，大家心照不宣，保持沉默，为的就是保护一场违反宪法的行动。“对我来说事情已经很清楚了，所有的这些人都参与到事情中来了，所有的这些人全都商量好了不去讨论这件事。”

但洛克还是进行了最后一次尝试。在2002年9月，她同宾尼、维贝和卢米斯一道，向美国国防部的监察总长提交了一份正式的投诉信，信的内容是关于国家安全局当初放弃细线程序而开发开拓者项目的，信中控诉安全局浪费纳税人的钱进行开拓者项目。当他们见到来自监察总长办公室的调查人员，并更细致地谈到这封举报信的时候，洛克问宾尼及其他人，他们愿不愿意在信中提到“另外一个问题”，那就是国家安全局的国内窃听项目。宾尼摇头说不，于是洛克也就不再提这件事情了。

洛克终于走向了一个毁灭性的结局。在2003年，她搬回到了她的故乡俄勒冈州居住。她试图和宾尼、维贝以及卢米斯一起开办一家新的公司，为的是把他们的细线程序推向商业化。她也最终适应了退休后的生活，只不过还是感到很失望，毕竟自己没能阻止国家安全局的窃听项目，但她已经放弃拉响警报的努力了。

★

托马斯·达克（Thomas Drake）是美国国家安全局的一位高级管理官员，在安全局的无证监听项目开始之后，他也很快听说了这件事情。就像黛安·洛克一样，他决定自己要做点什么。但正似洛克那般，达克发现在政府内部几乎找不到任何一个人愿意跟他一起采取行动。

达克进入国家安全局工作，走得并不是常规的渠道。在职业生涯的早年时间里，达克一直在美国空军和海军的情报部门服役，还在中央情报局当过一段时间的分析师。2001年被国家安全局雇用的时候，他正在为一家外包商工作，而海登之所以雇用他，一部分原因也是希望引进新的管理人才以促进改革。海登的这种举动是为了应对国家安全局表现出的明显的体制臃肿、死气沉沉的现象。但问题就在于，海登引进的包括达克在内的这十几个新的管理人才从来就没有真正掌握过任何实际权力。每当尝试着提出建议，变革现有惯例的时候，他们总是一次又一次地碰壁。海登并没有真正直面国家安全局根深蒂固的官僚主义作风，他似乎很满意自己每次都得把安全局的任务交给大的外部承包商们——比如说科学应用国际公司——这样的现状。

达克终于认识到，海登把他们这些新人雇佣到国家安全局里面来，仅是为了做做样子罢了。达克坚信，这样的举措不过是一个象征性的努力，好让大家看起来他真的很严肃地在搞改革。海登雇佣来的这批新的管理人员很快就都感到没有了希望，并且离开了安全局。

但直到“9·11”恐怖袭击事件发生的时候，达克还仍然留在国家安全局里，充当一个类似于机动岗位的“麻烦终结者”。而这样一份职位也使得他能够在“9·11”事件——这个美国历史上情报工作界最大的一次失败——发生之后，有相当大的能力在国家安全局内部到处游走。

达克有好奇心，性格平易近人，这在国家安全局里是出了名的，所以在“9·11”事件过后的日子里，他在充斥着焦虑的国家安全局全体员工中间成了争相倾诉的一个对象。大家纷纷向他讲述这样那样的故事，他们说国家安全局在某种程度上本来能够，或者说本来应该阻止这场恐怖袭击的。一位心烦意乱的国家安全局分析师向他展示了一份报告，这份报告是他和他的团队在恐怖袭击发生前几个月时准备的，达克说这份报告确定了恐怖分子网络当中的很多关键人物，其中还包括几名劫机者的姓名。这位分析师告诉他，国家安全局的管理层曾拒绝将这份报告跟安全局外面的人分享传阅，所以这份报告后来也就永远没有发送给中央情报局、联邦调查局或是白宫。其他人告诉他说，在恐怖袭击发生后，他们重新核查过可用的数据信息，并发现有十几条通讯记录都包含了有用的线索，可是都被忽略了。

在恐怖袭击事件过后的日子里，达克受到莫林·巴金斯基的派遣，在整个国家安全局内部搜索任何可以被应用到布什政府的新的反恐战争中去的电脑程序。就像洛克一样，达克也对细线程序的功能和潜力留下了深刻的印象，所以他向巴金斯基提交了一份备忘录，强烈要求将细线程序连同另外的几个程序一起，以最快的速度投入使用。但巴金斯基仅仅用一张手写的便条回复了这份备忘录，她用很含糊的措辞回复说：“他们不会再需要这个程序了，他们在开发另外一个不同的程序。”

莫林·巴金斯基这么说的意思就是，国家安全局已经把主干道程序中的保护机制给删掉了，这样就把它变成了完全不同的另外一个程序。

达克随后意识到了这一点，因为他开始从国家安全局的几位官员那里听说了安全局正在进行的无证监听项目及国内数据挖掘项目的事情，而这个项目现在又有了自己的代号名称——星风监视计划（Stellar Wind）。一位国家安全局官员向达克告知了这个项目，而这位官员自己就是星风监视计划的监察官员。他对这个计划感到很困惑，并且不确定这个计划是不是触犯了法律。还有一位国家安全局的员工对星风监视计划仅有零碎的一知半解，他也找到了达克，他认为达克跟安全局的高级领导们关系比较亲密，所以可能更加了解时下正在发生的事情。

达克找到了本·冈恩，当时他是星风监视计划的技术经理，在与他进行了一番交谈之后，达克更加相信，就连冈恩本人都对这个项目、对国家安全局的这项新的指令抱有疑虑。（冈恩并没有回应笔者的要求对此事做出回应。）最终，达克找到了巴金斯基，当面讲明了这件事情。在安全局办公室里进行了一次气氛尴尬的交谈后，巴金斯基唯一能透露的就是，进行国内无证监听行动的决定很早之前就做出来了，这也不在她自己的职权范围之内。但达克反驳了这一说法。“我说，你有没有意识到自己在说什么？”达克回忆道，“他们正在绕过《外国情报监视法案》行事。而她却视而不见。”（巴金斯基拒绝对此事做出评论。）

达克说，巴金斯基告诉他，如果他对当时正在进行的事情有疑问的话，可以去找国家安全局的律师们谈谈。于是达克安排了一场会谈，见到了维托·波坦察（Vito Potenza），他当时是国家安全局的代理总法律顾问。波坦察告诉达克，“这个项目”正如他声称的那样，是完完全全符合法律的，并且已经被白宫允许了。当达克提出反对意见的时候，波坦察很明确地向达克表示，这件事其实跟他一点关系也没有。

然而达克还是感到很沮丧，所以当遇到两份较早的关于“9·11”事件的国会调查案，要求他谈一谈国家安全局所进行的工作的时候——这两份调查案，其中一份是由众议院的一个情报小组委员会发起的，而另外一份是由参众两院专门为调查“9·11”事件而建立的联合调查小组提出的，他们是“9·11”事件调查行动正式的先驱——他抓住了这一机会。达克私下里会见了众议院小组委员会的一些成员还有联合调查小组的人，并向他们告知了星风监视计划的信息。让达克感到失望的是，他们并没有继续追问下去，也没有在任何一份报告中提到这件事情。

★

在洛克与达克为了阻止国家安全局的无证窃听项目而分别做出努力并失败之后，布什政府依然不得不千方百计地在其他场合让国家安全局的这个项目的存在成为一个秘密。紧接着对国家安全局监听项目发起抗议的，是高级司法部门及联邦调查局的官员们，他们几乎掀起了一场宪政危机，差一点就让整个国内监听计划全都大白于天下；不仅如此，还差一点也将布什政府给搞垮。

在2003年，约翰·柳（John Yoo）从美国政府中离职了。他是美国司法部的一位律师，早年的时候就像一个橡皮图章一样，未经审查就批准了布什政府的很多反恐政策，从强化审讯技术手段到无证监听项目。在约翰·柳离开后，司法部的律师们对他过去所做的工作进行了点评，大家被他为白宫做的那些事给震惊到了。于是他们得出结论，再也不能向白宫提出保证，让其觉得国家安全局进行的国内监听项目的任何方面都是合理合法的了。正是这件事引发了一系列富有戏剧性的事件，到了2004年3月，终于在联邦首席检察官约翰·阿什克罗夫特的病房里发展成了一次最后的摊牌对决。发生在医院病房里的那次正面的冲突对抗，至今都被人们认作是后“9·11”时代里最严重的一次宪政危机中的戏剧性高潮情节。

之所以会发生这次正面的冲突，是因为当时生病住院的阿什克罗夫特把他的工作都移交给了副总检察官詹姆斯·科米（James Comey），而当时恰好又是首席检察官应该对白宫再次授权国家安全局进行的国内无证监听项目给出赞成意见的时候。但科米听信了司法部律师们的劝说，认为这个项目并不是所有的元素都是合理合法的，所以他拒绝给出赞成意见。白宫的人显然被科米的拒绝行为给惹火了，当时担任白宫幕僚长的安德鲁·卡德（Andrew Card）和白宫法律顾问阿尔贝托·冈萨雷斯（Alberto Gonzales）来到医院的病房里看望阿什克罗夫特，并企图让他签字。可巧有人暗中给科米通风报信，于是科米来到病房进行了反击。而当时阿什克罗夫特也站在了科米这一边，他告诉白宫的官员们，有什么事情还是要找科米去办。卡德和冈萨雷斯没有得到同意意见就离开了。就是这件事引发了白宫和美国司法部之间越来越深的关系危机。

在接下来的几天时间里，上演了一场紧张激烈的法律对决。在对决过程中，白宫坚持认为，就算没有得到美国司法部的法律许可，也要继续推行国内监听项目，而科米和联邦调查局局长罗伯特·米勒（Robert Mueller）还有司法部的其他高级官员们都威胁说要集体辞职。最终，还是布什总统亲自出面解决了这一危机，他同意调整这项监听项目的一些方面，好让科米和米勒他们满意。

后来，在2009年，由爱德华·斯诺登泄露出来的一份美国国家安全局监察总长报告，第一次向人们揭示当年科米、美国司法部及联邦调查局的其他官员们所关心的，是国内监听项目的某一个特定的组成部分存在合法性的问题——那是一项数据挖掘操作，目的在于从美国公民身上收集并分析互联网元数据。这份报告说，早在2001年10月，布什总统就已经首肯了国内监听项目的四个组成部分，其中就包含上面提到的这一部分。除了主要对电话通讯进行的无证监听行为之外，美国国家安全局的国内监听项目还包括对电子邮件的内容的收集以及对通话日志数据和电子邮件元数据的收集工作，这些数据中包含了信息发出方与接收方两者的电子邮件地址及IP地址。

科米并不反对无证监听项目的主要部分，但基于他在司法部的助理人员的法律建议，他还是拒绝了对互联网元数据搜集工作的重新授权。2004年3月19日，为了让科米满意，布什总统解除了对大多数互联网数据收集工作的授权。随后，白宫和美国司法部都开始寻找新的法律正当认定，用以重新开始互联网数据搜集工作。他们最终得出结论，他们还是可以授权允许这项行动的，方法就是声称这是某种形式的“笔录记录或捕获与跟踪（Pen Register/Trap and Trace）”。这是联邦调查局多年以来一直进行着的一项操作，用于在刑事案件中保留通话与电子邮件日志记录。笔录记录或捕获与跟踪程序原本是在进行犯罪调查的过程中用来监视个别特定的人物的，之前还从来没有人利用这一项目来为大批量搜集数以百万计的美国公民记录的工作进行合法性阐释。

但外国情报监视法庭温顺的首席法官，科琳·科拉尔-科特利——就是曾经向美国司法部出卖黛安·洛克的那位法官——居然秘密地同意了这项计划。她在2004年7月15日发布了一项命令，授权重新启动互联网信息搜集项目。她的这项命令是以秘密形式发布的，根本没有告知外国情报监视法庭中的其他任何一位法官，而那些法官们对国家安全局进行的国内监听项目还仍然一无所知。

就这样，尽管在阿什克罗夫特的病房里上演了一出正面冲突的闹剧，但白宫和美国司法部之间的危机还是被成功地解决了，并没有把事情闹到引起公众注意的程度。科米和其他司法部及联邦调查局官员也收回了先前做出的集体辞职威胁，同时，国家安全局的国内监听项目还在秘密地继续进行着，很大程度上依然不动如山，仅仅是遇到过一些轻微的阻碍而已。

美国国家安全局进行的这个项目最终还是在2005年12月被《纽约时报》给披露了出来，而布什政府当时刚刚采取了进一步的强化行动，为的就是让《纽约时报》不要把这件事的报道发表出来。布什政府派去和《纽约时报》的编辑们进行交涉的核心人物就是迈克尔·海登，正是这个人曾给黛安·洛克施加压力让她保持沉默。这家报纸于是同意将这份报道再继续搁置至少一年的时间。

而当这份报道终于发布，立刻就引发了人们疾风骤雨般激烈的抗议浪潮，无论是左派人物还是右派人物都表示抗议。倡导公民自由的人指责布什政府违反了宪法，用高科技的手段侵犯了美国公民的人权。而保守人士则攻击《纽约时报》，因为他们在全球反恐战争的关键时期发表了这篇报道，损害了国家安全事业。

在几天的时间里，布什总统下令进行了一场泄密调查，要找到向《纽约时报》泄露机密的人。美国司法部召集了一个大陪审团，而联邦调查局也派出了一帮特工组成行动小组，追查报纸的消息源头。没过多长时间，美国司法部和联邦调查局的人就将黛安·洛克锁定为头号嫌疑人。

★

洛克当时正在俄勒冈州过着平静的生活，然而在2006年8月的一天，她接到了一个来自众议院总法律顾问的电话。这位律师称，联邦调查局的人正在找她，调查局的特工们想要知道她是否愿意跟他们谈话，作为他们进行国家安全局相关调查的一部分。洛克回答说，是时候有人出来调查这个项目了。但这位律师很快解释道，联邦调查局想要调查的是有人向《纽约时报》泄露消息的事情，而并不是这个项目本身。洛克说她愿意接受联邦调查局的谈话，但当这位律师表示众议院不会为她聘请律师的时候，她震惊了。

洛克终于在2007年2月见到了一位公诉人以及两位联邦调查局特工。让她感到震惊的是，她发现自己反倒成了被调查的对象。洛克不承认自己曾经作为情报提供人为《纽约时报》的报道提供信息——这篇报道就是笔者和埃里克·利希特布劳（Eric Lichtblau）一起撰写的——她还说，她也没有为我的书《战争状态》充当过信息提供人，而这本书中同样有一章内容向人们揭露国家安全局窃听项目的存在。这位公诉人于是又问她，是否认识那些跟我和利希特布劳谈起过国家安全局的人，她说她不知道。

★

连续不断的敲击声让黛安·洛克从熟睡中惊醒。她睡眼惺忪，蹒跚着下了床，下楼来到了她在俄勒冈州的住所前门。她从窗户里面向外窥视，并问外面的人是谁。来的是联邦调查局特工。当时是2007年7月26日上午6点，有一个小队的联邦调查局特工从一排小轿车里鱼贯而出，瞬间就占满了她家的车道，他们是来她家进行突击搜查的。

在她开门的一瞬，至少有十几个特工闯进了屋子。领头的特工问她有没有枪支，她说没有。那个人随后向她出示了搜查令，并站在她身边。此时洛克正在给她身在华盛顿的律师打电话，律师让她向这位联邦调查局特工提出要求，允许她看一看用以支持搜查令的宣誓书的副本。这位领头的特工告诉她，宣誓书正在封存中，她不能看。就这样，联邦调查局的特工们动手把洛克的房子拆了个稀巴烂。

正当别的特工们开始把她的电脑以及其他的电子设备搬出来的时候，有一名女特工陪同洛克回到了楼上，看着她穿上衣服，然后跟着她走出了房子。因为这时候洛克决定先到外面花园里去收拾一下，姑且任凭这些特工们在她的私有财产里面折腾。联邦调查局特工的搜查持续了五个小时（基本上都是由一些带着发网和手套的女特工进行的），搜查范围甚至扩大到了当时正在洛克房子里租住的一位房客身上。他们拿走了装满洛克私人财产的十五个大箱子，让她在上面签了字，然后就离开了。

就在同一天，在马里兰州，联邦调查局特工们也突击搜查了比尔·宾尼、柯克·维贝以及艾德·卢米斯的房子。几个月之后，在2007年11月，联邦调查局又突击搜查了十五个人的房子。美国政府深信他们是参与了此次泄密串谋的。在这组搜查对象中，只有托马斯·达克当时仍还在国家安全局工作。

为了支持对达克的住所的突击搜查，联邦调查局签署了一份宣誓书，此前这份宣誓书一直被封存。这份宣誓书显示，他和这次搜查的其他所有对象之所以被锁定为目标，是因为政府认定他们这些人都已串通一气，把他们所知道的关于国家安全局进行国内监听项目的一切信息都泄露给了《纽约时报》。具有讽刺意味的是，这份宣誓书上面署名的一位联邦调查局特工的名字刚好叫做詹森·劳利斯（Jason Lawless）①。这位特工声称他被派遣到一个“行动小组中，该小组正在进行一项针对未经授权的披露行为的调查，有人将机密信息‘泄露给了’《纽约时报》的记者詹姆斯·赖斯和埃里克·利希特布劳。这两个人在《纽约时报》的华盛顿特区办事处工作，他们对传言所称的国家安全局正在进行的计划抱有兴趣，其中包括恐怖分子监视计划。”

被搜查的五个人都告诉联邦调查局，他们并没有跟《纽约时报》的人提起过国家安全局的这个项目，还都说不知道这是谁干的。他们这组人被列为搜查目标的原因之一，就是他们曾联合签署了一封投诉信给美国国防部的监察总长，要求调查国家安全局在进行开拓者合同项目的过程中存在的浪费和滥用职权现象。

在达克否认自己跟《纽约时报》的人交谈过之后，他告诉联邦调查局的人说，他仅和《巴尔的摩太阳报》的一位记者交谈过，这位记者后来撰写了一些报道，是关于国家安全局在开拓者合同项目中存在的问题的，而且这篇报道发表的时间还晚于《纽约时报》发表关于国内窃听项目的报道时间。美国司法部感到非常窘迫，因为投入了大量资源进行调查的对象竟然都不是其要找的人，于是司法部被迫要抓一些救命稻草了。公诉人们决定还是起诉达克，罪名是他向《巴尔的摩太阳报》泄露了消息，依据就是他本人的陈述。最终，这项起诉案件被撤销了，因为政府人员根本就不能证明他泄露的信息当中有哪些是机密的内容。（事实上，达克甚至不能算《巴尔的摩太阳报》关于开拓者项目的最早的情报提供人。达克一直到该报的那位记者撰写了关于这项目的最初几篇报

① 劳利斯（Lawless）这一姓氏在英语中本意为“非法的”。

道之后，才跟她谈起这些事情。）

然而，尽管针对达克的起诉没有成立，另外四名搜查对象也再没有遭到起诉，可这次调查还是对他们所有人产生了毁灭性的影响。就在洛克被美国司法部锁定为追查目标的时候，她被诊断患上了乳腺癌。甚至在开始治疗的时候，公诉人还在不断的威胁她说，既然她声称自己没有为《纽约时报》关于国家安全局的报道提供信息，那如果后来查出这是虚假证词的话，她将会面临牢狱之灾。除此之外，当洛克被调查的消息传播开时，她从前在众议院情报委员会的朋友以及同事们都纷纷抛弃了她。

达克的妻子当时也在国家安全局工作，她对自己丈夫将家庭置于危险境地的做法感到非常愤怒。达克的妻子受到了国家安全局的威胁，要她合作，不然就会有丢掉饭碗的危险。于是，她开始谈起了她的丈夫，尽管婚姻关系允许配偶双方拥有特权可以不做出对彼此不利的证词。他们夫妻分居了一年的时间，但最后还是看在他们的小儿子的分上，决定回到一起生活。

比尔·宾尼一直以来都在饱受糖尿病的折磨，他认为他的病是由甲型肝炎引起的，而他的甲型肝炎则与他在国家安全局食堂里吃的饭菜有关。自从2008年到现在，他经历了四次金黄色葡萄球菌感染，并且进行了截肢手术，失去了自己的右脚及左腿的膝盖以下部分。他现在必须坐轮椅了。来自联邦政府调查的压力到底是不是造成他健康问题的一个因素，这一点已难以判定了。现在他说："事实上，相比于我自己的健康问题，政府那边的乱七八糟的破事儿已经不算什么了。"

艾德·卢米斯在住所遭到突击搜查之后，感觉自己被他的体制背叛了，那可是他一生中相当重要的一部分。他变得怨恨不已，心灵遭受了巨大创伤，以至于他的妻子也离开了他。"她的离开是我自己的原因造成的，同时美国政府也起到了很大的辅助作用。"卢米斯说道，"我的人格之所以发生了扭曲，完全是因为遭受到了来自国家安全局的侮辱。

它伤害我如此之多，以至于我从我的朋友及家人们所说的话里几乎只能感受到耻辱和羞愧。我已经变成了一个性情乖戾的人，我甚至购买了两三把手枪，就是为了看看那些穿黑衣服的警察到底会不会允许这种购买行为。”

如今，托马斯·达克从政府针对他的控告案的创伤中重新站了起来，并且试图重新拾起他那已支离破碎的生活。为了能够赶紧结束自己的案子，他最终同意承认一项轻微罪过——指控他关于联邦调查局在搜查他的住所时发现的一份文档的不恰当处理。他没有被判监禁。

★

从此之后，达克声名鹊起，并且获得了瑞登奥尔揭发真相奖（Ridenhour Prize for Truth-Telling），这是一项每年颁发给告密者们的奖。这份奖项的命名，是为了纪念揭发1968年越南美莱村惨案真相的一位美军战士。达克如今在马里兰州贝塞斯达市的一家苹果电子商店工作，为的仅仅是糊口度日。2013年10月，他旅行到了莫斯科，去会见爱德华·斯诺登，并且参加了一次小的仪式。在这仪式上，斯诺登以一名告密者的身份被授予了奖项。（斯诺登曾经表示，他当初之所以决定在把文档泄露给新闻媒体之前先离开美国，其中一个原因就是看到了政府对达克的起诉。）

然而形成鲜明对比的是，黛安·洛克虽然为了阻止国家安全局进行的国内无证窃听项目进行了不屈不挠的努力，但却几乎没有受到公众任何的认可。她仍然在俄勒冈州过着平静的生活，一直以来都在依靠着各种各样的药物来治疗她的乳腺癌。“我知道我做的事情是对的，我所挑战的，是一次针对我们民主自由的、完全没有必要的威胁，也是对我们共和政体的一次威胁。”洛克说，“毕竟，是我拿了国家的俸禄，应该做这件事情，这也是人民希望我做的事情。我从不后悔。”

★

星风监视计划仅仅是美国专治独裁政治的一个开端，尽管国家安全局进行的国内监听项目被《纽约时报》公之于众，美国的这种监听状态却并没有因此结束。2013年，爱德华·斯诺登的揭秘行为就向人们展示了在“9·11”事件过去后的十几年时间里，国家安全局以及美国政府中的其他部门对美国公民进行监控行为的能力和职权早就超过了布什政府最初进行的那些电话监听及数据挖掘项目了。

在《纽约时报》揭露了国家安全局监听项目的存在之后，布什政府坚定地为这种行为进行了辩护。随后，白宫极不情愿地承认他们曾让美国国会对《外国情报监视法案》进行大规模的调整，为的是让该项目更加合法化。在2008年通过的《外国情报监视法修正案》这份立法文件中，国会甚至为参与到该项目中的远程无线电通讯公司提供了有追溯效力的法律豁免权。参议院议员巴拉克·奥巴马，当时还是民主党的总统候选人，他也投票赞成了对远程通讯公司的这项法律豁免权授予。这样的做法在2008年的总统大选活动期间激怒了他的很多自由派支持者，不过也为人们提供了一个预告版本，大家可以预见到他今后在总统任期之内将会展现出来的、对布什政府颇为鹰派的反恐战争手段的皈依。

在随后的数年时间里，政府进行国内监听行动的职能从根本上进行了扩张，正如斯诺登后来披露的那些美国国家安全局文档中所表述的一样。事实上，在用一种接近实时的手段追踪记录美国广大公民的日常活动这点上，无论是美国政府还是美国商业机构的能力，在过去的几年中都有了大大的发展、精练和扩充，而且几乎是在没有任何公开的论战的情况下。长达十年的技术手段变革以及社交媒体的崛起已经改变了美国传统意义上对个人隐私的定义。国家安全局的一位承包商曾评论说，美国人民现在都生活在一个“后隐私时代”。

一旦美国国家安全局开始尊奉起这种通过互联网进行的数据收集方式之后，安全局就开始了转型。对电话通信以及电子邮件元数据

（无论是在美国内部还是在全世界各地）的大量收集，如今成了国家安全局的一项核心任务。国家安全局的分析师们发现，相比于对人们的日常通话进行具体的窃听，他们可以通过人们的元数据去追踪他们日常的数字化足迹。而用这种办法，往往可以得到关于人们的更多信息。除此之外，电话通信和电子邮件日志数据受到的法律保护渐渐越来越少了，这也让国家安全局更容易拿到手。

2012年，由斯诺登泄露出来的一份档案资料向人们展示了美国国家安全局到底是如何看待新的数字化世界的。这份文件标题叫做《2012—2016信号情报战略》（*Sigint Strategy, 2012—2016*），该文件明确地表示了国家安全局官员们相信不会有任何其他方式可以达到比电子监控更好的效果，而且今后他们还是更倾向于继续用这种方式。这份战略文件声称，美国国家安全局现如今正生活在“信号情报的黄金时期”，这在很大程度上是因为数字化信息的爆炸性增长为国家安全局的收集工作创造了成熟的条件。在2006年到2012年间，数字信息收集的总量达到了十倍的增长。

这份战略书还显示，国家安全局已经决心要通过一些手段影响到美国的政策，使其允许安全局保留进行数据收集的权力，甚至还要把这个权力进一步扩大。国家安全局将会“更加大胆地追求法律授权，追求一个完完全全为信息化时代量身打造的政治体系框架”，这篇文章如是阐述道，“要想使信号情报工作达到最佳的高效状态，那么法律、政治及程序上的授权就必须得是适宜的、动态的、有活力的，这样才能与我们一直努力追求的技术与行动优势相符合。”

迄今为止，美国还没有进行过一场全国性的综合的大论证，用以讨论到底如何在政府进行国内监控的权力与美国公民的个人隐私权益及民主自由权利之间找到一个平衡点。而长期以来，美国国家安全局正是利用了这一事实现状，才得以快速发展。这也因为国家安全局的权力一直以来都是在秘密的模式下进行扩张的，公众们能够得到一些关于国内监听行动的消息，则全拜一小帮告密者们所赐。而这些告密者们为了向人们揭露真相，还不得不冒着丢掉工作甚至是丢掉性命的风险。正由于这样的原因，美国公众的这场论证一直都是极少数人之间进行的、零零碎碎的讨论，而美国政府官员们也都极不情愿地参与其中，还大声地宣布那些向媒体泄露消息进而引发这场论证的行为是对国家安全的损害。

事实上，奥巴马政府对泄密行为实施的严酷的镇压行径，也让公众更加难以弄明白电子监控行为及国内的窃听行为到底发展到了怎样的程度。几乎没有什么人愿意直接面对黛安·洛克、托马斯·达克以及爱德华·斯诺登所忍受的种种报复。

这样的恐惧甚至蔓延到了美国参议院的普通议员席位上。早在斯诺登开始解密行动之前，华盛顿政府圈子里还有少数人奋起反抗监控计划的不断发展，其中一个人就是罗恩·怀登（Ron Wyden）。此人是来自俄勒冈州的一位民主党人士。作为参议院情报特别委员会的一名成员，怀登曾听过奥巴马政府及美国情报工作业界的人向他介绍关于政府的国内监控行为扩大化的事，于是他认定如果美国的普通民众知道的像他一样多的话，他们一定会非常震惊。怀登感到非常不满，奥巴马政府居然采取了和布什政府一模一样的套路，同样是通过使用美国司法部的秘密的法律意见书以及秘密的法庭意见书来篡改美国的法律，为的是让政府进行大规模的国内监听行动而不受到任何法律上的制裁。

早在斯诺登泄露档案资料之前几年的时间里，怀登都在努力试图拉响警报。他公开地宣称《美国爱国者法案》实际上是两份不同的法律，美国的选民们所知道的只是其中的一个版本，而美国政府在使用着的“正版”则是另一个完全不同的版本。怀登还特地声称，奥巴马政府秘密地重新解释了《美国爱国者法案》中的一些关于搜索公民商业行为记录的条款。而这一条款的重新解释刚好向政府提供了更大范围的监视权力，这种权力比立法之初原本设定的要大得多。“看起来简直就像有两个版本的法律一样，一个版本是公众能够读到的，而另一个版本则是政府在暗中开发出来的。”他说他私下里见过副总统乔·拜登（Joe Biden）本人，并向他警告说奥巴马政府正在国内监控问题上走着一条错误的道路。

但怀登拒绝在公开场合解释美国政府到底是怎么去操纵法律的，他也不愿意说清楚为什么他认为美国政府正在暗中进行的行动会让全国人民感到震惊。他说，因为这些信息都是保密的，所以不能公开表露他所批评的一些细节，除非奥巴马政府以及美国情报工作界同意将这些材料揭秘，不过他们是不会同意这样做的。

怀登本来能够走到参议院的普通议员席位上去讨论有关国内窃听行为的事情，因为作为一名国会成员的他拥有法律豁免权。但几乎可以肯定的一点是，奥巴马白宫以及美国最高情报官员们一定给参议院的领导层施加了压力。他们剥夺了怀登参议院情报特别委员会成员的身份，这样一来，他也就再没有任何权力接触到关于这项监听项目的更多的信息了。于是怀登就被放在了一个非常尴尬的境地，他想要向公众警告一些东西，但却无权讨论他所要警告的到底是什么。

最具有讽刺意味的是，直到几年之后，当爱德华·斯诺登开始泄露档案资料的时候，怀登才觉得自己可以公开地表明一直以来想要向公众警告的到底是什么东西了。斯诺登的泄密行为向人们揭示了国家安全局一直都依赖着秘密法律才得以从数以百万计的美国公民身上获取个人隐私数据。在那之后，怀登才确认说，斯诺登的泄密行为向人们揭示的事实正是一直以来他所担心的东西。也就是说，斯诺登这个品级低下的告密者，竟然做到了一位美国参议院员都做不到的事情，这同时也向人们证明了华盛顿政府机制的机能失调已经到了何种地步。怀登的经历向人们提供了一个最有说服力的证明，如果斯诺登当初还选择留在美国政府体制内部工作的话，他是绝对不可能引发一场全国范围内的大讨论的。

★

在“9·11”事件过后的时间里，关于恐怖主义袭击的种种威胁和警报让美国国家安全局有了大量的空间用以扩展自己的国内监听行动；而如今，关于网络攻击的各种威胁，则又一次为国家安全局提供了可以上下其手的空间。这一回，美国政府再次阻止了公众去认识网络威胁的真正本质，也阻止了他们充分认识政府到底是在什么样的程度上打着网络安全的名号侵入到他们的网络隐私中来的。

随着奥萨玛·本·拉登的死亡以及恐怖主义活动的逐渐衰落，网络安全开始成为华盛顿新的热门关键词。同时，网络安全也成了美国政府为加强国内网络监控力量进行辩护的新的托词，还成了外部承包商们的新的财路。

罗德·伯格斯特隆（Rod Bergstrom）曾经努力向华盛顿警告即将来临的危机。当时正处于布什政府的晚期和奥巴马政府的早期，作为美国国土安全部下属的国家网络安全中心的主任，伯格斯特隆看到一些苗头，表明国家安全局正在计谋掌控美国政府的网络安全力量。伯格斯特隆对国家安全局接管网络安全工作感到十分害怕，因为他知道那将意味着这个原本首要任务是收集国外情报信息的机构，现在又要来接管国内互联网的监察任务了。

伯格斯特隆是一名来自硅谷的企业家，不是在华盛顿土生土长的官场生物，正因如此，他对于进行旷日持久的地盘争夺战一点兴趣也没有。当意识到自己无法阻止国家安全局贪得无厌地聚敛权力的做法时，他以辞职的方式表示了抗议。他警告说，如果国家安全局真成了网络安全的仲裁者，那么其将有权得到所有美国人的所有电子数据。

伯格斯特隆回到了位于北卡罗来纳州的家里，并且把过去在华盛顿的日子全都抛到了脑后。但事实证明他发出的警告还是具有先见之明的。在奥巴马政府期间，国家安全局的所作所为简直就跟伯格斯特隆之前预测的完全一样，他们利用计谋掌控了美国的网络安全。国防部建立了一个新的网络司令部，名义上跟美国国家安全局应该是各自独立的。但当时担任国家安全局局长的基思·亚历山大（Keith Alexander）却也成了司令部的一位指挥官，被授予了美国网络司令部的第二把交椅。而这个司令部本身，当然也是坐落在国家安全局的老窝米德堡的。在2012年，亚历山大脱下了他的制服，只穿着T恤衫和牛仔裤就去参加拉斯维加斯的一场黑客会议了。在那里，他努力劝说美国最顶尖的黑客们合作，帮助国家安全局进军网络安全领域。

★

到了2013年的时候，随着商业公司以及政府部门遭受网络入侵行为的相关报道数量越来越多，美国国内进行的关于是否需要更大网络安全保障的论战变得更加激烈了。尽管网络安全的威胁真实存在，可是这些攻击却导致了美国政府及情报官员们越来越多地采用一种仿佛大难临头的修辞去描述这些威胁。他们希望用这种修辞去为美国政府在网络安全上花费的大量资源辩护，也为一项新的立法活动造势——授予政府对美国国内的网络安全行动更多的控制权。这也就意味着，那些曾经改头换面，变了个名称就自封为网络安全专家的外部承包商们，又有大批的政府订单可以接了。

网络安全的支出一直都在猛增，即便是在联邦财政预算的其他方面支出都在面临急剧削减的情况下。2012年，联邦政府各部门在网络安全方面总共花费了146亿美元，多于上一年133亿美元的支出金额。与此同时，只要哪里出现了联邦资金公开流出的口子，那里很快就会出现一帮游说者。2013年，有线电视财经新闻网政治响应中心发布的一份报告显示，在2012年被政府部门记录在案的游说报告中，总共有1968份报告多次提到了“网络安全”一词或是同一个含义的词，而相比之下，在2011年的游说报告中，这样的报告总共只有990份。

政府对网络安全领域的大举进入行为同时也意味着人们会一拥而上

地赶忙开发更多的电脑程序，而那些电脑程序还会进一步威胁到美国公民们的隐私。国家安全局的一个网络安全程序早就引起了个人隐私权益倡导者们的关注，程序的名字听起来也相当具有奥威尔式风格——“完美公民”（Perfect Citizen）。这个耗资9100万美元的项目是由承包商美国雷神公司负责的，它是一家国防和情报工作公司。据报道称，这个程序的目的是阻止对这个国家的一些最关键的基础设施，比如国家电力供应网的网络攻击。但国家安全局就是不愿意公开地解释完美公民这个程序到底是怎么进行工作的，也不愿意解释这个程序会在多大程度上入侵国内网络的个人隐私信息。

还有一个被设计用来保护政府网络的国土安全软件——“爱因斯坦3号”（Einstein 3），它同样引起了人们的关注。因为该软件有能力对那些针对政府部门和承包商网络的攻击行为采取先发策略，办法就是通过搜索找到潜在的威胁来源并使其丧失功能。但公民隐私的倡导者们很担忧的是，既然这个软件通过分析数据来断定某物是否构成威胁，也会阅读电子邮件的内容以及侦查恶意软件，还会在数据到达政府或承包商计算机网络之前先进行拦截，那么它会不会变成一种具有优先权的捕猎杀手呢？

支持者们说，爱因斯坦3号应该被用于进行互联网巡逻，这样就可以在攻击行为发生之前保护政府的网络。批评者们却说，该软件的技术手段是从国家安全局的技术中衍生出来的，有点类似于独裁主义政体为了监督互联网而使用的监控行动软件。然而在国会，无论是支持者还是反对者，几乎都没有出现过关于爱因斯坦3号、完美公民及其他个人网络程序对个人隐私的影响的公开争论；相反，美国国会几乎没有提出过什么问题，就直接以创纪录的速度将大把大把的资金倾注到了网络安全工作之中。

由斯诺登泄露出来的档案资料清楚地表明了在美国国家安全局的眼中，网络安全和国内监控行动二者之间几乎没有什么区别。二者都是依赖于对互联网元数据信息的大量获得，都需要侵入美国公民的个人数字隐私中以获取他们想要的对象。但由于网络安全的概念已经得到了公众广泛的认可，所以事实证明，相比于国家安全局原本在国内监控项目中的所作所为，如今他们参与到网络安全中来所受到的争议其实要小得多。

以提升网络安全产能为目的的行动正在紧锣密鼓地进行，而越来越多的资金及资源也都被倾注进了那些谜一样的新的计算机程序当中，尽管那些程序限制了人们的网络自由。这样的行为让人不禁联想到“9·11”事件发生之后出现的关于国家安全与公民自由权利之间的对抗，历史竟然惊人地相似。而在这种对抗中，安全，往往是胜利的一方。乔治·梅森大学的两位技术专家杰瑞·贝里托（Jerry Berito）和塔特·沃特金斯（Tate Watkins）在哈佛大学法学院的《国家安全杂志》上发出警告说，网络安全威胁现在已被政府官员们所操控，用来谋求更大的权力，同时网络安全威胁也被外部的承包商们利用，用来谋求更多的资金。“一个网络工业的集合体正在呈现出来。”他们写道，“这个集合体可能不仅仅会为联邦政府提供网络安全的问题解决方案，同时还会竭力地鼓动政府对这种解决方案的需求。”

迈克·麦康内尔（Mike McConnell）在布什政府晚期担任美国国家情报主任，他向人们给出了一个中肯的案例。在离开政府岗位之后，麦康内尔成了博思艾伦咨询公司的一名高级经理。根据2012年由彭博资讯社汇编的数据，博思艾伦咨询公司是名列美国前三的一家网络安全承包商公司。在博思艾伦咨询公司的时候，麦康内尔利用他前任国家情报主任的身份得到的媒体平台公开宣称，为了保护国家免受网络攻击，人们有必要采取更多的行动。在一篇报纸专栏文章中，他宣称网络战争“从潜在经济实力以及心理影响的层面反映了一个国家的核心竞争力”。

但在政府于网络安全的问题上大规模地授予美国国家安全局越来越多权力（也就是对互联网信息越来越多的获得权）的过程中，有一个事实几乎始终没有被提到，那就是：其实国家安全局现在已经成为全世界使用防御性网络攻击行为最多的机构之一了。在迄今为止出现过的最为高端复杂、最具破坏力的几次网络攻击事件后面，都可以看到国家安全局的身影，其中就包括以伊朗核项目为打击目标的震网病毒（Stuxnet virus）和火焰病毒（Flame virus）事件。

但2012年《纽约时报》报道美国国家安全局一手策划震网病毒攻击事件的时候，美国政府对此事的回应措施中又出现了让人郁闷的老一套作风——它又发起了一次泄密调查，只不过这次调查的矛头直接指向了奥巴马政府的内部圈子。

| 后记 |

2007年夏季的一天，妻子佩妮（Penny）打电话给我，说有一个联邦快递的信封送到了我家。

寄来信件的是美国司法部，信封里面是一位联邦公诉人写的措辞严酷的信。该信向我告知，美国司法部和联邦调查局正在进行一项犯罪调查，调查的对象是我在2006年出版的《战争状态：美国中央情报局和布什政府的秘史》这本书。联邦政府现在正调查的是我这本书中“未经授权允许的泄露机密信息的行为”。这封信要求我协助调查。

这封信之所以寄过来，是为了满足美国司法部一贯的内部指导方针的要求，那就是在刑事案件当中，在向新闻记者们递送传票要求他们做出证词之前，先要表明公诉人将以什么样的程序进行操作。这封信基本上可以看作是美国司法部发出的一次警告：现在就合作，不然的话我们接着就给你寄传票了。

我没有选择合作，于是在2008年1月收到了美国司法部的传票，要求我前往弗吉尼亚州亚历山大市，在联邦大陪审团面前给出证词。这是联邦政府对我的书进行的泄密调查的一部分。

我再次拒绝了合作，随后我和我的律师采取了行动以对抗这张传票。

于是我和美国政府之间进行的马拉松式的法律战争就这样开始了，先是对布什政府，后来是对奥巴马政府。

我和美国政府之间的这场法律斗争持续了一年又一年，一直到2014年，终于把官司打到了最高法院。在这个过程中我坚信，我的斗争是为了保卫后“9·11”时代的新闻媒体的自由权利。但在这一过程中我也发现，自己不仅仅是一名报道反恐战争的记者和作家了。我发现我已成了被无节制的反恐战争行为扰乱了平静生活的众多受害者中的一员。

★

不得不承认，《战争状态》这本书的确产生了很大的影响——从某种程度上说，甚至在该书于2006年1月份出版之前就已经产生影响了。

作为《纽约时报》一名负责报道情报工作及国家安全新闻的调查记者，我自从“9·11”事件发生以来就一直在报道反恐战争。2004年，我写出了我在后“9·11”时代最大规模的一篇报道。

2004年10月，埃里克·利希特布劳和我为《纽约时报》撰写了一篇报道，这篇报道向人们揭示了美国国家安全局进行的无证窃听项目。这篇报道也表明，乔治·沃克·布什总统已经秘密地授意国家安全局进行大规模的国内监控行动了。他们绕过了美国国会在三十年前水门事件发生之后制定的法律，而那部法律的制定，正是为了阻止美国情报工作部门在国内出现的权力滥用现象。国家安全局的窃听项目成了美国政府内部最大的秘密，而且我们的很多消息提供者都认为这个项目是非法的，还可能是违宪的。

这篇报道产生了爆炸性的影响，而布什政府也疯狂地想要绞杀这篇报道。白宫、国家安全局以及中央情报局的高级官员们都采取了强有力的反击。

白宫展开了一次强大的游说活动，专门针对当时担任《纽约时报》执行主编的比尔·凯勒（Bill Keller），还有当时的报社驻华盛顿办事处主任菲尔·陶布曼（Phil Taubman）。政府的说客们说，这篇报道将会严重损害国家安全事业。政府中的高级官员们，包括当时担任国家安全局局长的迈克尔·海登，也都声称安全局的监听项目是美国反恐战争中的“皇冠上的宝石”。

在当年的10月份，面对着来自白宫的巨大压力，利希特布劳和我，还有我们的首席编辑丽贝卡·科比特（Rebecca Corbett），在纽约会见了比尔·凯勒，我们努力劝说他允许我们发表这篇报道。但凯勒听信了政府人员关于国家安全的说法，把这篇报道给毙掉了。当时正是2004年总统大选的两周前，竞选双方是乔治·沃克·布什和约翰·克里（John Kerry）。

等布什成功连任之后，利希特布劳和我又开始努力劝说凯勒和陶布曼，请他们允许我们把这篇报道发表在报纸上。在2004年的11月和12月，我们进行了更多的报道以及更多的改写，而科比特则进行了更多的重新编排。我们和政府之间也进行了更多的讨论。

在2004年12月中旬，我们再一次把这个故事重新提上了日程。这次，利希特布劳和我还有科比特再一回坚持要发表这篇报道，但这篇文章又被毙了。

这下，关于美国国家安全局的这篇报道就被《纽约时报》给毙了两次了，这次的决定看起来好像就是终审判决。

我感到很沮丧，并深深担忧反恐战争的真相恐怕就此被埋没。在入侵伊拉克行动之前，我写了一篇报道，揭露的是中央情报局的分析师们对伊拉克的战前情报信息存有疑问这一事实，我的这篇报道在《纽约时报》内部被搁置、删减并深深雪藏，即便那时候已经有其他记者撰写的报道大声地讨论在伊拉克所谓的大规模杀伤性武器是否真的存在，而且这样的报道在报纸的第一页占据了版面头条。我于是决定不会让这种事情再一次发生了。

2004年12月末，就在关于美国国家安全局的报道第二次被毙掉之后，我向《纽约时报》报社请了一段时间的假，为的是撰写一本关于反恐战争的书。我决定把关于国家安全局的这篇报道写进我的书里，同时还要写上另一个故事，那就是《纽约时报》报社在白宫的要求下抹杀掉了一篇报道。该报道是关于中央情报局一次办砸了的行动的，而该行动牵涉到一个向伊朗提供核武器发展蓝图的轻率的计划。

因为我们合力撰写过关于国家安全局的报道，所以我告诉埃里克·利希特布劳正打算将这篇报道写进我的书里面。他同意了。

2005年夏末，手稿完成之后，我告诉《纽约时报》的编辑们，我正打算要把关于美国国家安全局的报道以及关于美国中央情报局办砸了伊朗项目的报道都写进我的书里。

他们当时简直怒不可遏。几个星期之后，编辑们拒绝了重新考虑国家安全局相关报道的要求，而从他们的角度看，这篇报道在我提到的两篇之中是比较新近的一篇，同时也成为了我们紧张的内部谈判的焦点。

最终，编辑们还是同意重新考虑这篇报道了。在随后的几个月里，编辑们又同政府官员们进行了额外的几次会谈。最后，在布什总统和《纽约时报》的出版人小阿瑟·苏兹贝格（Arthur Sulzberger, Jr.）在白宫椭圆形办公室进行了会谈之后，2005年12月，这篇关于国家安全局的报道终于发表了。这篇报道的发表时间是在我的《战争状态》一书出版前两周，而《纽约时报》的这篇报道引发了一波针对美国白宫和国家安全局的巨大的指责声浪。

根据中央情报局前任执行总法律顾问的一份回忆录记载，就在当初报道发表的同时，白宫的最高官员们发起了一场最后关头的行动，为的是阻止《战争状态》这本书的出版。但当这本书在2006年1月初公开的时候，还是引发了一场巨大的国内讨论，不仅仅是关于美国国家安全局进行的项目，还关系到本书中所提到的另外一些很大范围的权力滥用现象。现在，我相信《战争状态》这本书在后“9·11”时代的历史中扮演了一个重要的角色，因为它是第一本真正迫使美国人认真严肃地重新考虑反恐战争基本原则的书。

但是，关于《纽约时报》对国家安全局报道的这场讨论，以及关于《战争状态》一书而展开的另一场讨论，也促使布什政府下令美国司法部以及联邦调查局发起了两场同时进行的泄密调查。

就在我们关于美国国家安全局的报道在《纽约时报》发表之后，布什立刻下令展开了第一项泄密调查，为的是查出到底是谁跟我和利希特布劳交谈过并为我们的报道提供了信息。在《战争状态》一书出版后，政府又发起了第二项泄密调查，针对的是这本书。正是针对《战争状态》一书的调查，最终导致了我和政府之间进行的这场旷日持久的法律斗争。

2009年，当新上台的奥巴马政府延续上一任政府的做法，继续针对我采取法律行动的时候，我从一个非常私人的角度意识到，这场反恐战争已成为了一场两党之间联手进行的事业。美国现如今已深深陷入永无止境的战争里，而因此产生的恶劣的、意料之外的后果则正在扩散之中。

正因如此，我给出了我的答案（既是给美国政府针对我的长期法律斗争的答案，也是给这场无穷无尽的战争的答案），那就是我的这本新书——《美国的代价》。

《美国的代价》是我的答案，它向人们解答了如何最好地质疑政府为了镇压那些大胆的调查报道而做出的残酷行径，驳斥那些打着连年战争旗号的对真相的掩盖。

我的答案，就是永不放下手中的笔，一直写下去。因为我相信，如果有一天新闻工作者不再揭露权力的滥用行为，也不再发表关于这些权力滥用行为的报道，那么我们就必将丧失我们的民主政治。

——詹姆斯·赖森

索引

INDEX